Carl Marchese von Grosse

Geschichte der Schweiz

Erster Band

Carl Marchese von Grosse

Geschichte der Schweiz
Erster Band

ISBN/EAN: 9783743432703

Hergestellt in Europa, USA, Kanada, Australien, Japan

Cover: Foto ©ninafisch / pixelio.de

Weitere Bücher finden Sie auf **www.hansebooks.com**

GESCHICHTE
DER
SCHWEIZ.

Von

Carl Marchese von Grosse.

Erster Band.

Mit allergnædigsten Freyheiten.

Halle,
in J. C. Hendels Verlage.
1791.

Vorrede.

Gewiſs iſt es kein geringes Unternehmen, ſich noch einmal an die Geſchichte eines Volkes zu wagen, das unter ſich groſse Mænner gefunden hat, die es zu ſeinen Geſchichtſchreibern gleichſam *erziehen* konnte. Nur die ſtille Wærme des Patriotismus hat ein angebohrenes Recht, ſich den Begebenheiten ſeiner Fluren zu weihen. Die Entfernung vom Schauplatze ſchœner Handlungen, der bleiche Nebel des Raums und entlegener Zeiten, der verwüſtende Fluſs vorübergehender Iahre, — alles drohet der Reinheit und Wahrheit jener herzenhebender Gemælde, welche eine kühne Schwærmerey, in der Vorwelt verlohren, aus ihren zurückgebliebenen Trümmern ſo

gern

gern sich zusammensetzt. Und was kann man von der Darstellung eines so undeutlichen Eindruckes erwarten. Was von den Empfængnissen beklommener Stunden, in denen der Geist, allenthalben an verlohrene Kræfte gemahnt, sich aus der Gegenwart traurig hervorwinden mufste, in seiner Schwæche entflohenen Geistern ein Denkmal zu setzen? Was endlich von denen Augenblicken, wo er, zu grofs, dem Strome der Zeiten angehœren zu wollen, zu klein, ihm widerstehen zu kœnnen, sich in der Vergangenheit bewufstlofs verliehrt?

Aber der mehrjæhrige Kampf mit den Eigenheiten eines Bodens und der Versuch, einem Lande sich einzuwohnen, giebt darin ein natürliches Bürgerrecht. Die Geschichte eines Volkes, wenn sie nur in sich selbst etwas hinreifsendes besitzt, kann auch, in mangelhafter Darstellung, ihres Eindrucks gewifs seyn. Sie bedarf dann weit mehr der Sorgfalt und des Fleifses, als der Reize in Ausdruck

druck und Farbe; und der einfache Wohllaut engverbundener Theile bemæchtigt sich einer gebildeten Stimmung so fest und lange, als es kaum der Zauber entzückender Tœne vermag.

Ienes anhaltende Studium, mit einem selbstgewæhlten Vaterlande bekannter zu werden, ist auch mein einziger Beruf zu schreiben; jener ængstliche Fleiſs, Verknüpfungen zwischen allen seinen Theilen aufzufinden, das einzige, worauf ich gerechte Ansprüche habe; die Erwærmung verwandter Gefühle, der alleinige Zweck, den ich mir vorsetzen konnte. Denn eine vollstændige Geschichte der Schweiz übersteigt alle Foderungen, wozu unser Zeitalter berechtigt seyn kann. Eine solche Reihe schœner und groſser Iahrhunderte, durch ihre Uebergænge von Ursach zu Wirkung und Folge vollkommen zu entwickeln, in seiner zauberischen Haltung es darzustellen, wie der Schatten sanfter Hæuslichkeit in die Pracht jener hinreiſsenden Anstrengungungen so himmlisch verschmilzt, wie sich ein kleiner und verachteter Staat, durch den Andrang feindseeliger Kræfte nur stærker zusammengehalten, aus dem Staube benachbarter Reiche verklært wieder hervorwindet, was Kræfte vermœgen und Arbeit hervorbringt, — eine solche Geschichte würde alle Quellen der Staatswissenschaft erschœpfen, unseren ganzen Schatz von Philosophie und historischer Kunst.

Wenn das Bewusstseyn meiner Gefühle mich nicht ganz irre führt, so ist in diesem Werke gewiss ein Zusammenhang. Aber ich kann nicht dafür stehen, dass er sich nicht weniger in der Folgeordnung der Zufælle als in meiner Vorstellung befinde. Vor einem jeden menschlichen Geiste strœmen die Zeiten in einer anderen Verknüpfung vorüber, so wie die Festigkeit und Vorliebe seiner Grundsætze sie leitet. Mich hat es daher vorzüglich bekümmert, wie die zufælligen und freywilligen Anstrengungen

der

der Nation, alle geheimen oder plœtzlichen Erſchütterungen ihrer Begriffe, ſelbſt die Macht der Kultur, — wie endlich die weiche Hand der Tradition alle Kræfte zum Punkt der erreichbaren Bildung zuſammenbrachte. Aber es hat ſeine Schwierigkeiten, den Verfall der Volksaufklærung in ſeinen allmæhlichen Niederſteigen ſogleich wiederzuerkennen; es gehœrt eine nicht gewœhnliche Kühnheit dazu dieſe Perioden mitten in der Nation laut anzuzeigen, und nur ein mehr als menſchlicher Verſtand, eine mehr als menſchliche Aufopferung dürfen von ihren Verſuchen gegen dieſe Verderbniſs einen angemeſſenen Erfolg erwarten.

Dies gewiſs in jeder Rückſicht ſehr unvollkommene Werk, ſieht daher einem zweifelhaften Schickſaal entgegen. Unzæhlige Mahle hat mich jede Aufmunterung bey der Arbeit verlaſſen. Oft hat es mir Mühe gekoſtet, den ununterbrochenen Fortgang der Begebenheiten in

ſtille

stille Ruhepunkte zu zertheilen. Eben so oft fehlten in dem Gewebe stellenweis wichtige Fæden. Keine Wissenschaft hat unter den Arbeiten ihrer Aufklærer so ængstlich gelitten als die Geschichte, und die muthmafsliche Verwandschaft hat die Dinge mehr von einander entfernt, als einander næher gebracht.

Die Geschichte von Helvetien hat indefs einige Punkte, wo sie gleichsam sich zu einem kleinen Schlummer niederlæfst, um zu einer lebhaften Verwickelung wieder schnell aufzufahren. Alles geht in ihr zu diesen kleinen Zeitræumen hin, alles kommt von ihnen her. Die Windstille wickelt sich zu einem rasenden Sturme aus einander, und in dem stillen Schoofse der Wolke hat nur der Keim der Morgenræthe geschlummert.

I. Die erste Periode gehet von der Entstehung einer Geschichte Helvetiens aus, und nachdem sich an ihr alle Arten der Beherrschung, jede Gattung des Druckes, jede der Vergessenheit und Dunkelheit

Vorrede.

kelheit erfchœpft haben, endigt fie mit der Geburt des grofsen Bürgervereins.

II. Die zweyte wird, nach dem fich der Staat zur jetzigen Verfaffung zu bilden angefangen hat, durch den Frieden mit Oeftreich gefchloffen.

III. Die dritte geht endlich bis zur Verbindung der zehn Kantone.

IV. Die vierte bis zum boromæifchen Bunde, und

V. Die letzte begreift alle neueren Veræenderungen der Eidgenoffenfchaft.

Alle find aber nur Theile des unbegreiflich erhabenen Gemældes der hœchften Wirkfamkeit aller menfchlichen Kræfte, der Fruchtbarkeit einer kleinen, aber feftzufammenhaltenden Provinzenverbindung, der Verzweifelung und Allmacht bedrængter Bürger, der himmlifchen Freyheit und des fanften Einfluffes, aus der Natur des Bodens entfprungener Gefetze.

Da es mir daher nur um eine philofophifche Darftellung der Ereigniffe zu thun

thun seyn konnte, so habe ich mich im Gange der Handlung vorzüglich an Herrn Müllers vortreflicher Geschichte der Eidgenossenschaft gehalten, ohne mir in seiner unteren Periodenabtheilung sehr wesentliche Veränderungen zu erlauben. Ich habe darum nicht weniger die Quellen genutzt, deren Geist mir zu neuen Ideen verhelfen konnte. Dies beweisen die Anmerkungen. Aber ich werde es gern sehen, wenn man dies Werk als einen Kommentar oder als eine philosophische Erlæuterung zu seinen gesammelten Thatsachen, von denen ich immer die wichtigsten herausgehoben habe, ansehen will.

Geschichte
der Schweiz.

Einleitung.

Wenig Länder der Welt nur verdanken, wie die Schweiz, ihrer Lage allein fo auffallende Abzeichnungen in der inneren Natur, in den Sitten, in der Weife ihrer Volksbildung und fo viele Eigenheiten in der Gefchichte. Der Lauf breiter Gebirgsketten hob diefen kleinen Fleck Erde aus allen feinen Nachbaren ausgezeichnet hervor; ihre fteile Unerfteiglichkeit fchützte feine Bewohner im Genuffe mühfam erworbener Güter, und eben diefe Dürftigkeit eines unerbittlichen Bodens wandte, durch das Verbot alles Verkehres, jedem fremden Zufatz von der Nationalkultur ab. Ganz abgefondert erwuchs innerhalb der Mauren jener grofsen Verfchanzung ein edler Menfchenftamm gleichfam aus fich felbft, und in allen Gewohnheiten, befonders aber in der Verfaffung, ganz feinem Boden zugethan.

Einleitung.

Iene Bergrücken, welche von Piemont bis nach Iftrien in einem halben Monde drittehalb taufend Klafter über das mittlændifche Meer fich erheben, fchlingen ihre weiten Arme nicht nur um die andeten Seiten des Landes; von der Hauptkette gehen auch in das Mittelland groefsere oder geringere Erhebungen ab und zertheilen es in die zahllofe Menge kleiner Erdræume, von denen, vor der allgemeinen Kultur und dem Wechfel künftlicher Bedürfniffe, felbft einzeln jeder einen eigenen Menfchenhaufen ernæhrete und ausbildete. Da diefe Erhoehungen nach Germanien zu, fich allmæhlig immer platter und ebener verlaufen, dem Pfluge Erde, dem Grafe Feuchtigkeit und Nahrung, den Stroemen Schiftbarkeit und Milde, und fo wie dem Blicke, auch den Vorftellungen einen weitern und reichern Gefichtskreis geben, fo fieht man hier auch die Vœlker fchon früher fich unter einander vermifchen, und eine allgemeinere Aehnlichkeit unter den Zügen des Charakters, als in den verftreuten Gebirgshütten.

Ieder

Einleitung.

Ieder Raum der Erde hat überdem in seiner Natur auch ihm ganz eigene Gegenstände. Nur die oberen Alpen besitzen jene erschütternde Pracht der Erstarrung, oder die schauervollen Geheimnisse einer leeren Stille; tieter herab grünen fette Wiesen und in weiteren Thælern endlich alle Früchte eines schœnen Himmels und ergiebiger Aecker. Nur an den Ufern der Eismeere erhælt sich daher jener derbe, und, wie die Gegenstænde neben ihm, tief in sich selbst verschlossene Charakter, wenn in die flæcheren Lænder sich ohne Mühe neue Nothwendigkeiten des Lebens, und mit einer Verfeinerung des sittlichen Gefühles alle Gebrechen der Nachahmung eindrængen. Niemals entfernt sich aus der reinen Luft, bey einem jeden Lebensalter, die muntere Freude, welche eine grœssere Tiefe sich nur durch Opfer erkauft, nur einem Lebensalter verstattet und in kurzer Zeit wieder aufzehrt.

Die Abgesondertheit der Thæler unter einander bestimmt endlich sowohl die ganze Weise der Bevœlkerung, als auch einen Theil ihrer Geschichte in dem Gange fremder Erobe-

Eroberungen. Ueber kleine, zertheilte, und festverschlossene Erdflecke strœmt der stille Fluss der Zeiten gleichsam noch leiser und bedæchtlicher hin, alle Revolutionen gehen schwerer und langsamer vor, und jede Bewegung hat weit beschrænktere Grenzen. Alle anderen Lænder besetzten zuerst grosse und zusammenhængende Haufen. Wenn diese nachher von anderen Stæmmen belæstigt wurden, so verlohren sie entweder auf einmal ganz ihre politische Existenz oder gar keinen Theil davon. Zwischen vœlligem Untergange oder Vermischung mit dem fremden Volke, und vollkommner Erhaltung war bey der engen Verknüpfung der ganzen Nation zum Widerstande oder zur Unterjochung, kein Mittelzustand denkbar.

Aber wie ganz anders sind Bevœlkerungen und Veränderungen der Schweiz gestaltet! Die Nationen, welche sich von Land zu Land bis zum Weltmeere fortdrængten, so wie die Weide ihres Viehes, die Offenheit des Landes, das Streichen fruchtbarer Ufer sie leitete, mussten sich hier in beschrænkte Engen vertheilen und einem kleinen Erdflecke anarten.

ten. Ihr Hirtenleben beſtand ohne Verkehr, ihre Häuslichkeit ohne Umgang. Ieder Bezirk erhielt andere Bedürfniſſe und befriedigte ſie anders. Ward ein ſolcher Abſchnitt einmal zu ſehr überfüllt, ſo überſtieg ein Haufe das nächſte Gebirg, verlief ſich in das angrenzende Thal, oder drängte ſeine ſchwächeren Bewohner von Bezirk zu Bezirk, bis die letzte Welle dieſer Bewegung unter dem Volke eines gröſseren Landes, gänzlich verſchwand. Und wurden endlich dieſe verſchloſſenen Einſchnitte von einem anderen Haufen barbariſcher Nomaden befallen, ſo war ihre Eroberung zwar langſam aber gewiſs. Helvetien rettete daher weder durch ein inneres Vermœgen, noch durch den Vortheil des Landes und einen Zuſammenhang unter einander, oder mit mächtigeren Nachbaren, länger als faſt alle anderen Länder, ſeine Verfaſſung und Unvermiſchtheit; ſondern in der hervorragenden Kälte und ſcheinbaren Nacktheit ſeiner Felſenſpitzen, ſo wie in der entſchiedenen Armuth ſeiner Bewohner lag die Hauptſchutzwehr gegen die Anfälle der Nothwendigkeit und die Unternehmungen des Luxus.

Aber

Aber man ficht dadurch feine Einfiedler fich auch fogleich im Anfange ihrer Feftfetzung merklich von den anderen Zweigen ihres væterlichen Stammes entfernen. Wæhrend dafs der mittægliche Himmel alle Fæhigkeiten ihrer Kinder bis zu jener bewunderten Vollkommenheit erzog, Wiffenfchaften bildete, und die frühe, zwar vergængliche, aber doch entzückend fchœne Blüthe der Kunft auffchlofs, wæhrend dafs hier Philofophie, durch das Studium der Grazien, die Ausbreitung der Gedanken erleichterte, das Leben verfchœnte, und den Genufs zu einem neuen Genuffe entfaltete; befchæftigten fich jene Nationen, welche nœrdlicher wanderten, allein noch mit ihren Bedürfniffen. Die fparfamen Ueberrefte milderer Sitten verfchwanden allmæhlig im Kampfe mit der rauhen Witterung, mit einer ungewohnten Lebensweife, mit wilden und læftigen Thiergefchlechtern, und endlich unter dem Umherfchweifen von Erdftrich zu Erdftrich, aus Wældern in freye Gefilde, von Gebirgen in Ebenen. Auf jener Seite der Felfen Erfchlaffung im Ueberflufs, auf diefer Ermattung im Mangel. Die erhabenen Kræfte, welche dort in den Darftellungen

gen aller Künste vereinigt, schon eine halbe Welt umfaßten, konnten sich hier nirgends aus Leidenschaften und Vorurtheilen zu einem dürftigen Denkmahle erheben.

Die Umwælzung der Zeiten schien sich daher lange nicht an diesen Winkel der Erde getrauen zu wollen. Iahrhunderte verstrichen, ohne diesen kleinen Raum zu berühren; Revolutionen erschütterten alle umliegende Gegenden; dies Land erhob ein freyes Haupt über jede Bewegung der Umstænde. Spæt und unvermerkt ward es von Veraenderungen beschlichen. Lange gedrückt wand es sich nachher, eben so zægernd, aus seiner Lage und von seinem auslændischen Feinde los. Nur die Nothwendigkeit siegte endlich über die Natur und band die getrennteſten Lebensarten durch die Sympathie eines gemeinsamen Vortheils zusammen.

Erstes Buch.
Geschichte der Schweiz bis zur Entstehung des Schweizerbundes.

Erstes Kapitel.
Ursprung und Geschichte der alten Helvetier, bis zum Verlust ihrer Freyheit.

Die ælteste Geschichte der Helvetier theilt das Schicksal aller Begebenheiten vor den Zeiten der Denkmæhler. Im fabelhaften und romantischen Schatten der mündlichen Ueberlieferung eingehüllt und nur das Resultat eines politischen Kunstgriffes enthælt sie zwar für den Bürger der Welt eben in ihrer mysteriœsen Düsterheit heimliche Reize, aber durchaus nicht für die Strenge und Behutsamkeit der historischen Kunst.

Unter den meisten Vœlkern machte sich sehr früh ein eigener Stand von den übrigen Volks-

Volksklassen los. So lange noch nicht ein Einziger der Nation Gesetze gab, fühlte sich jeder verschlagene Kopf zu einem Herrscher gebohren. Bedürtniſs einer wechselseitigen Unterstützung ward ein allgemein anziehender Berührungspunkt dieser hervorragenden Geister, die Mængel des Volks, der Weg zu seiner Unterjochung, und die Kunst sich wenigstens im Anfange, niemals des Aeuſseren einer Beschrænkung und Abhængigkeit zu entkleiden, die Hauptstütze und heiligste Sanction ihres Thrones. Ein muthmaſslich naher Umgang mit der Gottheit, Wissenschaften, welche man kannte, und Geheimnisse, welche man vorgab, waren seit der Entstehung der Welt unwiderstehliche Anziehungspunkte der niederen Volksstænde, und man machte bald in der Dichtkunst noch ein anderes Mittel ausfindig, durch Hoffnung der Unsterblichkeit und eines langen Lebens in Gesængen auch die Edleren der Nation an sich zu fesseln. Wo Stærke und Muth die einzigen Tugenden sind, kennt man nur den Ruhm als Belohnung. Vortheile des Augenblicks drücken noch nicht die Wirksamkeit bedürfniſsloser Geister zu Boden, und die

die allgemeine Gleichheit des erſten Bürgervereins darf allein in der Nachwelt einer beſonderen Auszeichnung weichen.

Die ganze Geſchichte des Volkes geriet daher in die Hænde der Prieſter und Barden. Aber indem dieſe mit den groſsen Begebenheiten derſelben auch die Thaten einzelner Helden von Generation zu Generation in Lændern heraberben und fortpflanzen lieſsen, vergaſsen ſie nicht, durch eingemiſchte Erdichtungen und Dunkelheiten, welche ſie allein zu lœſen verſtanden, ſich auch auf dieſen Theil der Erkenntniſſe einen ununterbrochenen Einfluſs zu ſichern. Mit dem Untergange dieſes Standes erloſch daher auch jedes Licht in der ælteſten Geſchichte.

Mehrere Umſtænde machen zwar das Daſeyn einer Buchſtabenſchrift vor Cæſars Siegen, ſehr wahrſcheinlich. Schon zu Strabos Zeiten beſaſsen einige celtiberiſche Vœlker geſchriebene Denkmæhler und eine Art von Grammatik (1). Cæſar ſelbſt fand im helvetiſchen Lager Verzeichniſſe des ganzen Heerbeſtandes mit griechiſchen Buchſtaben ge-
ſchrie-

ſchrieben (2). Aber die Begebenheiten der Nation ſcheinen nie die Fortpflanzungsart einer flüchtigen Sage verlaſſen zu haben, um nicht in anderen, als geweiheten Hænden, einen Theil der Religions- und Regierungsgeheimniſſe zu verrathen (3).

Es gehœrt eine Ueberſicht des ganzen *Stammvolkes* in allen ſeinen Verwandlungen dazu, um nachher von den Begebenheiten der Theile Rechenſchaft geben zu kœnnen Dieſe liegen ſchon in jener als zarte Keime, und oft ſcheint es ſogar, als wenn die Bildung der Nationen von dem Gange der Zufælle weniger als von der Art abhængig wære, dieſe einem mitgebrachten Ideenvorrathe, angeerbten Vorurtheilen und der Geſchichte des jugendlichen Zeitalters gemæfs, zu verarbeiten. Obgleich daher die Schickſale der Helvetier in jenem neblichten Zeitraume mit den Zufællen ihrer Stæmme wenig ſichtbar verbunden ſind; ſo ſtellen dieſe doch zuweilen ſchon vorbereitende Beweggründe zu mancher entſcheidenden Handlung auf, welche dem Gange ihrer Kultur nachmals oft eine ganz andere Richtung beſtimmte. Die alte Geſchichte

gleicht

gleicht einem Gewande, das nach dem Zustande der in ihm verhüllten Theile, Zusammenhange mit dem Ganzen, bedeutende Falten wirft.

Ein grofses Stammvolk überdem, das sich weit über eine lange Erdftrecke ergiefst und nachher nur durch die Gewalt der Umftænde in Theile zerfællt, hat in feinem Inneren eine Menge kœftlicher Hülfsquellen, wenn auch nicht um die Schickfale, doch um deren Grundlage, die Sitte und Verfaffung diefer Theile zu entwickeln. Ein fremdes Volk, welches einen neuen Landftrich beziehet, artet feinem Wohnplatz nicht nur an, fondern verændert auch gegenfeitig deffen Natur. Es vergifst vielleicht fchon früh auf eine Zeitlang die mitgebrachten Begriffe über die Neuheit anderer Gegenftænde, aber es verlæfst die alte Denkweife doch nur erft fehr fpæt. Ein langes Dunkel in der Staatskunde eines einzelnen Zweiges wird daher nicht felten durch das Licht in der Verfaffung ihrer Brüder erheitert.

Helvetien ward nachgerade durch einwandernde Nomaden (4) besezt, welche theils von Abend theils von Mitternacht her, über den Rhein kamen (5), nirgends Ruhe fanden, und da hierbey an keine Vermischung zu denken war, mit ihrer ganzen Habe, wieder von andern Nationen verdrængt wurden. Da ihrem unstæten Geiste auch Helvetien nicht anstand, oder sie von andern wieder verjagt wurden (6), gingen einige Kolonien über die penninischen Alpen durch der Salasser Thal (7) auch nach Italien über, und machten dadurch zuerst ihr Daseyn bekannt. Denn vor den Zeiten Hannibals sah man diese nakten Felswænde als unübersteigliche Grenzen zweyer verschiedenen Schœpfungen an, von denen die eine in einer græsslichen Wiege nur Ungeheuer ernæhrte (8). Niemand getrauete sich in diese kalten Wüsten, und daher war nur von jener milderen Thalseite ihrer Bevœlkerung mœglich. Fischbare Flüsse, fruchtbare Flæchen, fette Weiden zogen die wilden Horden mit ihrem Viehe unvermerkt, die üppigen Thæler entlang, zum stillen Schoofs der hœhern Alpen. Schœne Wælder hielten sie in ihrem Schatten fest.

Der

Der Zusammenhang der Gewæsser erleichterte den Zusammenhang ihrer Bedürfnisse. Ein Volk beneidete das andere. Eins stiefs das andere über die Gebirgsrücken hinaus.

Unter diesen durch den penninischen Pafs nach Italien herabgestiegenen Galliern sind die *Bojer* als die ersten bekannt, welche die Gegenden um Placentia, Parma und Bononia bevœlkerten (9). Ihnen drængten die *Aegonen* oder *Lingonen* sich nach (10), und nahmen Cæsana, Faventia, Ravenna zu ihrem Gebiet. Endlich erschien Brennus mit den *Sennonen* im rœmischen Gebiete, und eroberte am adriatischen Meere alles Land von Ravenna bis nach Picæum (11).

Dieser lezte Trupp gerieth bald in einen ernsthaften Zwist mit den Rœmern, welche sich der von den Galliern bedrückten Clusiner annahmen, aber bey der Allia eine entscheidende Niederlage erlitten, und zum Theil nach Vejos zu flüchten, zum Theil in das Capitol sich zu werfen genœthigt wurden. Die Gallier eilten ihnen nach, legten die ganze umliegende Gegend in Asche, schlossen

das

das Capitol einige Monate lang ein, und wurden nur durch die Erlegung von 1000 Pfund Gold zum Abzug bewogen. Aber Camillus überfiel sie noch in der Berichtigung dieses Vergleichs und während der Auszahlung der bewilligten Summe; sie flohen nach einem ansehnlichen Verlust, eiligst aus Rom und ließen den Rœmern alle ihre Eroberungen zurück (12).

So wie diese nachmals sich noch weiter ausdehnten, fiel auch den Sennonen, wie allen anderen Nachbaren derselben, der Druck ihrer Macht æußerst beschwerlich (13). Durch die Verwüstungen des Curius Dentatus endlich bis auf das Aeußerste gebracht, suchten sie an ihren Ueberwindern eine schreckliche Rache; aber sie erlagen ihrem um sich greifenden Glück und wurden durch einen Sieg des Cornelius Dolabella gezwungen, ihren Freunden, den Bojern, sich in die verwandten Arme zu werfen (14). Die Bojer nahmen sie zwar nicht nur unter sich auf, sondern vereinigten sich auch mit den Hetruriern wider ihren gemeinschaftlichen Feind; zwey Niederlagen aber, und die innerlichen

Gæhrungen, welche zwischen ihnen und den von ihren Fürsten ohne ihr Vorwissen zu Hülfe gerufenen Gæsaten sehr früh entstanden (15), machten allen ihren schœnen Hoffnungen ein Ende. Beyde Partheyen gingen hierauf nach einem geschlossenen Frieden auseinander. Aber den gereizten Bojern wurden bald nachher manche Unternehmungen der Rœmer (16) so æusserst verdæchtig, daſs sie nach einer vaterlændischen Unterstützung sich sehnten. Sie riefen die Insubrier nebst den Gæsaten (17) noch einmal zu einem gemeinschaftlichen Zuge über die Alpen, schlossen sich an dies Heer an, und næherten sich in langsamen Mærschen Rom, ihrer natürlichen Feindin. Ein rœmischer Prætor mit 6000 Mann, der sich diesem Strome entgegenwarf, ward niedergehauen und der Ueberrest auf einem Hügel, wohin er sich geflüchtet hatte, eingeschlossen (18). Aber der eine Consul, Aemilius, eilte diesem zu Hülfe, zog den Ueberrest an sich und verfolgte das barbarische Heer, das sich, um die Beute erst in Sicherheit zu bringen, in sein Vaterland wieder zurückzog. Der andere Consul, C. Attilius, hatte indeſs auch wieder Sardinien verlassen,

war

war bey Pifa gelandet und zeigte fich ihnen auf der anderen Seite mit einer beträchtlichen Macht. Man zwang fie hier zu einem Treffen, und fie verlohren mit ihm den grœsten Theil ihrer Mannfchaft (19).

Dies fetzte auf einmal der Herrfchaft der Gallier in Italien Schranken: Denn auch die Bojer wurden im folgenden Iahre gænzlich vertrieben, und als ein neues, unter *Friedmar* (20) den Infubriern zu Hülfe eilendes, Heer der Gæfaten vœllig zerftreuet war, fo wurden die Rœmer von ganz Italien Meifter, und gewannen Zeit und Ruhe, auch in anderen Erdftrichen an ihren Thronen zu bauen.

Der ganze folgende, 169 Iahre lange, Zeitraum der gallifchen Gefchichte, welcher Friedmars Niederlage von dem cimbrifchen Kriege trennt, wird faft durch gar nichts bezeichnet, was der helvetifchen Gefchichte im geringften verwandt oder nur benachbart wäre. Die Macht der Gallier greift in entlegnere Lænder, und wird durch einige ihren fchweizerifchen Verbündeten unerreichbare,

Natio-

Nationen bedrohet. Diefe benutzen, vielleicht durch Klugheit und Erfahrung von Süden zurückgewiefen, einen mehr feitwærts liegenden Spielraum; ftreifen immer raftlos und nie befriedigt, über den Rhein, pfænden grofse Lænder um ihre natürlichen Schætze und bereichern fich mit neuen Ideen und Kenntniffen. Was diefe Periode für Stoffe begreift, die nachmals mit grofser Wirkung in die Gefchichte eines anderen Völkes eingemengt werden, entzieht uns ein trübes Dunkel. Und nur vielleicht in den fpætern Verwickelungen der gallifchen Gefchichte, in der muthmaslichen Niederlaffung der von den Rœmern verjagten Salyer, Allobrogen und Arverner im helvetifchen Gebiete, endlich in der nothwendigen Eiferfucht feiner freyen Vœlker über die Ausbreitung Roms; und in ihrer Befiegung eines der tapferften Alpvœlker, der *Rœner* (21); liegt ein dürftiger Grund von der Willigkeit und Wærme, mit welcher die helvetifchen Stæmme dem cimbrifchen Heerzug fich einmifchten.

Die unter dem Namen der Gæfaten in jenem Zeitpunkte bekanntgewordenen Vœlker

ker scheinen vorzüglich Helvetier gewesen zu seyn (22). Alle Nachrichten daher sowohl von jenen als von der ganzen gallischen Nation überhaupt, die sich in den Geschichtsbüchern der Rœmer zu uns herüber gerettet haben, sind für die Enthüllung des damaligen *allgemeinen* Zustandes von Helvetien in seinen Bewohnern, entschieden brauchbar.

Die Rohheit ihrer Sitten wie die Wildheit ihres Muthes zeichnet sie zuerst auffallend aus. Ohne den Begriff einer Heimath und einer feststehenden Wohnung, kannten sie auch das Hausgeræth nicht. Ihre Wünsche und Freuden traten nie aus dem engen Kreise einer kümmerlichen Nothwendigkeit; Fleisch war ihre alleinige Nahrung, ihre Beschæftigung und Neigung bloss Krieg und Raub; Vieh und etwas, aus den Flüssen gewaschenes Gold ihr einziger Reichthum (23). Eine ununterbrochene Stille wachte noch über ihre Begierden und die nordische Kælte ihres Ursprunges beengte die Kræfte ihrer Seele, in ihrer Anspannung selbst.

Ihre Kriegsliebe und die derselben verwandte Habsucht, die Armuth ihres eigenen Landes, die Unstætigkeit ihrer Behausung machte sie zur Verdingung für auswærtige Kriegsdienste geneigt. Ihr Name zeigt von diesem Charakter ihrer Politik, und ihre Geschichte scheint ihn erweisen zu wollen. Ganze Schaaren eilten verlegenen Nachbaren für eine gute Summe zu Hülfe, wenn ihnen ihr Vaterland nicht mehr gefiel oder eigene Angelegenheiten sie nicht mehr beschæftigten.

Doch blieben sie unter jedem Volke von Vermischungen frey; immer stritten sie allein und behielten allenthalben die ihnen eigene Art des Gefechts. Ihre Waffen bestanden in einem besonderen Wurfspiesse (*Gæsum* genannt,) und in dem langen breiten Schlachtschwerdte, dem Hauptgewehr aller gallischen Vœlker (24). Aber, da ihnen die Kunst, das Eisen zu hærten, unbekannt war, so wurden diese meistentheils schon vom ersten Hiebe seitwærts gebogen und unbrauchbar, wenn vor dem zweyten der Krieger nicht Zeit hatte, ihnen eine gerade Richtung wieder zu geben. Dies schwæchte und ermattete daher

daher ihren Widerstand gegen die rœmischen Angriffe. Ihr Schild war auch nicht groß genug, seinen Mann zu bedecken. Die Kunst, in der Entfernung zu fechten, kannten sie gar nicht. Ihr Muth und alle Kræfte waren daher nackt und ohne den Schutz der Gegenwehr den rœmischen Bogenschützen bloß gestellt, welche ihnen in einer für ihre Waffen unerreichbaren Entfernung beschwerlich fielen. Oft war daher schon der Ausgang entschieden, ehe ein einziger Schwerdtstreich verwundete; die Rœmer fanden Verlegenheit und Lücken und hatten mit den wankenden Resten ein um so leichteres Spiel. Zwar waren die Gæsaten gleich den Bojern und Insubriern mit Hosen und einem leichten Kriegsrock bedeckt, aber zuweilen warfen sie, wie in jenen grofsen Treffen mit dem Aemilius und Attilius, muthig ihre Bekleidungen ab, und stellte sich ganz nackend in den vordersten Reihen dem Feinde entgegen. Die Wirkung der Pfeile auf sie war daher hier auch weit gewisser und schrecklicher, als auf die andern bedeckten Gallier, von denen die edelsten in den vorderen Reihen noch mit goldenen Ketten geschmückt waren (25). Der Angriff

Angriff selbst war unter diesen Vœlkern mit einer gewissen Feyerlichkeit immer verknüpft. In einem allgemeinen Bardengesange empfal das ganze Heer sich den entwichenen Geistern ihrer Ahnen, und munterte sich zu einem gleichen Heldenmuth auf.

Unter allen Nationen, welche auf neue Eroberungen ausgiengen, oder ihre alten gegen fremde Partheygænger zu erhalten gezwungen waren, stœßt man früh auf eine gewisse Lehnsverfassung, die in der Einfachheit ihres Baues diese Güter am dauerhaftesten schützte. Ein solcher, so eng verbundener Stamm, verließ bey Stœrungen seinen Standpunkt selten eher, als im gænzlichen Untergang oder einer allgemeinen Vermischung, und durch eine so kluge Vertheilung des Einflusses ersparte der Staat eine Menge, sonst nicht leicht zu verbindender Kræfte. Dies war auch bey den Gæsaten der Fall. Der Schwæchere unterwarf sich, seine Dienste und Treue dem Stærkeren. Dieser Baron sammelte mit der Zeit mehrere solcher Vasallen um sich her, und nach der Anzahl derselben ward ihm am Ende ein gewisses Maaß von Rang und

und Anſehen zu Theil. Dies gab der allgemeinen Verfaſſung eine ariſtokratiſche Wendung (26), und nur jæhrlich ward einem von den verſchiedenen Gauen gewæhlten Fürſten die Hauptanführung im Felde und die oberſte Entſcheidung in Civilſachen vertrauet. In einer, mehrere Stæmme betreffenden und gemeinſchaftlich auszufechtenden Fehde, ſezte man auch einen gemeinſchaftlichen Anführer, deſſen Würde ſich aber niemals über die Dauer des Krieges ausdehnte. Dauerhaft und darum wichtiger waren hingegen die Gerichte ihrer Druiden und Prieſter, welche unter dem Schutze der Gottheit peinliche Strafen verhængten. — So ſieht man mit Erſtaunen die ganze Anlage der ſpæteren Verfaſſung in dieſen rohen Zügen der Barbarey, in dieſem Kampfe wiſſenſchaftlicher Erkenntniſſe mit angebohrnem Uebermuthe, ſchœner Fæhigkeiten mit den Vorurtheilen des Stammes und den Künſten der Prieſter.

Alle Stæmme der Gallier, hatten überhaupt durch jenes Umherſchweifen ſich einen Nationalgeiſt zu eigen gemacht, der eine allgemeinere Volkskultur auch in Helvetien,

wenn

wenn gleich hier der Mangel an Gemeinschaft und Mittheilung zu überwinden gewesen wære, doch auf mehrere Zeitalter verzœgerte. Ohne von den Früchten ihres Bodens die Belohnung ihrer Mühseligkeiten zu erwarten, schienen sie nur in der Menge ihrer Ländereyen sich grofs zu fühlen. Der nicht zu übersehenden Weitlæuftigkeit ihrer Besitzungen und einem Traume der Herschbegierde opferten sie den reichlicheren Ertrag an Bequemlichkeiten des Lebens, den Ueberflufs und eine angenehme Abwechselung von Nahrungsmitteln und allen Gewinn einer feststehenden Hæuslichkeit auf; und krochen dafür als zerstreuete Stæmme, schlecht genæhrt und noch schlechter bekleidet, in elende Hütten zusammen, deren Grund sie erst Sümpfen und einer buschihten Verwilderung mühsam abgewinnen mufsten. Mit ihrer Einfalt innig vertraut, waren sie selbst dem Gedanken einer besseren Mœglichkeit entfremdet. Ieder Ankœmmling, den Ueberdrufs, Gewerb oder Wifsbegierde aus seinem südlichen, kunstreicheren Vaterlande in ihre einsamen Steppen trieb, ward als ein Gott (27), jede Erfindung als unbegreiflich, und auch die armseeligste ligfte Kunft als übernatürlich verehrt. Der Zuftand erfter Begriffe gleicht fich allenthalben. Die Natur der anfangenden Entwickelung kettet auch die nachmals abweichendften Nationen zufammen; und allen Gefchichten liegt ein einziger Stamm gleicher Bedürfniffe und Ideen, derfelben Zwifte von Anlagen mit den Nothwendigkeiten der Wanderung und eines veränderten Aufenthaltes, einerley Belehrungen erfchütternder oder langfam wirkender Umftænde, fichtbar zum Grunde.

Nicht der Drang eines feindlichen Angriffes, oder freywillige Eroberungsfucht und Neugierde find die erften Urfachen des Einbruches der Gallier in Italien gewefen, fondern einige von einem heimgekommenen Landsmann (28) mitgebrachte Früchte entzündeten ihre Einbildungskraft fo fehr, daſs ein grofser Haufe über die Alpen eilte, und fich des weiten Thales zwifchen diefen und den appeninifchen Bergen bemæchtigte (29). In der Folge fchienen fie gleichfam blos deswegen hiehergeftellt, um der Quelle ihrer neuen Kultur defto mehr in der Næhe zu feyn.

Denn

Denn, von der Küste Ioniens vertrieben (30), landete ein Trupp von Griechen in dieser Gegend, ließ sich an der Mündung der Rhone nieder, und fing die Erbauung von Massilia an. In hinreichender Anzahl, um sogleich ihrer Staatsverfaſſung bey der erſten Vermæhlung mit dem fremden Vaterlande einige Feſtigkeit und Vollkommenheit mitgeben zu kœnnen, waren ſie bald über die Hauptbedürfniſſe einer neuen Anlage hinweg Die aufkeimende Bequemlichkeit erinnerte ſie an die mœgliche Verſchœnerung ihrer Lage durch Künſte und Wiſſenſchaften der alten Heimath; ſelbſt faſt ohne alles Gebiet, das ſie an einen beſtimmten Erdraum hætte feſſeln kœnnen und in ihren Handelsverbindungen von den Carthaginienſern beſchrænkt, verbreiteten ſie ihren Verkehr auf unbefahrne Küſten und in das Innere des Landes. Die benachbarten Nationen lernten ihre Kenntniſſe ſchætzen und ihrem Geſchmacke nachahmen; ſie begriffen, Oelbæume zu ziehen und Reben zu pflanzen; ein allgemeinerer Handel befœrderte den Umſatz, folglich die Vermehrung und Vervielfæltigung der Landesprodukte und drang auf den Anbau des Eigenthums, vieler Künſte des Lebens,

man-

mancher vernachlæſſigten Kraft zu einer gemeinſchaftlichen Unterſtützung und zur Theilnahme an den neuen Gütern und Freuden, floſſen die Menſchen in grœſſere Haufen und endlich in Stædte zuſammen; man ſah ſich zu einer angemeſſenen und ſtrengen Regierungsform gezwungen und von den Miſsbræuchen, welche aus der Kultur entſtanden, wurden die Geſetze erzeugt (32). Die Zeichenſprache der Natur verwandelte ſich endlich in die miſsgebrauchte griechiſche Buchſtabenſchrift; der Gedanke ward dadurch klarer und feſter, und jedes Gefühl in jeder Entfernung mittheilbar. Im ungewohnten Genuſſe und im himmliſchen Gefühle neugeboh- rener Wirkſamkeit, berauſchten die glücklichen Vœlker ſich durch neue Hoffnungen. Denn nichts iſt entzückender als das Erwachen im roſenhellen Lichte der anbrechenden Morgenrœthe.

Indeſs der Eigennutz von Fremdlingen hier dem Wohlſtande der Eingebohrnen aufhalf, blieb Helvetien doch jenen noch lange fremd. Die Rauhheit und Armuth in der Außenſeite des Landes und der Bewohner ſchreck-

schreckten allen Kunstfleiß zurück. Wer könnte auch unter diesen Trümmern der Schœpfung reiche Kryftallschætze (33), im starren Schooße des Schnees fette Triften und ergiebige Heerden, und unter der frostigen Barbarey dieser Celten am Lemannischen See (34), Empfænglichkeit für Belehrung vermuthen? — Aber über die Mühe, ihrem Boden kærgliche Früchte abzuzwingen entwanden sich diese, ohne Hülfe von außen, wenn gleich nur sehr langsam, dem Chaos wilder Sitten, hatten allmæhlich Eroberungen und Kriege vergessen, obgleich von dem Baue des Landes, der einfachen Lebensart, und der Reinheit der Luft in ihrer abgestammten Kraft noch immer erhalten, und erfreueten sich ohne mehr von Kunst zu wissen, als die griechische, zufællig unter sie gerathene, Buchstabenschrift (35), verrieth, in vier verbundene Gauen getheilt, lange einer kœstlichen Freyheit.

Aber dieser ruhige Genuß erhælt dem Geschichtsforscher das volle Vermœgen der Vœlker immer unbekannt. Nur Kriege und Verheerungen, Ueberdruß zu lange besessener Lænder und Sehnsucht nach einem neuen Besitze,

ſitze, Druck des Schickſals und Gegendruck
ſetzen ſie in die Stellung, in welcher ihr ganzes Seyn ſich über die Schranken des Altags-
lebens hinaus entwickelt. Im ſtillen Frieden
der Familie und in der Langenweile ewig gleicher Tage wird der Geiſt der Menſchheit von
einem nur durch die Feldſchlacht aufzuſchre-
ckenden Schlummer befallen. Gœtter und
Heroen büſsten Stærke und Ruhm in ſtummer
Hæuslichkeit ein.

Der erſte Krieg, welcher daher wieder
einen Theil der Helvetier, wenigſtens gegen
die Rœmer, zu einer bildenden Thætigkeit
brachte (36), wurde durch die groſse Wanderung der *Cimbern* von der Donau nach Illy-
rien und bis zum Rheine, veranlaſst (37).
Ein Gau, die *Tigurimer* (38), folgten, ihrer anfangenden Sittlichkeit müde, anderen Bedürfniſſen ſchon nicht mehr ganz fremd, von ihrer
Lebensweiſe daher entweder nie geſættigt oder
ihrer überſatt, durch den Sieg der Cimbern
über den rœmiſchen Conſul Pappyrius bey
Noreja (39), durch die reiche Beute derſelben,
noch mehr aber durch ihre noch reicheren
Vorſpiegelungen, verführt, dieſem Heereszu-
ge-

ge (40). Alle Vœlker, auf welche der Schwarm ſtieſs, wurden mit ihrem Vermœgen, ihrer Familie, ihrer Freyheit dieſen Barbaren zum Raube; und auch die ſchon etwas verfeinerten Gallier fanden ſich in ihrem Ueberfluſſe ſo ſehr überraſcht, daſs ſie das Unvermœgen des Luxus und der Uebung ſchœner Wiſſenſchaften nicht ſogleich durch Künſte des Krieges zu erſetzen vermochten. Ganz Gallien ward verheert. Die Sieger, aufgeblaſen durch ihr Glück, ſtolz auf Muth und Anzahl, halbtrunken von unbekannten Genüſſen, und von neuen unüberſehbaren Schætzen, kündigten ſelbſt den benachbarten Rœmern den Krieg an. Die Provence ward überfallen. Ihr rieſenmæſſiges und fremdes Anſehen, die Wuth, das entſetzlichſte Feldgeſchrey des erſten Angriffs, und die Barbarey ihrer Schlachten, ihre Gleichgültigkeit gegen das Leben, trieben alle Bewohner vor ihnen her; ſelbſt die rœmiſchen Cohorten, unter dem Conſul Silanus geriethen in ein weibiſches Schrecken und wurden vœllig geſchlagen (41).

Es war gleich bey der erſten Entwickelung der Politik ein Grundſatz der Rœmer gewor-

geworden, die Kriege soviel als nur mœglich, jenseits der Grenzen ihres Gebietes zu führen. Dies half ihnen, die Beschwerden der Feldzüge tragen und sicherte sie vor jeder Gattung des Ueberfalls. Lucius Cassius überstieg daher die Alpen und erschien in Helvetien. Iener aus dieser Vœlkerverbindung losgerissene Gau der Tiguriner verliefs auf diese Nachricht sogleich das cimbrische Heer, dreist genug, auch allein mit den Rœmern sich messen zu wollen. Unter *Divikos*, eines damals noch jungen Heldens, Anführung drangen sie ihnen entgegen und am Lemannischen See stiefsen beyde Armeen zusammen. Die Tiguriner kannten das Land, und hæufige Streifereyen hatten sie es zu benutzen gelehrt. Sie waren Mann gegen Mann zu streiten gewohnt, und erdrückten mit unwiderstehbarer Stærke einzeln ihre Gegner, deren Vermœgen nur in der Ordnung und im festen Schlusse der Glieder bestand. Aller Muth der Legionen, die ganze Kriegskunst eines grofsen Feldherrn und eines sieggewohnten Heeres hielt daher gegen die barbarische List dieses kleinen Volkshaufen nicht Stand, welcher die rœmischen Soldaten in grundlose

Moræste und verwilderte Steppen lockte, wo sie den Vortheil des Zusammenhangs, ja sogar den eines sicheren Fusstrittes verlohren. Sie stürzten dann von ihren Bergen auf die schwankenden und zerstreueten Cohorten hinab; nur ein matter und kurzer Widerstand derselben war mœglich; die meisten fielen ohne Gegenwehr; selbst der Consul blieb mit seinem einen Legaten Luc. Piso; ein anderer Theil versank in den Sümpfen, und ein noch kleinerer rettete sich unter dem anderen Legaten, *Q. Publius*, ins Lager (42). Aber ohne allen Vorrath von Lebensmitteln und ohne Mœglichkeit einer frischen Zufuhr, ward dieser durch Hunger zu einer Uebergabe seines erschrockenen und muthlosen Heeres gezwungen; man nahm ihnen, noch menschlich genug, nur die Rüstungen ab, behielt einige Geissel und schickte sie durch das Ioch (43).

Dieser entscheidende Sieg verstærkte das feindliche Heer. Auch die übrigen helvetischen Gauen der Tugener und Ambroner sammelten sich mit ihrer ganzen Kraft zu seiner Unterstützung. Alle Vœlker des südwestlichen Helvetiens, nebst den freyen Bewohnern

nern der Alpen um den Rhodan, ſtrœmten zuſammen. Das rœmiſche Heer ſelbſt entzweyte eine bittere Eiferſucht zwiſchen dem Conſul *Manlius*, einem ſehr unerfahrnen Feldherrn und dem Proconſul *Capio*. Die Soldaten nahmen hieran nothwendig einen ſehr erhitzten und um ſo gefæhrlicheren Antheil, da allein eine ſehr ſtrenge Kriegszucht und enges Zuſammenhalten einer ſo drohenden Uebermacht zu widerſtehen vermochte. Am Rhodan kams endlich zum Treffen und das Glück erklærte ſich für die Cimbern mit einer ſolchen Entſcheidung, daſs 80000 Mann Soldaten mit einer Menge von Sklaven auf dem Schlachtfelde blieben (44). Die ganze Beute wurde von den Cimbern dem Kriegsgotte geweihet, alle Gefangenen wurden als Opfer geſchlachtet, alle weggenommenen Pferde erſæuft, die ausgezogenen Kleider zerriſſen, alle übrigen Koſtbarkeiten in der Rhone verſenkt (45). Dieſe Handlung der Wuth ſtimmte das Heer zu einer raſenden Schwærmerey, welche Rom mit ſeinem vœlligen Untergange bedrohete.

C 2 Auch

Auch war der Eindruck dieser schrecklichen Begebenheit auf die rœmischen Bürger schnell und schauderhaft. Man verdammte den Tag der Nachricht auf ewig im Kalender zu einem unglücklichen (46); alle Læden wurden geschlossen, der Handel stockte, und man sah auf den Straßen nur Kriegskleider. Cæplo ward verurtheilt, aller Güter und Ehrenstellen verlustig und unfæhig erklært. Alles zitterte der Ankunft dieser Horden entgegen. Roms Glück schien ihnen nicht widerstehen zu kœnnen. Aber die Cimbrer vernachlæssigten des Augenblicks Gunst, und dies rettete Rom. Cajus Marius erhaschte begierig den verlohrnen Zeitraum, zwischen den Fortschritten seiner Feinde, welche, ohne Rom næher zu kommen, zwey Iahre lang nach Spanien streiften (47). Er erinnerte seine Truppen durch Wiederherstellung von Ordnung und Kriegszucht an ehemalige Grœsse und Ueberwindlichkeit. Er gewœhnte sie durch ein kluges Zœgern an die Wuth, und an den Angriff dieser regellosen Haufen. Ein neues, aufgefrischtes Heer drang den erstaunten Teutonen, welche sich nebst den Amronen und Tugenern vom übrigen cimbrischen brifchen Heere getrennt hatten, muthig entgegen und nach einer leichten Gegenwehr nahmen diefe erfchrocken die Flucht (48).

Roms Gefahr war aber damit noch nicht ganz beendet. Auch von einer anderen Seite bedrængte der noch übrige Theil der Cimbrer das Land, und fchwærmten faft halb noch im Winter über die tridentinifchen Alpen hervor (49). Nach einem entfcheidenden Siege über den Catulus (50) bedroheten fie Verona; alle Pæffe waren unüberwindbar befetzt (51), und das Heer hing in einer grofsen Kette von Truppen mit allen Helvetiern im Gebirge zufammen. Es war daher nœthiger, diefe Siege zu hemmen, als jene zu verfolgen. Marius verliefs feine Feinde, eike diefer Gegend zu, vereinigte fich mit des Catulus übergebliebenen Truppen, traf auf die Cimbrer in einem weiten Felde bey Verceil am Ufer des Athefis, wo fie die Annehmlichkeiten des Landes ruhig genoffen hatten, und griff fie hier ohne Zœgern an, 652 Iahre nach Roms Erbauung. Im Anfange der Schlacht hatte ein dicker Nebel beyde Theile verhüllt. In der Ungewifsheit der Lage ward die cimbrifche Reiterey von der rœmischen angegriffen und zusammengeworfen. Aber sie verfolgte diesen Vortheil zu hitzig, ein zu grofser Theil des Heeres ward im Feuer mit fortgerissen; die Cimbern, in ein grofses Viereck gestellt, stürzten wütend auf die halbtrunkenen Rœmer, und brachten sie zum Theil unter der Bedeckung des Nebels, unter dem Vortheile noch frischer Kræfte, einer überlegenen Menge, der Schrecklichkeit ihres Aeufseren und des wütenden Anfalles, gænzlich in Unordnung. Wenig von ihnen kamen davon; das grofse Viereck dehnte nun seine Flügel auseinander und eilte dem noch übrigen Theile der Rœmer zu. Das Schicksal der grofsen Stadt hing an einem schwachen Faden. Das Zurückweichen der geschlagenen und erscreckten Soldaten, der dicke Duft, welcher das feindliche Heer noch unendlich vergrœserte und jeden Schritt ungewifs machte, der Mangel œrtlicher Kenntnisse schienen den Feinden den Sieg in die Hænde zu geben. Aber mit dem Sinken des Nebels klærte sich auch die Fassung der Rœmer auf; die hervorkommende Sonne fing an die Cimbrer, durch den Glanz der rœmischen Helme, zu blenden;

eine

eine ihnen entgegenwehende dicke Staubwolke machte ſie unentſchloſſen und zerſtreuet; die ihnen ungewohnte Hitze hatte ſie ſchon faſt gænzlich erſchœpft; Marius fiel auf die wankenden, halberblindeten Glieder in Verzweiflung ein, trennte ſie, und ein vollkommener Sieg der Rœmer beendigte dieſen blutigen Tag. Hundert und zwanzig tauſend blieben, ſechzig tauſend wurden gefangen.

Die Rœmer verfolgten hierauf die fliehenden noch bis in ihre Wagenburg. Auch hier wurden die zurückkommenden Mænner, wie bey Aix von ihren Weibern empfangen. Schwarz gekleidet ſaſsen ſie auf ihren Wagen und ſchoſſen Wolken von Pfeilen herab, ermordeten ihre Kinder, warfen die blutigen Leichname auf die andringenden Feinde, und erwürgten ſich endlich auch ſelbſt (55). Nachdem der Platz von den Menſchen geræumt war, ſtürzte noch ein Haufen wütender Hunde hervor und vertheidigte das Gepæk ihrer Herren (56).

Dieſer entſcheidende Vorfall bewog auch die Tiguriner, unter Divikos Anführung,

rung, zum Rückzug in ihr helvetisches Vaterland. Hier, von den unwegsamsten Gebirgen über den Wirkungskreis ihrer Feinde erhoben, mitten in einem ewigen Eise, und allenthalben von einer Armuth umringt, welche ihren Siegern weder neue Eroberungen anbieten, noch ihre gemachten durch eine hinreichende Menge von Lebensmitteln erhalten konnte, bekannt mit den Vortheilen und Nachtheilen des Grundes, durften sie Sicherheit hoffen. Sie schlossen sich wieder an ihre alten Verbündeten an. Sie tauschten gegen deren einfache, nie verlassene Lebensart die Ueppigkeiten fremder Länder und die Kenntnisse eines umherschweifenden Lebens aus, und stærkten den natürlichen Muth des Landes durch die Kunstgriffe erprobter und theuer bezahlter Erfahrung (57).

Man empfing diese Ideen um so wærmer, da die Hæuslichkeit in so kurzer Zeit einer ernstlichen Landeskultur unmœglich sie der Neigung des Umherschwærmens hatte ganz entwœhnen kœnnen. Ehre, Verzweiflung beruhete zum Theil noch auf den Grundsætzen derselben. Ihre Politik war eine

Folge

Folge davon. Ohne eine gemeinfchaftliche Obrigkeit übte ein jeder einzelner Stamm das alljæhrliche Wahlrecht feiner Vorfteher, und mit dem Ende des Zeitraumes hatte, wie im Kriege das Anfehn der Anführer, auch die Gewalt der bürgerlichen Befehlshaber ein Ende. Wie es fchon oben berührt ift, fo vereinte nur das gemeinfchaftliche Intereffe des Widerftandes oder Angriffes im Kriege die Gauen unter einem einzigen felbftgewæhlten Oberbefehle, der aber nicht einmal immer auf die Zeit des ganzen Krieges ausgedehnt, fondern nur auf den ængftlichen Zeitraum eines fortdauernden Glückes befchrænkt war.

Auch ihre Gebræuche trugen die Farbe diefer Begriffe der Unftætigkeit. Ihre Vertræge wurden mit aufserordentlicher Vorficht gefchloffen und einer ausgezeichneten Feyerlichkeit verknüpft. Nur eine Nationalverfammlung hatte das Recht zu entfcheiden, und nur die Periode des Neu- oder Vollmondes ward als der Zeitpunkt betrachtet, worin fie dazu auch die Fæhigkeit hatte. Und doch überliefs man das Vorhaben in der

Beftim-

Beſtimmung des Ausſchlages dem Looſe, dem Vogelfluge, den Kunſtgriffen und der Willkühr der Prieſter (58). Auch Menſchen opferte man, um den Willen der Gœtter kennen zu lernen (59), und ſelbſt das weibliche Geſchlecht war aller ſanfteren Regungen ſo ſehr entwœhnt, hierbey die Haupthandlung zu übernehmen. Prieſterinnen beſorgten bey dem cimbriſchen Heere die Opfer (60). Ihre Feldzeichen und Waffen waren endlich die Heiligthümer, bey denen ſie ihre Gelübte beſchworen (61).

In geweiheten Hænden befand ſich die Hauptverwaltung der Gerechtigkeit. Die Urtheile der Prieſter wurden als Ausſprüche der Gottheit verehrt. Tod und Verbannung war in ihrer Gewalt. Sie beherrſchten durch die geheimen Schauer der Haine, ihrer gottesdienſtlichen Verſammlungsœrter, die Herzen; das Studium der Geſetze und Religion machte ſie zu natürlichen Richtern des Verſtandes; Sternkunde und Arzneykunſt gab ihnen Macht über die Hoffnungen und Kœrper. Alle Theile hatten ſie mit feſten und zarten Schlingen umfangen. Indem ſie das Volk

ergœtz-

ergœtzten, stimmten sie seine Empfindungen und den Gang seiner Ideen.

Der Einfluss ihrer Religionsbegriffe vermehrte noch ihren Hang zum Umherschweifen und zu jeder kriegerischen Unternehmung, so wie er die Niederlagen, welche sie veranlasten oder erlitten, hœchst schauderhaft machte. Die Unsterblichkeit der Seele, in der Hülle einer lieblichen Fabel, begeisterte sie in der Schlacht mit der Hoffnung eines reinen Genusses ihrer Wünsche: denn kein Tod hatte mehr Ansprüche auf diese Freuden, als der Tod durch das feindliche Schwerdt. In Wallhalla fanden sie dann, mit neuen Leibern versehen, ihre alten Ergœtzlichkeiten wieder, ihre Waffen und Uebungen, ihre Art sich zu erquicken, ihre Weise zu lieben, Speisen und Getrænk, wie in dem verlassenen Leben. Die Aussicht eines Genusses, den sie kannten, machte sie wærmer auf dem Wege, der dahin führte, und Ahndungen beschränkter aber verstændlicher Freuden jenseits der Græber machten ihnen diese gleichgültiger, als die Ungewissheit hœherer, nie begriffener Entzückungen. Ihre Tapferkeit war beym Anfall

Anfall daher faſt unwiderſtehlich, und die Rœmer lernten nur erſt durch verlohrne Schlachten dieſer erſten Wuth ſich zu erwehren, und ſie ſich durch Erſchœpfung ſelbſt aufreiben zu laſſen. Wer dann nicht floh, ließ ſich ohne Widerſtand hinwürgen.

Eine natürliche Folge dieſer Seelenſtimmung war die Verænderung ihrer Begriffe von Tugend. Muth war die Haupteigenſchaft derſelben. Der Anführer ſiegte oder ſtarb in der Schlacht, und der Soldat ſchwur, ihn nicht zu überleben. Wenn einer von ihnen ſeinen Schild verlohr, ſo fiel er gewœhnlich durch ſeine eigene Hand. Nur der Beherzte kam nach Wallhalla zu ſeinen Gœttern; die Feigen blieben im kalten Kerker der Gœttin des Todes. Kein leiſer Laut ihrer Thaten gelangte dahin, keine Spur gehofter und vorgenoſſener Vergnügungen.

Die unglücklichen Folgen dieſer Vermiſchung einheimiſcher Armuth an Gütern und Begriffen mit den erworbenen Reichthümern des Auslandes wurden bald in mehreren Rückſichten ſehr ſichtbar. Der Kampf aufgedrundrungener Ideen mit den angebohrenen machte den ruhiggebliebenen Bürgern ihre Heimath nur læstig, und wo ihre heimgekehrten Brüder sich wenigstens mit der Erinnerung anderer Genüße befriedigten, wurden sie durch eine unerfüllte Sehnsucht gequælt. Dies setzte sie gegen bekannte Gegenstænde in eine widrige Stimmung und bereitete eine der nachfolgenden Perioden von großer Entscheidung vor.

Auf der anderen Seite lag in der Begünstigung einzelner wiedergekommener Bürger durch das Glück, auch die Anlage zu einem *äußeren* Drucke. Die Vornehmen hatten eine Menge von Sklaven mitgebracht, aus denen sie sich allmæhlig einen ordentlichen Hoff zu bilden anfingen. Dies trennte die Gleichheit der Stænde. Arme Nothleidende, oder auch diejenigen, welche in den Zügen sowohl nichts erworben, als auch noch dazu die Lust zum Erwerbe durch Arbeit verlohren hatten, begaben sich unter einen solchen Schutz. Die Menge der Clienten und Schutzlinge ertheilte allgemach einen ungewœhnlichen Einfluß. Iede Stadt, jedes Dorf, ja jede Familie,

milie, litt von solchen Faktionen. Es entstanden daraus Plane zur Erhaltung der Obergewalt. Bald erhob sich einer dieser Reichen, Orgetorix (62). Klug genug, den neuen allgemeinen Hang des Volkes zu kennen und zu benutzen, sah er allein in einem Kriege, der ihm eine gesetzmæssige Beherrschung desselben in die Hænde gab, das einzige Mittel zur Befriedigung seiner Wünsche. Nachdem er sich daher der Beystimmung des Adels versichert hatte (63), stellte er mit rauschender Beredsamkeit, der schon vorher halb überzeugten Gemeinde die drückende Kargheit ihres armseeligen Landes vor, und malte ihnen dafür die fetten Fluren Galliens, die Ueppigkeit seiner Befriedigungen, den Frieden seines Himmels und seiner Früchte schwelgerischen Ueberflus mit so lebhaften Farben, dafs die ganze Versammlung einmüthig beschlofs, nach drey Iahren ihre Heimath ganz zu verlassen, und mit aller ihrer Habe sich einem so schænen Lande anzuvertrauen. Man vertheilte sich, zur Vorbereitung auf diesen grofsen Auszug nun wieder in die Ortschaften; man sæete eine grofse Menge von Getraide, schafte Lastvieh, Wagen, Vorræthe

ræthe aller Art an (64), und zæhlte unmuthig die langen Tage des vaterlændischen Aufenthalts.

Ueberdem war es nœthig, mit den benachbarten Fürsten der Heduer und Sequaner eine gütliche Uebereinkunft zu treffen. Man bedurfte hiezu eines Mannes von Rang, Talenten und Reichthum. Orgetorix war dieser Mann. Er drængte sich zur Uebernahme eines seinem Zwecke so günstigen Auftrages. Er beredete den Fürsten der Sequaner, sich seines Landes Obergewalt zu verschaffen. Auch im Gebiete der Heduer, die ihre Fürsten alljährlich erwæhlten, suchte er den gerade herrschenden Dumnorix durch eine Vermæhlung mit seiner Tochter zu gleichen Absichten zu bestimmen (65). Alle drey Fürsten schwuren sich hierauf eine unverbrüchliche Treue zur Unterjochung von ganz Gallien nach erworbener Oberherrschaft über ihre Vœlker.

Der Vorschlag bekam noch mehr Leben, durch mehrere Siege der Helvetier, über jene im innersten Germanien herumziehende

hende Horden (66), durch die Ankunft immer neuer fchwevifcher Schwærme am Rhein, und endlich durch Galliens Erfchœpfung. Hierzu kam, dafs die ehemals auf deutfchen Boden gezogenen Bojer von dem getifchen Kœnige Berebifta über die Donau fich mittæglich zu ziehen gezwungen waren, und fich den helvetifchen Grenzen næherten. Man nahm fie auf und verftærkte fich mit ihnen. Das Land wurde um fo mehr noch zu enge, und man fchien kaum an den weiten Fluren Galliens fich genügen laffen zu kœnnen.

Zwar gab ein neues Ereignifs dem Vorhaben eine andere Wendung. Man entdeckte die Abfichten des Orgetorix, und den Zufammenhang derfelben mit den Anftalten benachbarter Fürften (67). Das ganze Volk ward gewarnt; er felbft gefænglich eingezogen (68), zum Feuer, der Strafe folcher Plane, verdammt (69), und ftarb nachher von feiner eigenen Hand (70). Aber dies ftœrte die Helvetier nicht im Gange ihrer Ideen und den fchœnen Zufammenhang goldner Træume. Der Mangel eines Anführers, konnte durch den allgemeinen Geift der Nation, das

unter-

unterſtützende Bündniſs befreundeter Fürſten und Nachbaren durch die Unwiderſtehlichkeit eines ſo groſsen, berauſchten Volkes erſetzt werden. Sie beredeten die Rauracher, Latobriger, Tulinger zur Theilnahme an ihrem Vorhaben (71). Im beſtimmten Iahre wieſs man den Ausfluſs der Rhone aus dem Lemanniſchen See zum Verſammlungsort und den 26ſten May zum Verſammlungstag an (72). Die Gauen nahmen mit Weib und Kind von ihrer langebewohnten Heimath einen fræhlichen Abſchied, packten Lebensmittel für drey Monate nebſt ihrem beſten Hausſtande auf Wægen, und verbrannten, um ſich durch die Unmœglichkeit einer Rückkehr verdoppelte Kræfte zu geben (73), ihre zwœlf Stædte, mit einer zahlloſen Menge von Flecken, Dœrfern und anderen Gebæuden (74). Welche plœtzliche Veræenderung im Ganzen eines nicht unbedeutenden Erdſtriches! Eine allgemeine Revolution ſchien die Erde an ihre mütterlichen Rechte gemahnt, und dieſe einen ſanften Schoos aufgethan zu haben, ihre Kinder gegen die Barbarey wahnſinniger Flüchtlinge zu ſichern.

Dies ist nicht das einzige Mal in der Weltgeschichte, daſs Neugierde, Unmuth, oder gereizte Lust über die zærtlichen Neigungen, welche den Menſchen mit ſeinem Boden vermæhlen, Herr ward. Sobald die Bedürfniſſe ſich nur erſt etwas erweitern, und die Seele ſich über ihren Geſichtskreis hinauswünſcht; ſobald das Volk nur erſt mit leidenſchaftlichen Blicken an eine einzige Frucht der Fremde hængt, welche einen Reichthum wollüſtiger Freuden ahnden læſst, ſo löſen ſich bald die Bande der Hæuslichkeit und gewohnter Gegenſtænde. Ackerbau feſſelt den Geiſt zwar an eine kleine Erdſcholle; aber nur dann nicht, wenn die Undankbarkeit des Bodens nichts von ſeiner Mühe vergilt, wenn ihm geheime Begierden jede Arbeit verdrieslich, alle Freuden der Wohnung und des hæuslichen Verhæltniſſes geringſchætzig machen. Und der Hirt findet auf jedem grünen Flecke ſeine verlaſſene Wirthſchaft.

Ein geheimer, tiefliegender Zweck ſcheint überdem dieſe Vœlkerwandrungen durch die natürliche Verbindung der Nachbarſchaft wunderbar und kraftvoll zu leiten.

Im

Im südlichen Europa hatte Geschmack und Sinnlichkeit schon eine solche Bildung erhalten, dafs alle Künste und Wissenschaften mit einer zügellosen Ueppigkeit bedrohet wurden. Schwelgerey schärfte alle Gefühle bis zu einer unbegreiflichen Reizbarkeit. Luxus versinnlichte die hœheren Freuden des Geistes, und erhœhte kœrperlichen Genuſs zur Entzückung. Alle Kræfte erschlafften in der frohen Ueberspannung. Der Einfluſs der Gesetze und Sitten ward zu sanft, hœrte auf, kraftvoll zu seyn; und in dieser ganzen schœnen Erdstrecke versanken die Empfindungen in eine Anarchie, welche nur dem Augenblicke gehorchte.

Und in dieser Kultur sind die Hauptquellen aller Erschütterungen der Staaten verborgen. Wenn die Bewegungen einer rohen Volksmasse nur einfach sind, und sich immer in den plumpen Wendungen der æuſsersten Nothwendigkeit erhalten, so hat eine jede in einem gebildeten Staate einen verschiedenen Zweck. Dies vervielfacht theils die Wege ihrer Mittheilung, theils schwæcht es durch eine Vereinzelung die Kræfte der ganzen Nation;

tion; beydes aber erleichtert die Veränderung der Sitten, der Gesetzgebung und der Art der Beherrschung. Nur unter unaufhoerlichen Erschütterungen, und oft unter einem schnellen Wechsel des Friedens mit dem Kriege sehen wir daher eine *allgemeine* Bildung der Staaten erwachsen. Ein ganz rohes Volk von Norden her mischt sich entweder unter die Zærtlinge der Verfeinerung, kühlt die Wärme der Gefühle, und theilt seinem alten Vaterlande die neuen Kenntnisse mit; oder ein anderes gebildetes Volk landet auf unbefahrenen Küsten, kultivirt durch Verkehr und Umsatz. Und so stœst eine Welle die andere an, und wenn nach einem Sturme der Aufruhr etwas sich wieder legt, so findet sich die ganze Masse zum Wunder aufgeklärt und gelæutert.

Das helvetische Heer, welches sich zu einer allgemeinen Auswanderung in Bewegung setzte, war sowohl durch seinen gereizten Muth und durch seine Eroberungsbegierde furchtbar, als eben durch jene Allgemeinheit gefährlich. Dieselbe Verachtung alter Besitzungen, dasselbe Gelust nach unbekannten

ten Genüſſen, ſchien überdem noch alle Nachbaren befallen zu haben, welche in ungeheurer Anzahl, kampfluſtig, mannichfaltig bewafnet, zuſammenſtrœmten, und durch dieſe Verænderung des Angriffs und der Gegenwehr den Erfolg eines Widerſtandes um ſo ſchwankender machten. An ihrer Spitze ſtand endlich *Diviko*, jener junge Held, der die Rœmer zuerſt beym Lemanniſchen See geſchlagen, und ſeine Landsleute nach der Niederlage bey Verona glücklich zurückgeführt hatte, groſs durch einen unbiegſamen Muth, grœſser noch durch die Erfahrungen gewonnener und verlohrener Schlachten, am furchtbarſten aber durch einen unauslœſchlichen Haſs gegen die Rœmer. Unter ihm ſtreckte ſich das Heer ſchrecklich gegen Gallien aus, und Italien, kaum ſeines Sieges gewiſs, zitterte vor neuen Gefahren.

Aber ein einziger Mann, von wenig Truppen unterſtützt, ſtellte ſich (56 I. v. Chriſt. Geb.) der andringenden Nebenmacht dieſer Fluth trotzig entgegen. Und dies war *Cæſar*. Bey dem Gerüchte ihrer Annæherung flog er von Rom nach Genf, das dieſer Stadt schon damals gehœrte, warf sogleich die Brücke über den Fluss ab, und rüstete die eine daselbst befindliche Legion (75). Es kamen hierauf zwey helvetische Gesandte, Numejus und Verodoktius zu ihm, um einen freyen Durchzug für ihre Landsleute zu erhalten; nach zweytægiger Bedenkzeit schlug er misstrauisch an der Spitze einer einzigen Legion zwey und neunzig tausend Barbaren dies dringende Ansuchen ab. Diese Tage des Bedenkens hatte er klüglich genutzt; in kurzer Zeit war die berühmte Mauer am Ufer der Rhone errichtet und besetzt (76). Die Helvetier bemüheten sich hierauf diesen Pass zu erzwingen, trieben Schiffe und Flœsse zusammen, und versuchten überzusetzen; aber vergebens, die Vestungswerke und der Pfeilregen der rœmischen Soldaten hielten sie auf, und sie sahen sich endlich zu einem anderen Weg durch das Gebiet der Sequaner gezwungen (77). Durch Dumnorix, des Fürsten der Heduer, Vermittelung erhielten sie von diesem Volke Erlaubniss, durch den Iura, diesen unbequemen und engen Pass zu verfolgen, wo in den schlüpfrigen Steigen ein kleiner

Hau-

Haufen dem grœfsten Heere gefæhrlich geworden wære.

Aber dem Feldherrn genügte nicht allein die Vertheidigung des rœmifchen Gebiets. Nichts verficherte ihm die Herzen feiner Truppen ftærker, als Beute und Krieg. Ihrem Vaterlande in der Ferne entfremdet, gehœrten fie ihm mehr als der Heimath an, und ohne gerade das Gebiet von Rom vergrœfsern zu wollen, war ein Hauptziel feiner Anftrengungen, das innere Vermœgen derfelben in wachfendem Muthe zu mehren, im Trotze auf feine Kræfte, im verbreiteten Ruhme feiner Unüberwindlichkeit und einer nie ungerochenen Beleidigung. Dies erfetzte zum Theil nachher die Verwilderung der Legionen in den Provinzen. Schlechtbewafnete und halbverwœhnte Soldaten wurden durch das Anfehen ihres Namens disziplinirt, und die der rœmifchen Kriegskunft fo eigenthümliche Benutzung eines günftigen Moments, entwendete dem Glück oft unverdiente Gunftbezeigungen. Cæfar flog bey dem Abzuge der Helvetier nach Italien zurück, zog hier noch fünf neue Legionen zufammen, zeigte fich mit ihnen kurz darauf wieder im Oftunathale, warf die meisten Vœlker der Alpen aus ihren Pæssen (78), ging über die Rhone und erschien plœtzlich im Rücken des helvetischen Heeres. Dies alles geschah mit einer so unbegreiflichen Schnelligkeit, dass indessen kaum dies durch die engen Pæsse des Iura und über die Saone gedrungen, die furchtbaren Ebenen der Santoner bedrohete. Mit jedem Schritte der Annæherung Cæsars vermehrte sich das Klaggeschrey geplünderter Bundsgenossen und Freunde. Die Heduer (79), und Allobroger waren zur Herausgabe ihrer Lebensmittel genœthigt, fast ihre ganze Habe war verlohren, und sie sahen im Schutze der Rœmer nur noch den einzigen Weg der Wiedererfetzung. Besonders ein hedyischer Stamm, die *Ambarren* (80), jammerten über die Verheerung ihrer Felder und über die Gefahr ihrer Stædte und Flecken. Cæsar nahm mit Freuden alle diese Einladungen der gallischen Vœlker an; er überfiel und schlug in der Nacht, die noch diesseits der Saone zurückgebliebenen, mit ihrer Ueberfahrt noch beschæftigten Tiguriner (81), und berührte vermittelst einer schnell hinübergeschlagenen Brücke, am folgenden Tage

Tage mit allen seinen Truppen jenseits des Flusses die helvetischen Schaaren.

Diviko kam hierauf als Gesandter der erstaunten Bundsgenossen ins rœmische Lager herüber, um den Feldherrn an die Siege seiner Landsleute, an die ehemaligen Niederlagen der Rœmer, an den Muth und die Menge des itzigen Heeres ernsthaft zu weisen und ihm einen schleunigen Rückzug zu rathen (9*). Aber dieser verlangte unerschrocken Ersatz für den seinen Freunden zugefügten Schaden und Geissel zur Sicherheit einer ruhigen Zukunft. Diviko schlug sie ihm ab (8*); man trennte sich erbittert; das Heer der Helvetier brach auf, das rœmische folgte ihm auf den Fuss nach; Cæsars Reuterey ward unter Dumnorix Anführung, des Freundes der Helvetier, bey einem Angriffe zurückgeschlagen, und unter mehreren kleinen Gefechten, welche der wachsende Muth der Helvetier veranlasste, zogen sich beyde Armeen landeinwærts.

Beyde schienen zum Schlagen einen bequemen Standpunkt aufsuchen zu wollen.

Funfzehn Tage lang nur fünftaufend Schritt von einander entfernt, liefsen fie fich niemals aus den Augen. Aber bey den Rœmern zeigte fich endlich ein Mangel an Fourage. Die Heduer, welche die Armee mit Getraide zu verfehen verfprochen hatten, lieferten nichts und hielten den Feldherrn von Tag zu Tag mit leeren Verfprechungen hin. Diefe Gelegenheit enthüllte des Dumnorix Treulofigkeit. Denn als Cæfar die vornehmften Heduer in feinem Lager verfammlete und dem Vertobergeten Liskus, als diesjæhrigen Hauptführer des Volkes, hierüber bittere Vorwürfe machte (84), entfchuldigte fich diefer mit dem græfseren Einfluffe des Dumnorix (85), der alle feine Anftalten vereitele, und Cæfar fah fich gezwungen, ohne ihn feiner Politik œffentlich aufopfern zu dürfen, ihn beftændig beobachten zu laffen.

Die Helvetier lagerten fich hierauf am Fufse eines Berges. Cæfar wollte diefen Vortheil benutzen und fie in der Nacht überfallen. Aber die Furcht des Confidius, der des Labienus Truppen, welche den Berg fchon erftiegen hatten, für feindliche hielt, verzœgerte

gerte den Angriff und liefs ihnen den Feind aus dieser gefæhrlichen Stellung entschlüpfen (86).

Als sich nachher Cæsar seitwærts nach Bibeakte, um jenen Proviantmangel zu heben, zog, folgten ihm die gegenüberstehenden Feinde. Stolz auf das Gewicht der Anzahl, und vielleicht auf den misslungenen Angriff, ohne Begriff von Gefahr, nur des Sieges gewohnt und über Cæsars Hartnæckigkeit und Streifereyen erbittert, scheueten sie hier den vortheilhaften Standpunkt nicht, den er um sein Heer vor dem Ueberflügeln zu schützen, auf einem Hügel gefasst hatte (88). Dem kraftvollen Stofse einer solchen geschlossenen Macht hatte er nur eine geübte Kriegskunst entgegen zu stellen. Seine Reuterey ward geworfen, und zog sich in die Mitte des Heeres zurück. Nachdem die Helvetier ihre Weiber, Kinder und ihr ganzes Gepæk in einer festen Wagenburg sicher verschanzt hatten, drangen sie auf ihn in einer engen und festen Schlachtordnung ein. Er liefs seine Reuterey absitzen und griff sie zu Fuss an. Man fing an die grofsen Spiefse von der Hœhe herab auf die

dich-

dichten feindlichen Reihen mit einer entsetzlichen Wirkung zu werfen (89); denn diejenigen, welche ihren Mann nicht erlegten, hingen sich in den Schildern fest und machten sie unbrauchbar. Es entstanden allgemach Lücken, eine unheilbare Unordnung zerriß die Glieder; der rœmische Feldherr erfaßte diesen glücklichen Zeitpunkt, und warf sich in die bestürzten feindlichen Treffen, welche, von der Hœhe überrascht, sich zu einer vortheilhafteren Stellung auf hinter ihnen gelegene Berge zurückzogen. Hier erwartete man ihn; wie er sich næherte, fielen ihm funfzehntausend Tulinger und Bojer in die Flügel, und von allen Seiten der Gebirge stürmten helvetische Schaaren herab.

Ein schauderhafter Streit zwischen dem Bewußtseyn alter Siege, und einem geübten Heldenmuthe. Die ganze Ehre des rœmischen Reichs lag auf der Wage dieses Moments. Ein theuererkaufter Ruhm vieler Lebensjahre, die ungebrochene Stærke langer mit Talent und Fassung erworbener Erfahrung, und der kühle Ueberblick eines erhabeneren, ruhigen Geistes stand der Wuth eines

nes vaterlandslosen Haufens gegenüber, der sich darauf angeschickt hatte, jeden Fussbreit einer neuen Heimath mit Strœmen von Blut zu bezahlen, und für alles was dem menschlichen Herzen sonst noch theuer ist, sein Leben zu opfern, bereitwillig war. Lange schwankte der Sieg. Keiner wich. Die Helvetier stritten halbtodt noch. Gleichgültig warfen sie sich dem Tode entgegen. Aber endlich richtete rœmische geschlossene Ordnung (90), das Beyspiel des Feldherrn, die Liebe der Legionen sich zum Uebergewicht auf. Mit einbrechender Nacht musste die Wagenburg einen Theil der Helvetier aufnehmen; ein anderer Theil zog sich mühsam auf die benachbarten Gebirge zurück. Iene wurden bis in die Mitte ihrer Weiber und Kinder verfolgt, und obgleich die Verzweiflung mit einer übermenschlichen Tapferkeit für diesen letzten Zufluchtsort stritt, obgleich Weiber und Kinder in das Gefecht sich mischten, und jeden Angriff mit ganzen Strœmen von Pfeilen empfingen, so brachen die Rœmer doch endlich noch durch. Viele ihrer Gegner starben hier, zum Theil durch ihre eigene Hand, mehrere, unter diesen Orgetorix
Toch-

Tochter und Sohn, wurden gefangen; die übrigen flohen die Berge hinan. Aber von 368000 Kœpfen waren es nicht mehr als 130000 (91).

Diese armseeligen Reste, durch neue, sich augenblicklich vermehrende Ankœmmlinge noch bestürzter gemacht, brachen sogleich in der grœsten Eile auf, um Sicherheit bey den Lingonen zu suchen (92). Aber Cæsar liefs diesen die Aufnahme der Flüchtlinge verbieten. Nur in der tiefsten Verlegenheit, und von jeder Aufmunterung verlassen, ohne Krieger und Waffen mehr und von dem Schrecken ihrer Familien bestürmt, demüthigten sich die stolzen Helvetier endlich, schickten Gesandte zum rœmischen Feldherrn, und baten ihn um Gnade. Cæsar liefs sie seiner Vergebung versichern. Sie mufsten seine Ankunft erwarten. Das ganze Heer mufste Geissel und die noch übrigen Waffen ihm ausliefern; und nachdem er sechstausend Verbigener, welche nach dem Rhein und den deutschen Grenzen zu entwischen versucht hatten, und von den Galliern wieder zurückgebracht waren, zur Warnung der anderen, hatte niederhauen lassen, wiefs

er

er die Helvetier, mit dem Befehle ihre zerstœrten Stædte wieder aufzubauen (93), in die verlaffene Heimath zurück, verfprach fie durch die Allobrogen im Anfange mit Lebensmitteln verfehen zu laffen, und machte fie zu Bundsgenoffen von Rom (94). Die Gnade Cæfars fchien die Wunden, welche er gefchlagen hatte, auch wieder felbft heilen zu wollen (95). Sie zogen noch 110000 Kœpfe ftark heim, und durch den Namen Roms gegen fremde Anfælle gefichert, aber auch durch befetzte unerfteigliche Gebirgshœhen von allen Streifereyen nach Italien abgehalten (96), fingen fie den Gang zur hæuslichen Kultur wieder von neuem an.

Diefe Begebenheit, ohne Ruin des Volkes und ohne grofse politifche Folgen, durch Cæfars Güte beendet, erfchütterte doch das Innere der Volksgefchichte bis in ihre geheimften Theile. Die Nation wer nun zu fehr ermattet, und der Quaal betrogener Hofnungen zu ganz hingegeben, um nur mit der Hælfte des Erfolges anfangen zu kœnnen, welche ihnen die frühere Ausbildung durch jene kleinen Streifereyen in das Gebiet der Kün-

Künste, ganz sichern zu kœnnen versprach. Allenthalben umgab sie eine tiefe Leere; nirgends eine Aufmunterung. Die grosen Lücken unter den Vœlkern brachten sie in den Zustand der ersten Anpflanzung zurück. Sie musten sich wieder Familienweis zerstreuen. Das Land vergrœserte sich bis ins Unendliche, so wie die Anzahl seiner Bebauer klæglich zusammengeschmolzen war.

Hier stœst man wieder auf eine jener verstohleneren Verknüpfungen, womit sich eine hofnungsreichere Zukunft an den Iammer der Gegenwart anschliest, und der Zufall, wie das natürliche Schicksal, immer gesunkenen Reichen wieder aufhilft. In den hohen, niemals bezwungenen und besuchten Alpen lag die ungenutzte Quelle eines frischen Muthes und Frohsinns. So wie diese grosen Felsenketten in die Flæchen niedersteigen, und sie mit der Fruchtbarkeit und Heiterkeit reicher Wasserschætze beschwængern, schien auch ein neues Selbstgefühl und Seelenstærke von oben herab über die Ebenen sich zu ergiesen.

Auf

Auf diesen Erdrücken, welche eine wolkenleere Höhe von den ganzen übrigen Schoepfung absondert, deren Schætze eine namenlose Oede selbst itzt noch begreift, lebte ein freyes Volk von fremden Abkunft, ohne Geschichte, arm! und mit nur etwas entfernten Gegenständen gänzlich unbekannt. Aber es war zufrieden mit seiner Heimath, denn jedes dürre Erdstück ward von seinem Herrn als Kœnig beherrscht. Wo die eine Hälfte des Jahres den Boden im Schnee begræbt, fællt niemals eine Streitigkeit über die Arbeit des anderen vor. Die entsetzliche Thalhitze eines zweymonathlichen Sommers gab ihnen Stærke, und die nothwendigsten Befriedigungen für die Strenge des Winters. Der Geist der Armseeligkeit war in den Geist der Unabhængigkeit entartet, der in einer jeglichen Arbeit der Noth eine neue Bekræftigung findet.

Mehrere Nationen wohnten im Wallserlande: die *Viberen* auf den Bergen des Furka, im nœrdlichen Gebirge die *Ardyer* (97) und *Tylangier* (oder *Tulinger*). Drey andere Vœlkerschaften sind durch ihre Unterjochung von den Rœmern uns früher bekannt geworden, und jenem freyen Vœlkerstamme entfremdet. Die *Seduner*, *Weragern* und *Nautuiten*, welche letztern bis an den Lemannischen See sich ausgedehnt hatten, wurden durch Raubsucht und Einfælle so læstig, daß Cæsar sie angriff und bezwang. Sergius Galba schlug, zur Sicherung dieses Sieges, in einem werragerschen Flecken, Oklodurus (98), ein Lager auf, aber ehe er es den Winter hindurch gehœrig zu befestigen im Stande gewesen war (99), wagten die Verragern und Seduner noch einen Aufstand (100). Grosse Schaaren derselben strœmten von den Bergen herab, und da unaufhœrlich neue Hülfstruppen sie verstærkten und ergænzten, mußten die Rœmer sich endlich in ihre innersten Verschanzungen werfen. Sechs Stunden lang dauerte das Gefecht. Die Feinde füllten hierauf die Graben aus, rissen die Wælle nieder und schickten sich schon an, das Lager zu ersteigen. Aber der rœmische Feldherr gab seinen Soldaten zur Besinnung einige Augenblicke der Ruhe. Alle Thore wurden hierauf plœtzlich erœfnet. Alle Cohorten stürzten verzweifelnd hinaus, drængten die schlecht-

bewaf-

bewafneten Landleute von ihren Plätzen herab, besetzten im Angesicht der bestürzten Feinde die Anhœhen, erschlugen zehntausend von ihnen und trieben die übrigen in die Gebirge zurück. Der rœmische Name bezwang mit einer kleinen Anzahl von Armen hier wieder ein grosses Heer zwar abgehærteter aber doch halb zweifelhafter Barbaren; immer schien die Tapferkeit der Cohorten selbst aus einer geringen Menge neues Leben zu schœpfen, und das erfochtene Vorurtheil der Unüberwindlichkeit entwafnete die furchtbarsten Schwærme von Feinden schon im voraus. Aber auch die barbarische Grœsse und Wildheit erwarb sich hier, selbst in ihren Trümmern, jene Achtung, welche der Zukunft immer ansehnliche Vortheile sichert. Denn diese überwundenen und halbzertretenen Vœlker erhielten mehr Rechte und Freyheiten, als das ganze Latium sich durch Verwandtschaft und Bündnisse erworben zu haben rühmen konnte.

Der Adula, ein anderer Theil der helvetischen Erdhœhen, ward von den Lepontiern, einer chætischen Vœlkerschaft bewohnt,

wohnt (101), welche vielleicht von den Tau-
riskern, Besitzern vieler Thäler des Gothards,
abstammten (102). Ehedem hatten die Rhä-
tier das ganze Land von den Alpen bis an
die Tiber, unter den Namen der Tyrrhener,
Tusker oder Hetrusker (103), besessen; unter der Herrschaft selbstgewählter Regenten,
durch die Bände der Verwandtschaft in einen
Körper zusammengehalten, und gegen fremde Angriffe geschützt, endlich berühmt durch
Handel und die ihm verwandte Schiffarth.
Auch hatten sie schon einige Begriffe von
Kunst, Städten, Gesetzen und Sitten. Jener
Ueberfall der Gallier aber trieb den Theil dieses Volkes in die Alpen hinauf, der sich nicht
im Schoose der Appeninen, wo ein kleiner
Staat, Toskana, entstand, für sicher genug
hielt. In den Gebirgen entzog sie Unerreich-
barkeit jeder Gefahr. Die halb mit Eis über-
zogenen Thäler, die schlüpfrigen durch
Klüfte zerrissenen, mit Bergwænden überhan-
genen Pfade waren von einer Handvoll Menschen selbst gegen ein überwiegend starkes
Heer sicher besetzt. *Ein Felsstück* hætte halbe
Armeen zerschmettert. Durch grosse Sümpfe
schlich der Rhein vielarmigt in einen weiten

See

Geschichte der Schweitz. Kap. 1. 69

See zusammen (104). Und allenthalben unterstützen noch Festungen und künstliche Anlagen diese natürlichen Vortheile.

Aber alle Gebirge, die unfruchtbar und rauh, der letzte Zufluchtsort verjagter Zöglinge der Ebenen werden, die nichts haben, Ankömmlinge nur in einem Schatten des gewohnten Wohlstandes zu erhalten, keine Beschäftigung innerhalb ihres Gebietes geben, und den Unmuth über des Lebens verlohrnen Genüßen, noch mit düstern Gegenständen, Rauhheit und Nebel verstärken, lassen ihre neuen Kinder immer entarten. Wenn ein armes, nach und nach ihnen eingeartetes Volk sich nicht nach irgend einer Art von Ausbreitung sehnt, so möchte der erzwungene Aelpler alles ausser seinem Kreise umfassen und zu sich in seine Klüfte hinabziehen. Alle edleren Wissenschaften werden dem Erwerbe erkünstelter Bedürfnisse geopfert, und die Liebe zum Frieden verschwindet mit dem Anwachse eines ungewohnten körperlichen Gefühles und der Gebirgskühnheit.

So wurden alle Künste der Ruhe den Rhætiern fremd. Nur Krieg athmend und in Zerſtœrungen glücklich, fingen ſie an ihre Nachbaren zu plündern, überfielen und verbrannten die Stædte (105), erwürgten die Mænner, raubten Weiber und Kinder (106) und trieben das Vieh weg. Die Menſchlichkeit ward eine fremde Tugend. Weder gefæhrliche Lage des Landes, noch auszeichnender Muth beſchützte. Ihre Wildheit ſicherte ihnen zugleich ihre Freykeit. Und während daſs Rom über die Ruinen aller benachbarten Reiche, ſo wie über den halben Erdkreis, über Freunde, Bundsgenoſſen und Verwandte die Arme ſeiner Herrſchaft ausſtreckte, durfte ſich kein rœmiſcher Fuſs in dieſe Gebirge verſteigen.

Aber ihre Ræubereyen und Plünderungen blieben nur bis zur Herrſchaft des Auguſtus unbeſtraft. Zweye ihrer Stæmme die *Camunen* und *Wennonen* hatten in ſeine Gebiete geſtreift; Druſus und Tiberius Nero wurden gegen ſie abgeſchickt, und da die ihnen nœrdlich gelegenen, an Muth und Lebensart ganz gleichen *Vindeliker* (107) ſich mit ihnen

gegen

gegen die Rœmer verbanden, so ging jener ins Tridentinische, dieser nach Gallien. Tiberius schlug die Vindeliker auf dem Lemannischen See, Drusus griff die Rhætier in ihren Gebirgen an, ließ die Pæsse zugænglicher machen, und drohete der ganzen Nation. Der Muth des Stammes und die Noth drængte zwar alle Geschlechter und Stænde dieser Vœlker in einen wilden verzweifelten Haufen zusammen, der für seine Freyheit mit einer rasenden Tapferkeit focht; alle Hülfsmittel des Landes wurden benutzt, jede Rettung versucht; aber die Standhaftigkeit und Kælte der geübten rœmischen Truppen drückte diesen Ausbruch bald nieder und die ganze Nation war bezwungen; die Blüthe ihrer Iugend ward unter die Legionen vertheilt, und stehende Lager erhielten den übrigen Theil im Gehorsam (108).

Hier endet der Helvetier Freyheit. Unter der freundlichen Herrschaft der Rœmer milderten sich ihre Gewohnheiten, und ihre Begriffe klærten sich zu der feinen Empfænglichkeit, ihr Gefühl zu der Heiterkeit auf, welche ein Volk zur hœchsten Kultur des

Gei-

Geistes und Charakters unvermerkt vorbereiteten. Schon hier finden wir in Ihrer Geschichte zarte Keime jener Tugenden, welche nur in einer Vermischung von Wildheit und Sanftheit gedeihen könnten, nachmals von den Kaisern weiter gebildet wurden, und von einer zunehmenden inneren Staatsvollkommenheit endlich eine vollendete Erziehung erhielten.

Zweytes Kapitel.

Geschichte der Helvetier unter den Kaisern.

Für die weitere Auseinandersetzung mancher nachfolgenden Begebenheit ist nichts so wichtig, als eine vorläufige Uebersicht der Verfassung, welche die verschiedenen Glieder und Stände der Nation zusammen verknüpfte. Die Natur der Regierung gleicht der Beschaffenheit eines Bodens, welcher die darüber hinströmenden Flüsse und Begebenheiten, heiter, in ihren Wendungen leitet, und nachmals ihre Spuren zurückbehalt. Die Zukunft, welche sie daher vermuthen lassen, ist also so wahrscheinlich, als die Vergangenheit gewiß, wovon sie die Merkmale trägt. Die Gesetze der Gesellschaft haben aber dazu noch bey den Helvetiern, wie bey ihrem ganzen Stammvolke, den treflichen Charakter der Staetigkeit, und man nimmt sie in einer langen Reihe von Jahren, unter einer ängstlichen Verwickelung der Umstaende sich immer gleichbleibend wahr. Der Geist des Umherwanderns, der in ihnen selbst zum Theil seinen Grund hat, verstattet ihnen auf einem fremden Boden nicht Ruhe genug, um sich mit ihm vermählen zu können, und selbst durch neue Ideen fühlen sie sich daher auch wieder von neuem bestätigt und aufgefrischt.

Alle barbarischen Völker dieses Stammes sind in ihrem natürlichen Hange der Muße und Tragheit des Hirtenlebens geneigt, dem aber bald jede bleibende Städte anekelt, und das sich nur an einem nomadischen Wechsel der Weiden leichtsinnig ergötzt.

gœtzt. Der von Gebirgen, Büſchen und Strœmen ængſtlich gebrochene Grund aber vergœnnte ihnen keine bewegliche Hütten, ſondern hielt ſie auf irgend einem ſicheren Landſtücke feſt. Auf dieſem trieben ſie von einer leichten Wohnung aus, rings herum ihren Ackerbau und die kleinen Geſchæfte, wozu eine neue Viehzucht und ein beſchrænktes Eigenthum ſie auffodern konnte. Ein grœſserer Platz, den etwa die Hœhe oder ſonſt ein Theil ſeiner Lage, nebſt einer künſtlichen Befeſtigung noch ſicherer machte, nahm ſie in den Zeiten der Gefahr mit ihrer ganzen Habſeeligkeit auf. Und dies ſind denn die Keime jener Menge von Stædten (von den Rœmern *pagi* genannt), welche, da ſie die natürlichſten Verſammlungsplætze aller umliegenden Glieder eines Volkes hergaben, zum Theil ſich nachher zu kleinen Staaten ausbildeten.

In dieſen Plætzen fanden ſich die Krieger der umliegenden Gegend zuſammen, um unter einem führenden Oberhaupte irgend einer Gefahr entgegenzugehen. Im Anfange beruhete die Macht deſſelben ganz allein auf

der

der Laune und dem Glauben des Volkes, aber es war unmœglich, daſs ſich dies des geheimen Einfluſſes der Verdienſte und des Reichthumes nachher gænzlich hætte erwehren kœnnen. Mit der Vergrœſserung des Eigenthums ward auch die Gewalt der Reichen erblicher und ohne es laut eingeſtehen zu wollen, erkannte der Arme den hœheren Stand des Adels unwillkührlich an. Bey der Wahl des Anführers entſtand daher bald eine Rückſicht auf Geburt und Ahnen und die kœnigliche Gewalt neigte ſich unvermerkt dahin, über eine kleine Anzahl von Ariſtokraten niemals hinauszugehen.

Zeichneten ſich erſt einige wenige durch irgend eine Anzahl von Vorzügen aus, und gewann dadurch der Einfluſs dieſer eine gewiſſe Art von Sanktion, ſo war die Lehnsverfaſſung ſchon halb begründet. Ein Reicher, der nicht mehr Hænde genug hatte, ſeine frucht - oder urbargemachten Lændereyn ſelbſt bebauen zu laſſen, übertrug ſie einem Nachbaren oder heruntergekommenen Armen ſeines Diſtriktes unter der Bedingung gewiſſer Dienſtleiſtungen. Bey einer Auswanderung

derung schloſs dieſer Vaſall ſich dann an ſeinen Wohlthæter an, und es war natürlich, daſs dieſe zuſammen, mit einem gröſseren Viehbeſtande, welcher mehr Wieſen, und mit vielen Händen, welche mehr Ackerbau verlangten, bey der Grundaustheilung der neuen Heimath ein weitläuftigeres Stück Landes erhielten. Hatte ſich dieſe Ungleichheit dann erſt einmal feſtgeſetzt, ſo waren ihre Fortſchritte zur Ariſtokratie und ariſtokratiſchen Monarchie nicht mehr zu hemmen. So wie es nicht zu verhindern war, daſs die Beherrſchung der Länder auch allmählig erblicher und folglich immer unbeſchränkter wurde, ſobald man zuerſt an Ahnen gedacht hatte.

In dieſer Entſtehung des Adels, verbunden mit jener Anhänglichkeit der Bewohner an ihre nächſten befeſtigten Oerter findet man auch den Urſprung der mehreren Gaue begründet, in welche eine groſse Nation unvermerkt, ohne gewaltſame Erſchütterung und ſelbſt im ſtillen Schooſse des Friedens zerfiel. Denn ein ſolcher Platz war der erſte Berührungspunkt aller benachbarten Koloniſten. Im Gefechte hielten ſie ſich nachher zuſammen,

men, und ehe ein Vortrag zur Allgemeinheit einer Nationalversammlung gelangen konnte, mußte es durch die einzelnen Rathschläge kleinerer Zusammenkünfte durchgehen. Diese Stämme erhielten daher ihren Charakter nach den bewohnten Distrikten. Sie dehnten sich durch eine vergrößerte Volksmenge aus, und stärkten sich an innerem Vermögen und äußerer Wohlhabenheit; der Raum, den sie in der Schlacht ausfüllten, wurde ansehnlicher und ihre Stimme im Rathe von einer mehr bedeutenden Wichtigkeit. Bey Angelegenheiten, woran nicht der ganze Volksstamm eine allgemeine Theilnahme fühlte, folgten sie endlich ihrer eigenen Willkühr; sie verbündeten sich vielleicht einmal mit einem bedrængten Nachbar von einem anderen Stamm, und unterstützen sich immer mehr und unabhængiger vom Urvolke, so wie dieser sie an sich zog.

Ein anderer seltsamer Zug im Charakter jener alten Nationen, ist die Leichtigkeit mit der sie sich vermischen. Ein verunglücktes Volk findet wehrlos selbst unter seinen Ueber-

win-

windern, wie unter allen seinen Nachbaren, offene Arme; Verheyrathungen binden leicht und bequem viele Stæmme an einander, und in einem allgemeinen Interesse schmelzen augenblicklich die Nationen zusammen. Dies liegt aber auch schon in ihrem Geist des Umherschweifens. „Ohne Hang zu einem heimischen Boden und einem eigenen Himmel, gewœhnt man sich leicht an einen mannichfachen Wechsel der häuslichen Verhæltnisse, wenn besonders, wie es hier der Fall war, alle Theile noch dem Zustande angehœren, wo die Regierungsverfassungen aus einerley Bedürfnissen und den einander ganz ähnlichen Zufællen des ersten Volksvereins, bey allen auch gleichfœrmig entstehen.

Aus diesen Zügen setzte sich die Natur der Vœlkerschaften zusammen, auf die Helvetien seinen Namen vererbte. Die Kælte derselben, gegen das, was den Menschen sonst leidenschaftlich rührt, gegen Vaterland und einen bekannten Himmel, erhielt in ihnen eine Gleichmüthigkeit, die nur durch neue Lüste zuweilen etwas verkümmert wurde.

Der

Der Friede ihres Gemüthes blühete nie süſser und fræhlicher, als unter einer beſtændigen Verſetzung.

Von auſsen bemüheten ſich die Rœmer jedem fremden Eingriffe dadurch entgegenzukommen, daſs ſie ihnen und ſich in dem Lande der aus dem helvetiſchen Kriege übergebliebenen Rauracher eine Vormauer zu ſicheren ſuchten. Beyde Zwecke wurden durch die Errichtung einer Kolonie, vom Lucius Numatius Plancus (1) künſtlich verbunden. Hier ſchützte die Auguſtuskolonie (2), das Land, in dem ſie hervorging, und die Gegend, die ſie begrænzte. Am Strome des Rheins, wo er ſich mæſsig nach Morgen zu hinbiegt, gelegen (3), deckte ſie den Paſs des Iura gegen die Gallier (4), Germanen und Rhætier; und mit allen Vorrechten einer verzogenen Tochter vor der Mutterſtadt Rom ausgeſtattet, verſammelte ſie innerhalb ſchœner Gebæude, groſser Waſſerleitungen und durch den verſchœnernden Luxus aller Lebensfreuden, eine hinreichende Menge von Bürgern, um ihrer Beſtimmung zum

Schu-

Schütze des Landes, getreu verbleiben zu können (5).

Eine genauere Eintheilung der gallischen Provinzen unter August scheint auch zur Befestigung der Ruhe nicht wenig geleistet zu haben. Ehedem war Gallien in drey Theile, in das Land der Celten, Belgien und Aquitanien abgesondert (6). Die zwey letzteren Abschnitte waren aber zu klein gegen den erstern, und Augustus glich das entstandene Mißverhältniß dadurch aus, daß er einen Theil der Celten der narbonnesischen Provinz, welche unter dem Namen *Gallia braccata* bekannt war, zulegte, einen anderen Strich zwischen der *Loire* und *Garonne* zu Aquitanien schlug, und das übrige Gallien in zwey Provinzen zertgeilte, wovon die eine alle obern Länder von der *Loire* bis an die Quellen des *Rhodans* und *Rheins* begriff, die andere bis an den Ozean, zu Belgien gerechnet wurde (7).

Unter den helvetischen Provinzen selbst ward die Vertheilung getroffen, daß der tigu-

schen

rinische Gau zu Rhætien und die Gegend zwischen der Reuss- und dem Genfersee zur sequanischen Provinz gezæhlt werden solle (8). Dies trennte die Nation selbst gefahrloser von einander, und unterstüzte jenen Versuch durch die Aufnahme des ganzen Landes zum Bundsgenossen den Besitz dieser Eroberung für die Zukunft weniger schwankend zu machen.

Durch solche Veranstaltungen wird aber in dieser Periode auch der innere Zustand der Helvetier von dem ihrer Vorfahren in mehr als einer Hinsicht sehr abweichend. Nicht nur um den alten Ruhm, und um das Selbstgefühl ihrer Græsse gebracht, müssen sie sich einem Schicksal ergeben, dem nichts sobald eine Erleichterung verspricht, sondern auch bis zur Hælfte eingeschmolzen, sehen sie allen den Unfællen und Beschwerlichkeiten entgegen, welche der Verfassung ihrer Hæuslichkeit drohen. Ein gleiches Unglück hat alle ihre Nachbaren und Verbündeten betroffen. Gleiche Wünsche haben dasselbe klægliche Ziel gefunden. Ihre Freyheit war in einer allgemeinen Verblutung erloschen, und zum Bürgen einer langen Sklaverey hatte man ihnen die beſten Kræfie entzogen. Zwar ſchien die Herrſchaft der Kaiſer nachher alle dieſe Länder wieder Athem ſchœpfen zu laſſen. Generationen erſetzen ſich; die dürren und verœdeten Gefilde kleiden ſich mit der Zeit wieder in die Pracht der Fruchtbarkeit; aber der niedergedrückte Geiſt friſcht im ſparſam vergœnnten, abgemeſſenen Schatten des Deſpoten, niemals zu ſeiner verlohrenen Fülle ſich auf. Die zwœlf zerſtœrten Stædte wurden wieder erbauet, und erhielten die Namen, *Iurikum, Tugium, Vitodurum, Vindoniſſa, Tobinium, Solodurum, Lauſonium, Arentikum, Ebrodunum, Urba, Vibiskus* und *Minnodunum* (9); aber der Volksreichthum ward durch den Glanz ihres Aeuſseren erſetzt.

Doch hatte man ihnen jene groſsen Vorrechte gelaſſen, welche ein ausdauernder Gegendruck bedrængter Anſtrengungen ſich auch noch unter Trümmern erwirbt. Ein Schein der Freyheit wenigſtens war der Nation noch gerettet. Eigene Obrigkeiten (10), ein freyer und unterſtützter Handel (11), der vaterländiſche Gottesdienſt, ſelbſt das Recht

Recht der Grenzbesetzung (12) waren ihnen gelassen (13). Die innere Verfassung hatte noch immer den Schein der alten, obgleich durch die Gebræuche von Rom etwas entstellt. Ieder Flecken (*vicus*) oder jede Burg hatte einen aus den Einwohnern zusammengesetzten Rath, dessen Glieder nie die Zahl von Eilf überstiegen, und dessen Hauptstellen auch selbst von zweyen Eingebohrenen besetzt wurden. Das rœmische Haupt der Provinz hatte keinen Antheil an der Gesetzgebung dieser Stædte. Aber obgleich die Nation überdem noch durch eigene Abgeordnete ihre Tagsatzungen hielt, so war doch einem Einflufs der Rœmer darauf nur schwer zu entgehen. Der rœmische Prætor hatte seine Beysitzer zur Regierung seiner Provinz, welche Ausgeschossene aus dem Stadtrathe eines jeden Ortes waren. Diese Versammlung nannte man *Conventus*.

Dieser Schatten von Eigenthümlichkeit aber drückt nur noch stærker nieder. Die Befehle ergingen hier nur unter dem milderen Namen der Vorschlæge (14). Die alten Geschlechter büſsten an ihren angeerbten

Funktionen und an manchen Rechten, Aemter zu bekleiden, fo gut durch den Einfluſs der Kayſer bey ihren freyen Volkswahlen, als durch das unmittelbare Einſchieben begünſtigter Perſonen ein. Mehrere Aemter zugleich fielen einem einzelnen zu (15); Reichthum ward ein allgemein anerkanntes Verdienſt, Beſtechung ein Theil der Politik; der Zwiſchenraum zwiſchen den begüterten und unbegüterten Ständen erweiterte ſich immer mehr, und die Sklaverey der Begriffe brach ſelbſt in jenen Ehrenbezeigungen aus, welche ſich durch Denkmæler geſchmeichelter und unverdienter Magiſtratsperſonen für die Nachwelt noch ſchænden (16). Um das Land den Hænden der Sklaven, welche Rom ſelbſt zu beherrſchen anfingen, ganz zu erœfnen, ræumte man durch die Unterdrückung der Patrizier ſeine Hauptſtützen weg, und der Staat næherte ſich dem Punkte, eine allgemeine und œffentliche Schatzkammer zu werden (17).

Nur der Anfang ihrer Sklaverey ſchien, um ſie allmæhlig daran zu gewœhnen, von den Kaiſern gemildert. Mehrere œffentliche Anſtal-

Anſtalten trœſteten ſie über ein läſtiges Unvermœgen. Es wurden nicht nur neue Wege angelegt und Straſsen gebauet (18), ſondern dieſelben auch von Raubern gereinigt. Aber die beſondere Gunſt der Kaiſer konnte ſie nicht den Erſchütterungen entziehen, wodurch ſie ſelbſt litten. Galba lebte zu 68. kurz, um ihnen manchen Druck zu erleichtern, das er durch die Aufhebung des vierten Theiles ihrer Steuer ſchon angefangen hatte, und ſein Tod machte ihr Land zum Schauplatz der ſchrecklichſten Unruhen, wodurch einige Legionen, als Eigenthümer Roms, den von ihnen gewählten Kaiſer *Vitellius* gegen ſeinen Gegner *Salvius Otho* zu erhalten gedachten (19). Der Soldat machte damals den einzige Stand im Staate aus, welcher ſich noch in Furcht und ſeinem Anſehen erhielt, und folglich, bey der weit grœſseren Entkräftung der übrigen, für die Sicherheit des Monarchen an Gefährlichkeit zunahm. Aus den Schmeicheleyen und der Nachſicht des letzteren für ihre Ausſchweifungen ſieht man den grœſsten Theil des Elendes aller Provinzen hervorgehen.

Kein Kaifer war diefem beængftigten, ausgefogenen Lande fo fehr Vater, als Galba gewefen. Ieder Angriff auf ihn mufste auch ihre Angelegenheit werden. Als die Helvetier daher von feiner Ermordung nicht wufsten, fo glaubten fie, die Abfichten der Legionen in Rückficht des Vitellius, welche fie aus aufgefangenen Briefen erfuhren, wæren auf ihn gerichtet; die Rœmer hatten überdem das Geld zurückbehalten, das zur Befoldung der helvetifchen Befatzung in Baden beftimmt gewefen war; man bemæchtigte fich daher der Soldaten mit ihrem Hauptmanne, welche mit diefen Briefen nach Pannonien wollten, und fetzte fie feft. Diefe kühne Aufwallung eines gutmüthigen Herzens war ein noch næherer Schritt zu ihrem gænzlichen Untergange. Denn in jener Zeit fchon hatte fich ein befonderes, leicht zu beleidigendes Ehrgefühl der Soldaten bemæchtigt, und erfetzte, zum Theil mit nicht geringem Erfolge, den Verluft jener hinreifsenden Vaterlandsliebe, welche ohne Heimath nun fich in den Egoismus des Selbftgefühls umwandelte. Durch die Knechtfchaft und den fklavifchen Geift der Helvetier noch unendlich mehr den Beleidigungen von diefer

Seite

Seite empfänglich, lag schon in jeder Zurückkunft der verlohrenen Ideen von Freyheit und Grœsse bey diesen Rœmern ein Funke verborgen, welcher noch dazu auf einen wartenden Zunder traf.

Auch izt fand sich ein Mann unter ihnen, der jene Beleidigung seines Standes zu ræchen beschloss. *Aulus Cæcinna* (20) hatte sich durch eine unbezæhmbare Raubsucht schon lange die Gunst der Soldaten erkauft. Unter diesem offenen und grossmüthigen Volke hatte er nur die Mittel, es zu benutzen gelernt, und mehrere seiner Unternehmungen stellten ihn an die Spitze einer schwelgerischen, mordlustigen Parthey, deren Kühnheit nur ængstlich auf Anlæsse harrte. Was konnte ihnen daher erwünschter seyn, als eine Handlung der Helvetier, welche durch den Schein eines Aufruhrs so leicht sich entstellen liess. Eine eigenmæchtige Rache folgte dem Ausbruche dieser Gesinnungen. Aulus Cæcinna fing an, alle benachbarten Oerter zu plündern; Mord und Brand wurden die Losungsworte seiner Truppen, selbst die Heiligthümer der Eingebohrnen blieben nicht unentweihet, die

Schætze ihrer Gotteshæufer nicht unangegriffen; ein prachtvoller Tempel der Ifis, ein Gegenftand der hœchften Verehrung, ward von feiner Rachluft entheiligt (21), von der Geldgierde feiner Soldaten beraubt, und von feinem Fanatismus bis auf wenige Trümmer zerftœrt. Iener erhabene Grundfatz der Rœmer, in jeder fremden Religion etwas ihren Gottheiten Aehnliches ausfindig zu machen, das fie mit Billigkeit dulden und verehren konnten, ward dem elenden Vorurtheile eingebildeter Beleidigungen hier zum erftenmale geopfert.

Die Empfindungen, welche diefe Entweihung aller Verträge und der heiligften Rechte bey den Helvetiern erzeugte, waren ihrer nicht unwerth; nur wurden fie nicht durch Klugheit und Scharffinn unterftützt. Lediglich ihr Stolz erwachte, und fie vergafsen darüber die unbedeutende Schwæche ihrer Verfaffung, den unerfetzbaren Mangel an inneren Hülfsquellen, und felbft den matten Zufammenhang ihrer Verbindung. Ohne fich durch Befeftigung einen aufmunternden Rückhalt zu fichern, trieb fie Rache und Erbitterung

rung in den ungleichen Kampf einer offenen Schlacht. Sie wæhlten sich zwar einen Feldherrn, Claudius Severus, aber ihre Tapferkeit war ohne Disziplin, ihre Freyheitsliebe ohne den Geist der Einigkeit. Der General war mehr Sklave als Anführer des wüthenden Haufens. Ohne Ordnung entstanden mehrere Truppe, von vielfachen Entschlüßen beseelt, und durch widersprechende Maaßregeln auseinander gezogen. Niemand hatte Lust, sich in Pæßen zu halten. Ieder wollte sich im Blute seiner Beleidiger kühlen. Und jene Zeiten waren doch fast bis auf die Erinnerung vorübergegangen, wo der unerträgliche Gedanke irgend einer Gattung von Knechtschaft das Andringen eines zahlosen Heeres bis zur Unwiderstehbarkeit verstærkte. Aber so sank der wiederauflebende Rest eines todtgeglaubten Patriotismus unter den Angriffen eines geübten Heeres, das der Geist der Rache und Wuth izt noch enger als der Geist des Ruhmes zusammenhielt.

Im Anfange des Angriffes ward zwar ein von den Helvetiern besetztes Kastell tapfer vertheidigt; aber es erschienen Hülfstruppen

von

von Rœmern, und rœmisch disziplinirten Rhætiern, welche die Wildheit des Gebirgsmuthes und seiner Ausdauer mit den Vortheilen der Disziplin zu verbinden gelernt hatten. Allenthalben daher von diesen entarteten Landsleuten bedrængt, mitten im Rauch ihrer brennenden Wohnungen, und unter dem Jammern ihrer geængstigten Familien und Weiber, welche, ihrer Ahnen uneingedenk, statt sich den Rœmern entgegenzustellen, ihre Männer mit niedrigen Klagen bestürmten, sank ihnen endlich der Muth; sie warfen die Waffen weg, und verliesen in einer zerstreueten Flucht ihre Plætze. Von einer thrazischen Cohorte verfolgt, konnten sie nirgends zu einem regelmæssigen Widerstande einen Vereinigungspunkt treffen. Die Deutschen und Rhætier, dem Gebirgskriege nicht fremd und mit der Art, in Busch und auf Bergen zu streiten, ganz vertraut, griffen sie in allen ihren Zufluchtsœrtern an, erschlugen sie, oder nahmen sie in grosser Menge als Sklaven mit sich hinweg.

Die Nachricht von diesen entsetzlichen Unfællen durchlief bald das ganze Helvetien.

Alle

Alle seine übrigen Bewohner wurden von dem nemlichen Schicksale bedrohet. Aventikum, eine ihrer reichsten Stædte (22), welche unter der Aufsicht des Iulius Alpinus, als der ersten Magistratsperson, blühete, war der erste Gegenstand ihrer Raubsucht. Die geängstigten Bürger entschlossen sich zu einer gänzlichen Unterwerfung, man schickte Gesandte, den Feind zu versœhnen ins rœmische Lager; allein Cæcinna bestand auf den Tod des Alpinus, als die einzige Bedingung seiner Verzeihung.

Hier zeigt sich einer der rührendsten Auftritte in der ganzen alten Geschichte des helvetischen Volkes. Die Tochter des Alpinus, Iulia, eine Priesterin der Aventina, entschloß sich ihren Vater, selbst auf Unkösten ihres Lebens, zu retten. Sie begab sich ins rœmische Lager. In rührender Schœnheit, mit dem ganzen Zauber der jugendlichen Unschuld, mit allen Vortheilen, welche die Aufwallungen kindlicher Zärtlichkeit der Anmuth kœrperlicher Bildung zu geben vermœgen, warf sie sich dem Sieger zu Füssen. Aber alle ihre Bitten, und was bedrängte

Liebe

Liebe ihr eingab, rührten diesen verhærteten Bœsewicht nicht; er stieß sie erbittert von sich, und Alpinus ward unter den Thrænen seines Volkes und selbst seiner Feinde eingezogen und getœdtet (23). Kaum vermochten die Vorbitten der Vornehmsten, die Stadt selbst vor der Plünderung zu schützen (24).

Nach dem Verlust ihres Hauptanführers sahen die Helvetier ein unbegrænztes Elend herannahen. Nur zwischen zwey Wegen schwebte ihr Verhængniß, zwischen einer Ausrottung der ganzen Nation, oder ihrer Verstoßung aus der geliebten Heimath in die Wüsteneyen und Sklaverey der Germanen. Aufs zuserste gebracht, wagte man alles. Die angesehensten Männer traten zu einer Gesandtschaft zusammen, drangen zum Thron des aufgebrachten Vitellius, warfen sich wehklagend zu seinen Füßen und beschworen sein Mitleid. Verwünschungen des Kaisers und Spœttereyen seiner Hofleute war die Antwort. Alles drang auf ihre Hinrichtung. Aber Claudius Cassius, der erste unter den Gesandten, begeistert vom Elende seines Volkes, und gegen ein Leben ohne Un-

gebun-

gebundenheit gleichgültig, erweckte den Kaifer, und alle ihn umgebenden Soldaten und Hofleute endlich durch eine Rede zum Mitleiden, welche mit dem Zauber des angebohrenen inneren Gefühles, der ſtolzen Verachtung des Todes, ungebeugter Vaterlandsliebe ſich ſeiner unwillkührlich und hinreißend bemæchtigte. Nicht ſelten ward ſo ein ganzes Volk durch einen ſtolzen Trotz gerettet, das ſeine Thrænen umſonſt vergoſs. Vitellius vergab ihnen, und die Geſandten kehrten beruhigt zurück. Cæcinna ſelbſt litt unter dem Titus die Strafe der Verrætherey.

Zum Glück finden wir dieſen allgemeinen, erſchütternden Sturm in der helvetiſchen Geſchichte, bald nachher mit einem ſanften Frieden vertauſcht, welcher alle Gefühle zu einem freyeren Wirken ermunterte, die Helvetier mit ihrem vaterlændiſchen Boden wieder ausſæhnte, ihre Fluren, ihre Lebensweiſe und Sittlichkeit ihnen wieder werth machte, und ſie auf die Vervollkommnung angeerbter Beſchæftigungen leitete.

Unter

Unter allen Kaisern begünstigte sie keiner so sehr als *Flavius Vespasianus* (25), der, weniger geneigt, seine Eroberungen über die alten Grenzen seines Reiches hinüberzurücken, mehr in seiner inneren Vervollkommnung und in der Liebe seines Volkes sich eine Schutzwehr gegen ihre Einschrænkung aufzurichten wünschte. Er vergrœsserte Aventikum durch eine Kolonie der vom Titus aus Asien zurückgeführten Soldaten, und nahm sie hierauf in Bund; er bestellte Obrigkeiten und mehrere seiner Verordnungen befestigten ihre Verfassung (27). Durch ganz Helvetien ward der Gottesdienst wieder hergestellt; die Gœttin Aventina, die Genien (28), Bachus (29), Apollo (30), und mehrere andere Gœtter (30 *) erhielten ihre Altære zurück, und zur Aufnahme ernster wissenschaftlicher Erkenntnisse, sehen wir in diesen Zeiten schon eine Art von Kollegium mit Lehrern besetzt. Unter der Begünstigung der Theorie bildete auch die Praxis sich aus. Mannichfaltige Vorkehrungen flœssten dem Handel, Trieb und Regsamkeit ein. Aus den Trümmern fast vergessener Glückseligkeit wanden sich neugebohren die Künste des Friedens hervor.

Genuſs

Genuſs der Hæuslichkeit ward wieder ein allgemeines Familienband, Iugend ein Glück, Unſchuld eine Tugend, und das arbeitsunfæhige Alter hœrte auf eine Laſt zu ſeyn. Sobald man nur erſt mit ſich ſelbſt in Einigkeit lebt, und in ſeinem Hauſe einen ſicheren Zufluchtsort gegen æuſsere Unbequemlichkeiten beſitzt, ſucht man auch mit Vortheil die Reichthümer auſser demſelben auf. Bald fing man an, das ganze Thierreich ſich zuzueignen, ſelbſt der harte Fels blieb nicht mehr unangetaſtet; man erœfnete reiche Kryſtallgruben (31) und durch ſie einen neuen vielfachen Verkehr und Erwerbungsweg mit dem Auslande. Die verbeſſerte Viehzucht gab eine reichere Ausbeute, und endlich Ueberfluſs (32). Der Ackerbau ward vollkommner (33); man bauete ſchon allerhand Sommergetraide, das Amerkorn (*Arinca*) thraziſchen Weizen, Hafer und Gerſte. Schon zu den Zeiten des Tiberius hatte man hier ſchmackhafte Aepfel, und zu denen des Plinius den Kirſchbaum, galliſche Pfirſchen, Rüben und Miſpeln. Der chætiſche Weinbau ward dem rœmiſchen gleicher (34). Alle Ideen

Ideen wurden unter ihren Arbeiten lebendiger und finnlicher. Die Sonne und der Mond wurden fchon lange unter dem Namen Belih und Ifis (35) verehrt. So betete man auch die Epona an (36). Selbft Sylphen (37) brachte man Opfer und den Gœttern der Schatten. Aber diefe Geburten einer reichen und fchwelgerifchen Einbildungskraft, im Morgenlande mit der hœchften Wolluft empfangen und gebildet, fchienen hier einige nordifche Kraft gewonnen zu haben. Man entzog fie ihrem eigenen Selbftgenuffe, und gab fie dem Menfchen zur Obhut (38). Selbft die Grabfchriften aus jener Zeit athmen ein natürliches Gefühl der Freude und einen gelæuterten Epikureismus (39).

Viele mittægige Vœlker wurden überdem noch vor jenen grofsen nordifchen Ueberfchwemmungen zum chriftlichen Glauben bekehrt. Man fchreibt die allgemeinere Ausbreitung derfelben meiftens der thebanifchen Legion zu; welche Maximinus in Wallis zum Theil niederhauen liefs. Aber fchon im vierten Iahrhunderte hatte Bafel, Genf und
Wal-

Wallis feine Bifchœfe, und nicht lange darauf errichtete man Bisthümer zu Windifch, Chur und Wiflisburg (40).

Es war ein fehr brauchbarer Kunftgriff der Rœmer, einem Befitze Dauer zu geben, dafs fie ganze grofse Stæmme, die in ihrer Vereinigung fich doch immer gefæhrlich erhielten, durch Theilungen in Provinzen (41.), und durch Beftellung mehrerer Oberhæupter entkræfteten. Die Eiferfucht diefer Anführer von einem gleich grofsen Einfluffe machte die Wirkung des Ganzen weit bedeutungslofer. Auch Helvetien mufste diefem Schickfal fich unterwerfen. Man fonderte es von Belgien ab. Ein eigner Stadthalter beherrfchte die ganze Strecke vom Inn bis zur Donau, und felbft Wallis allein (42). Aber allein dies ift uns von der geographifchen Lændervertheilung der damaligen Zeit übrig geblieben, und wir haben nichts von dem beftimmten Dafeyn und der Lage von Srædten, aus deren Trümmer fich nachmals die Blüthe itzt noch vorhandener entwickeln konnte. Die ganze zukünftige Gefchichte zeigt es indeffen, wie mæchtig der Einflufs einer neuen

Ein-

Eintheilung alle Begebenheiten der Vœlker abændert, wie die Einigkeit durch eine solche zufællige Bestimmung in erbitterte Parteyen zerfællt, und auf der anderen Seite die Rückerinnerung an einen alten Zusammenhang, zum Schaden grosser Reiche, Feinde wieder zu Brüdern macht.

98. Nach der Regierung der Kaiser *Trajan* 117. und *Hadrian*, und nach allen Anstrengungen inneren Vermœgens unter den folgenden Herrschern, erlosch die Allmacht des rœmischen Reiches unvermerkt, theils von einem Ueberflusse an Kræften unbehülflich gemacht, theils auch erschlaffend und veraltert in einem zu ununterbrochenen, trægen Genusse. Ein Reich, das von keinem Drange der Bedürfnisse aufmerksam erhalten, oder von keiner entfernten Befriedigung angespannt wird, fængt an sich selbst zu erschœpfen, und verarmt um so früher, da es seine inneren Quellen um Freuden zu pfænden genœthigt wird. Die Schlacht bey Zama beendigt endlich die Kæmpfe der Natur mit der verwüstenden Kunst, zum Vortheile der letzteren.

In der inneren Ermattung Roms lag an sich selbst schon ein hinreichender Grund, warum die Kræfte und Anstrengungen seiner Grenznachbaren und Feinde merklicher wuchsen. Das westliche Deutschland, von *Marbode* verlassen, war der Wohnsitz kühner und gesetzloser Gallier (43) geworden; welche aller bürgerlichen Gemeinschaft fremd oder abhold, nur um die Urbarmachung ihrer Gründe bekümmert, in elenden, einfachen Hütten eine noch kunstlosere Lebensart führten, eine einzige Gottheit nur kannten, und sie unter Eichen, wie im schauervollen Schatten dunkler Haine verehrten. Unter dem Namen der Alemannen fielen sie nachmals in die Hænde der Kaiser. Hadrian trennte sie durch eine grosse Mauer von den benachbarten Deutschen. Aber sie wurden bald ihres eingeschlossenen Vaterlands satt; die muthigsten unter ihnen traten zu den deutschen Stæmmen der Schwaben über, und schmolzen am Ende nur in ein einziges Volk mit diesen zusammen.

Unter dem Markus Antonius fielen 162. deutsche Stæmme ins Rhætische ein (44.); er trieb

trieb sie wieder zurück, und auch Caracalla
217. besigte sie mehrmals. Iener Eifer der Freyheit, der ein gebundenes Leben verabscheuet, und selbst die gefangenen Weiber zu feurigen Aufwallungen von Muth und ihrer eigenen, wie ihrer Kinder Ermordung hinriſs (45), ermüdete zwar, durch eine unerschütterliche Ausdauer, die rœmische Macht; aber die gereizte Allgewalt ihrer vereinigten Kræfte vermochten nicht soviel, als ein stilles Iahrhundert, das in Ueppigkeit verschwelgt, den Rœmern ihren strafenden Szepter entwand. Wæhrend die Glieder des Staates in den geheimen Erschütterungen der Wolluſt ermattet hinsanken, sammelte jenes rohe Volk ungeschwæchte Kræfte und neue Bürger.

Die ganze nachfolgende Geschichte ist ein dunkeles, zweifelhaftes Gewühl solcher Kæmpfe. Anprallende und wiederzurückgetriebene Barbaren drængen sich an den bewafneten Grenzen umher. Unzæhlbare Schaa-
234. ren von Alemannen werden von Alexander aus dem Lande gejagt; in noch grœſseren Schwærmen strœmen sie zur Zeit des Gallienus wieder zurück. Helvetien, Rhætien und Italien

lien ist überschwemmt, und erst Aurelianus säubert von ihnen das Land (46). Probus rächt nach dessen Tode einen wiederholten Angriff durch eine Zurücktreibung dieser Horden über den Neckar und Rhein, und durch ihre völlige Unterjochung. Aber unter des Maximianus Regierung fallen sie wie- 235. der in Rhætien ein; die Burgundionen, Anwohner der Sale, die Heruler, Bewohner der Mark, gerathen ebenfalls in eine feindliche Bewegung; nur mit Mühe schlægt diese Maximinian und jene ersten Constantinus Chlorus bey Vindonissa.

Izt fællt jener merkwürdige Zeitraum 304. ein, in welchem die ganze Nation der Helvetier aus der Reihe natürlicher Dinge gleichsam verschwunden zu seyn scheint. Eine grosse Leere tritt in der Geschichte der Welt auf einmal zwischen ihre Begebenheiten, und nichts als die Leichname jener Zeiten haben sich zur Nachwelt herübergerettet, Ruinen grosser und reicher Städte, häufige Denkmæler und halbverwitterte Trümmer (47).

Drittes Kapitel.

Bevœlkerung Helvetiens durch fremde Nationen.

Die Rœmer mufsten in diefem Zwifchenraume fich wahrfcheinlich jeden Fufsbreit Landes durch ængftliche und niemals unterbrochene Kæmpfe mit fchaarenweis hereindringenden Barbaren erhalten. Allenthalben beengt, erlagen fie endlich der Wiederholung des Angriffes. Kaum aus ihrer Afche wieder hervorgegangen, wurden die neuen Stædte, welche ihnen zur Vormauer dienen follten, den Feinden von neuem zum Raube; einem Feinde entronnen, fielen die flüchtigen Bewohner auf der anderen Seite einem andern in die gierigen Hænde; was das Schwerdt verfchonte, frafs das Feuer auf, wer den Flammen entging, ward vom Hunger ereilt. Gedrückt auf allen Seiten, kroch das arme

arme Land gleichsam krampfhaft in sich selbst zusammen.

Die Politik der Rœmer findet endlich, um sich zu halten, noch einen Ausweg. Zu schwach, einen længeren Widerstand entgegenzusetzen; bietet sie mit der noch blutigen, ermatteten Hand, den Barbaren Frieden und Freundschaft. Die Sieger, sehen erstaunt, statt kriechend und demüthigt, sich gastfrey und freundlich empfangen, und unterwerfen sich, durch einen verstellten Iubel irre geführt, den letzten Anstrengungen einer unter ihnen erliegenden Macht. Die rœmische Oberherrschaft erhælt sich, und sie scheinen froh, unter so guten Bedingungen in den *Mitbesitz* eines so trefflichen Landes zu kommen.

Lange nach dem Untergange des helvetischen Namens sehen wir daher auf einmal dies Land wieder mit einer Menge von Nationen angefüllt, welche es allmæhlig wieder bevœlkern. Burgundionen, Alemannen, Ostgothen, Franken und Longobarden ziehen hinter einander her; setzen sich in verschiedenen

nen Theilen fest, und vereinigen sich mit den muthmaslichen Ueberbleibseln des alten helvetischen Stammes, endlich in eine grofse Nation von einer gemeinsamen Benennung.

In Hinsicht auf den Ursprung dieser Nationen von allem verlassen, was dem Zusammenhang der Begebenheiten einige Aufklærung giebt, hat noch keine neuere Untersuchung über ihre alte Geschichte etwas vermocht. Die Eroberungen der Rœmer, die Hauptquelle aller unserer Erkenntnisse vom ersten Zustande des Nordens, konnten nicht zu ihm gelangen, und die Sprache, der Geburtsbrief aller Vœlker, verlohr sich unter den Zufællen ihrer Geschichte bis auf jeden armseeligen Ueberrest. Unsere Data gehen, daher erst von ihrer Erscheinung in den südlicheren Gegenden aus, ohne sich an ihren ursprünglichen Zusammenhang wagen zu kœnnen.

Von den Ufern der Weichsel vertrieben, zogen sich die *Burgundionen* (1) die Ufer der Saale herab, fielen die daselbst befindli-

376. chen Alemannen an, und stiegen endlich unter

tet ihrem Heerführer Gonthahar über den 407.
Iura in die penninischen Thæler herab. Ganz
in eine rohe Thierhaut gehüllt (2), kannten
fie Freyheit nur als ein Gut. Ohne weitere
Bedürfniſſe war ihnen jeder Aufenthalt gleichgültig, und nur Nothwendigkeit oder Gelegenheit entzog fie einer einmal lange beſeſſe-
nen Gegend. Durch ihren kriegerischen An-
ſtand ſchrecklich, und die Art ihrer Waffen (3)
gefæhrlich; ergoſſen fie ſich ohne Widerſtand
über ein gewünſchtes Land. Ihre Regenten,
die Hendinen, waren Sklaven der Goetter
und ihres Willens. Doch war ihnen die Religion nicht heilig genug, andere Vortheile
ihrentwegen ſich zu entziehen, und als an
den Grenzen von Helvetien ſich ihnen ein alter Prieſter entgegenſtellt, und fie zur Bekeh-
rung ermahnt, ſehen wir das ganze Volk
gerührt, und um ſich taufen zu laſſen, ſeinen Goettern entſagen (4). Aetius, ein kai-
ſerlicher Feldherr, ræumt ihnen hierauf am 432.
Fuſse der Alpen die ehemaligen Lænder der
Allobrogen und Helvetier unter der Bedingung ein, von dieſer Gegend Italien gegen
feindliche Angriffe ſicher zu ſtellen (5).

G 5 Dieſer

Diefer Bedingung blieben fie nachmals auch mit grofsen Aufopferungen treu. Denn als Attila mit feinen Schwærmen heranzog, 450. fiel Gundikar, der Burgundionifche Kœnig, in einem Gefechte (6) bey Bafel, um einen gallifchen Pafs zu behaupten, und viele helvetifche Stædte, Windifch, Augft und die ganze untere Gegend, lœsten ihre Gelübde mit ihrer Zerftœrung.

Hierauf und nach der Niederlage der Hunnen in den katalaunifchen Feldern, wæhlten die Burgundionen den weftgotifchen Kœnig, Gundioch, zu ihrem Heerführer. Durch diefe Verbindung verftærkt, dehnten fie fich bald über Marfeille bis an die Sevennen in Gallien aus, das fechshundert Iahre lang durch die Plünderung der rœmifchen Krieger ausgefogen, und durch die Sklaverey feiner eigenen Bürger verœdet (7), ihnen allenthalben 456. eine ungebundene Verbreitung erlaubte (8). Um den Iura herum und um den Lemannifchen See wohnen noch die Abkœmmlinge diefer Burgundionifchen Stæmme.

Die

Die *Alemannen* hingegen hatten die ganze Gegend jenseits der Aare, der Reuſs bis an den Bodenſee, und auch Rhætien inne, ſo wie auf der anderen Seite Deutſchland bis an die Lahne und Kœlln (9). Ganz Hirten und Krieger wurden ſie ſpæter geſittet und milder, als der ſeinem Grunde gehœrige burgundioniſche und galliſche Ackerbebauer, und Plünderung und Raub unterbrach ſie unauthœrlich in der Kultur der Lebensweiſe und Meynungen, welche immer mit Hæuslichkeit anhebt (10).

Dieſe, und beſonders die vom Gratian 440. überwundenen Lentier erhielten den anderen von den Burgundionen übriggelaſſenen Theil von Helvetien, vom Rhein und Bodenſee bis an die Reuſs. Sie verſtærkten durch immer zuflieſsende Ankœmmlinge aus ihrer verlaſſenen Heimath ſich ſo ſehr, daſs ſie ihr Land bald vollkommen erfüllten. Die von ihnen gedrückten alten Bewohner flohen tiefer in die Gebirge, unter der Benennung der *Romanen*, weil ſie rœmiſche Sitten und Sprache beybehielten.

Den

Den unteren Rhein (10 *) hielten die *Franken* befetzt, niemals von den Rœmern gänzlich bezwungen. Die Niederlande hatten in ihrer Armuth eine anfehnliche Vormauer, in ihren tiefen Moræften und der Dichtigkeit ihrer Wælder eine hinreichende Sicherheit, und in der Menge und Leichtigkeit ihrer Ueberfchwemmungen ein unüberwindbares Vertheidigungsmittel. Von hieraus ward
486. Gallien von den Franken unter Chlodowig überfchüttet und bezwungen. Auch die Alemannen fielen, wiewohl fpæter, in die Hæn-
504. de diefes Eroberers (11), und Rhætien wurde den Oftgothen zu Theil.

Diefe wurden von den Hunnen befiegt, und dienten dem Attila. Nach dem Tode feines Sohnes übergab Zeno dem Heerführer der Gothen, Dieterich, ganz Italien urkundlich (12).

Auch bey den Oftgothen zeigt es fich, welche Vortheile der Hirtenftand der Empfænglichkeit des Lebens für Aufklærung und Milde gewæhrt. Die Gebræuche des Iægers fchmiegen fich, weit weniger nachgiebig,

in

in die Belehrungen der Erfahrung und der Fremde, und es ist schon ein Gewinnst für die Kultur eines Volkes, wenn es an die Schœnheiten und Genüsse bestimmter Erdstücke und Weiden gefesselt wird. Italien selbst zog sie noch wærmer und inniger an; ihre Gesetze waren sanft, und ihr Verkehr schon gebildet. Ihr Kœnig stand mit mehreren Nationen in enger Verwandtschaft (13), und seine Unterthanen genossen die Vortheile derselben. Manche Bürger benachbarter Reiche zogen hieher, und liessen sich in diesem Schoose des Friedens nieder, gingen, von stehenden Truppen in ihrem Eigenthume ungestœrt erhalten, ihrem Nahrungs- und Reichthumserwerbe nach, und selbst in dem ræuberischen Rhætien wurde der Landfriede befestigt (14).

Die Vermischung und Streifereyen verschiedener Nationen durch die Gebirge der Schweiz machen aber eine genauere Bestimmung ihrer Wohnœrter in diesem Zeitpunkte unsicher, und nur erst sehr spæt, sondern sich nach der Feststellung des Handels die Vœlker in ihre Gebiete durch einfache Grenzen ab.

Viertes

Viertes Kapitel.

Die Herrschaft der Burgundionen über Helvetien. I. 466-534.

Schon oben befinden wiederholt sich Winke, wie die ursprüngliche Reinheit und der erste Umfang der kœniglichen Würde nirgends so deutlich als in der Geschichte der alten Deutschen entfaltet liegt. Dieser Periode gehœren nur einige besonderen Züge an, welche sich in einer weitläuftigeren Auseinandersetzung von selbst schon ergeben.

Der ganze Bau ihrer Verfassung verlangte nur einen Rathgeber und Anführer. Weder der Zusammenhang und das Verhæltniß der Staatsglieder unter einander, noch der Umfang und Reichthum ihrer Nationalgüter enthielten einen Keim zu irgend einer Art von Alleinherrschaft. Im Talente lag das Recht

Recht zur Autoritæt, und nur die zunehmende Anzahl fæhiger Kœpfe machte den Einfluss eines einzelnen auf ihre Vereinigung nothwendig. Das Volk zusammen zu berufen, und die Versammlung wieder aufzulœsen; den Gang des Rachschlages durch Darstellung des besten Gesichtspunktes angemessen zu leiten; durch das Sammeln der Stimme die Volksmeynung zu fassen, und die Entschlüsse durch Anstalten zur Ausführung rechtskræftig zu machen, — dies waren die Theile der kœniglichen Funktion. Nur der Krieg erweiterte durch seine Disziplin eigentlich die Schranken des Oberbefehls; aber da nachher bey Eroberungen zu ihrer Erhaltung die militærische Form der Herrschaft unentbehrlich blieb, so stieg das Gewicht der Regenten fast bey jeder neuen Besitznehmung durch mehrere Umstænde. Die Gunst des Volks bezog sich immer enger auf sie, und die rœmischen Kaiser vergrœsserten nachmals ihr Recht auf die eroberten Provinzen durch eine ihnen aufgedrungene Stadthalterschaft darüber. Und obgleich die anerworbenen Güter der Burgunder (*Sortes burgundicae*) immer von den ælteren Gütern des Volks sorgfæltig

fæltig unterschieden blieben, so verstærkte doch die grœssere Menge, der ihnen rechtmæssig zugefallenen Sklaven und Besitzungen ihr absolutes Vermœgen, und der wachsende Luxus verrückte zu ihrem Vortheile das Verhæltniss zum Volke. Der Friede hœrte daher bald auf sie durch die nun ungetheilte Nationalaufmerksamkeit zu fesseln; sie erhielten das Recht der Vererbung ihrer Gewalt, und ihre Familien, das diesem immer anhængende kœnigliche Ansehen.

Die Statthalter regierten die einzelnen Provinzen zu den Zeiten der frænkischen und burgundischen Kœnige unter dem Namen der *Herzoge*, weil sie im Kriege die einzelnen Truppen des Heeres führten (1). Sie hatten einen von dem Volke ernannten Rath von hundert Mænnern zur Beyhülfe; indess die *Grafen* in den Kreisen richteten und die Einkünfte hoben. Allein die Freyen machten nebst den *Rachinburgen*, einer Art von Unterrichtern, die Beysitzer dieses Gerichtshofes aus; man appellirte vom Grafen zum Herzog, und von diesem an die jæhrliche Versammlung des *Marsfeldes* (2).

Nach

Nach dem Tode Gundiochs, jenes obenerwæhnten Anführers der Burgundier, theilten seine vier Sœhne sich in das væterliche Erbe. Jeder erhielt eine grosse Stadt mit dem ihr zugehœrenden Diſtrikte zum Antheil; Hilperich Genf, Godegiſel Beſançon, Gondebald Lyon und Godemar Vienne (3). Der letztere war unter ihnen allen der mæchtigſte und noch dazu unter dem unmittelbaren Schutze des rœmiſchen Kayſers, Olyberius, welcher ihn zum Patrizius machte. Alle dieſe Provinzen wurden im Anfange zwar durch den Nationalgeiſt der Burgundſonen zu Einem Reiche zuſammengehalten; faſt alle künftigen Erſchütterungen, die ihre ganze Herrſchaft betreffen, finden ſich aber theils von dem Verluſt ihres Nationalziels und Intereſſes, theils von der Eiferſucht der Verwandtſchaft ausgehend.

Die Zerrüttungen Roms durch innere Uebel waren ſo allgemein und anſteckend, daſs es ihren Freunden und Verbündeten unmœglich wurde, ſich ganz von ihnen frey zu erhalten. Die fremden Provinzen blieben immer ſichere Zufluchtsœrter für in der Hauptſtadt

ſtadt verunglückte Plane. Ieder æuſsere Stoſs traf zuerſt ihre æuſseren Bundsverwandten, und oft muſsten dieſe, ehe er noch die ſicheren Rœmer berührt hatte, die Entkræftung derſelben mit dem Verluſt ihrer Freyheit, und ſelbſt ihrem Untergange, unſchuldig büſsen.

Genſerich, Kœnig der Wandalen, hatte ſchon früh die Rœmer im Inneren ihrer Länder zu beſchæftigen geſucht, um für ſeine Unternehmungen auſserhalb derſelben einen freyeren Spielraum zu gewinnen. Attilas, des Kœnigs der Hunnen, Einfall in ihr Gebiet war die Frucht dieſes Planes geweſen. Nach dem Tode deſſelben, und der zunehmenden Erhohlung ſeiner Erbfeinde, wandte er ſich an den Kœnig der Weſtgothen, *Eurich*, um ihn zu einem Angriff in Gallien zu verleiten. Die Unruhen in Rom begünſtigten dieſe Unternehmung, und der rœmiſche Kaiſer, durch ſie innerhalb ſeiner Mauern eingeſchloſſen, ſah ſich genœthigt, den Beyſtand Riothims, Kœnigs der Britten zu ſuchen. Riothim nahm zwar ſich ſeines Verbündeten an, aber gleich ſchwach, hatte er

das

das Unglück, das ihn felbft erwartet haben würde. Gænzlich gefchlagen, warf er fich, mit dem Reft feiner Truppen, Roms anderen Bundsgenoffen, den Burgundionen in die Arme. Aber auch hieher ward er verfolgt. Eurich drang unaufhaltfam ihm nach. Bald ftand fein Heer an den burgundionifchen Grenzen. Hier foderte er fie zu einem Bündniffe auf; aber diefe den Rœmern treu, befchloffen auch ihr Unglück zu theilen. Aber ihr Widerftand war fchwach und fchnell überwunden; die Schaaren der Weftgothen brachen ohne Rückhalt in ihr wehrlofes Land, bald ward es unkenntlich unter der Graufamkeit ihrer Verheerungen. Eine allgemeine Hungersnoth fing an, die noch unverfchonten Refte feiner Bürger aufzuzehren, und ohne den wohlthætigen Beyftand der Rœmer (4), und die nachbarliche Menfchlichkeit angrenzender Vœlker, ohne die raftlofe Sorgfalt der reicheren Geiftlichkeit, welche felbft die heiligften Schætze nicht fchonte, und den Patriotismus felbft armer Bürger, welche fich felbft verkauften, um unvermœgenden Eltern ihre Kinder aus der Sklaverey zu lœfen, — wäre das Land einer gænzlichen Entvœlkerung

rung durch Tod oder Auswanderung nicht entgangen.

Ein noch græsseres Uebel vollendete dies grauenhafte Gemælde der Zerstœrung. Mit jenen, aus edelmüthiger Treue und unbiegsamer Nationalanhænglichkeit entstandenen Uebeln verbanden sich die Folgen verletzter natürlicher Pflichten. Dem Innern der Nation drohete ein ausbrechender Bürgerkrieg mit einer gænzlichen Auflœsung. Kaum von den Hænden Eurichs, durch seinen Tod, befreyet, und in dem Gefühl des Besitzes wieder erwærmt, erklærten Hilperich und Godemar, Gondebald, ihrem Bruder, den Krieg. Aber sie erlagen der gerechteren Sache. Ihre Heere wurden geschlagen und vœllig zerstreuet. Hilperich ward mit seinen beiden Sœhnen enthauptet, und seine Gemahlin in die Rhone gestürzt. Godemar vom Sieger bis nach Vienne verfolgt, starb hier unter den Trümmern seines Schlosses (5). Die Politik kannte damals weder die Gesetze der Menschlichkeit noch den süsen Ruf der Verwandtschaft.

Von

Von Hilperichs Familie waren nur noch zwey Prinzeſſinnen übrig geblieben; Sedelunde, die eine von ihnen, weihete ſich dem Gottesdienſt (6); die andere Chlotilde ward bald durch Schœnheit (7), und ihre Anſprüche der Gegenſtand vielfacher Bewerbung. Unter ihnen war Chlodwig, Kœnig der Franken, der angeſehenſte; aber der Umfang ſeiner Macht taugte zu Gondebalds Abſichten nicht, welcher ihm die Güter ihres Vaters mit ihr herausgeben zu müſſen befürchtete. Der Gœtzendienſt, wozu er ſich bekannte, war ein triftiger Vorwand, von dieſer Vermählung ſie abzurathen (8); doch Aurelian, ein Geſandter des werbenden Fürſten, drang verkleidet zu ihr, zeichnete ihr den Heldenmuth ſeines Herren, die Beleidigung ihrer Eltern, und die Hofnung der Rache ſo lebhaft und überraſchend, daſs ſie ſich zur Annahme des Traurings entſchloſs. Gondebald muſste ſie ziehen laſſen; an der fränkiſchen Grænze erinnerte ſie ſich an ihre ſtillen Gelübde, und bewog ihre Begleiter, ihr verlaſſenes Land 494. zwœlf Meilen umher im Aſche zu legen. Als ſie die rauchenden Wohnſitze erblickte, freuete ſie ſich ihrer Rache.

Man trift hier auf mehrere Spuren einer unwürdigen Behandlung, mit welcher Gondebald seinen Bruder Godegisel so aufbrachte, daß in derselben ein hinreichender Grund zu seinem nachherigen Uebertritt zum Kœnig der Franken gegen Gondebald liegt. Er wollte ihn zu einer Vermæhlung mit der Schwester einer seiner Konkubinen zwingen, und da sich dessen Godegisel weigerte, verbot er seinen Unterthanen bey einem darauf erfolgenden Mißwachse in Genf, durchaus die Ausfuhr alles Getraides, und nur mit Mühe besænftigte ein verstellter Vergleich œffentlich beyder Gemüther, indeß Godegisels Groll bey der folgenden Gelegenheit ausbrach.

Jene Vermæhlung zwang den Kœnig Gondebald zur Herausgabe von Chlotildens Kostbarkeiten; aber dies genügte noch Hilperichs rachsüchtiger Tochter nicht. Sie überredete endlich noch ihren Gemahl zu einem Kriege mit ihrem verlassenen Oheim (9). Auch Dieterich, Kœnig der Gothen in Italien, ward zu einem Bündnisse vermocht. Gondebald ließ seinen Bruder Godegisel gegen die Franken sich wafnen; dieser ging aber treu-

los

los zum Feinde über, stellte sich selbst den Truppen seines Bruders entgegen, und Gondebald floh, von der Menge bedrängt, nach Avignon, wo er auf seines Vertrauten, Aredius, Rath, den Franken sich unterwarf, mit dem Versprechen Steuer zu geben, und in Kriegen als Schützling zu dienen. Zur Belohnung seiner Treulosigkeit, erhielt Godegisel in diesem Vertrage zu seinem Erbtheil, Besançon und Genf, noch das seinem Bruder wieder abgenommene Vienne.

Diese Theilung dauerte aber nicht lange. Gondebald sah der Gelegenheit ungeduldig entgegen, sein Eigenthum wieder zurück zu verlangen. Und kaum hatten die Franken 501. sich in einen entfernten Krieg etwas vertieft, so schloß Gondebald in Vienne seinen Bruder Godegisel ein. Dieser setzte sich zwar in den besten Vertheidigungsstand; das unnütze Volk ward, um dem Hunger so lange als möglich zu entgehen, aus der Stadt gelassen, aber alle seine Versuche scheiterten an seinem eigenen Verbrechen, Verrätherey. Gondebald ward eben durch einen aus jenem herausgeschickten Haufen in die unterirdischen Wasserleitungen heimlich geführt; mitten in der Stadt brach er hervor, Godegisel ward in der Kirche ermordet, und sein ganzer Rath zu Tode gemartert. Die Barbarey war damals ein nothwendiger Theil der Kriegskunst. Wen das Schwerdt des Angriffes verschont hatte, fraſs die Wuth des Sieges. Selten rettete eine im Sturm eroberte Stadt sich von einer gænzlichen Verwüstung, noch seltener einer aus der Familie, aus dem Rathe, von den Freunden des Kœnigs das Leben. Das Verlœschen jedes Denkmals gehœrte zu einer Vollkommenheit des Sieges. Alarich, Kœnig der Westgothen, erhielt hierauf nach der Eroberung von Vienne die frænkische Besatzung, knüpfte durch einen Bund sein Interesse an Gondebald, und Chlodwig sah sich zu einem Frieden mit seinem tapferen Oheim genœthigt.

Er hatte sich indeſs aber durch den Sieg bey Tolbiath (10), des Theiles von Helvetien bemæchtigt, den die Alemannen besaſsen. Er scheint hierauf ihrer Staatsverfassung eine andere Wendung gegeben zu haben, und seit der Zeit wurde das alemannische

sche Helvetien zum huſtraſiſchen Theile des fraenkiſchen Reiches gezehlt.

Auch auf einer anderen Seite ſeines Gebietes machte ſich Gondebald furchtbar. Bey der Beſiegung der Franken durch die Alemannen bemaechtigte er ſich der ganzen Gegend von Aventikum (11), und pluenderte nachmals, bey den Einfaellen der Weſtgothen, Italien bis an den Po und Ticino.

Sehr verſchieden urtheilen die Schriftſteller über Gondebalds Werth. Aber beyde Partheyen gehen zu weit. Er war nicht der blutdürſtige Tyrann, den man hætte rechtmæſſig verabſcheuen koennen; und auch das Beyſpiel der Koenige nicht, welcher der Verehrung ſeiner ſchmeichleriſchen Zeitgenoſſen auch in der Nachwelt hætte gewiſs ſeyn koennen. Zu jenen Handlungen der Barbarey zwangen ihn Umſtaende und Noth, und für dieſen war er zu wenig gebildet.

Manche Seite ſeines Charakters hebt ſich zu einer ſchætzbaren Groeſse hervor. Eine alles überwæltigende Tapferkeit, welche ſein

Reich

Reich ausdehnte, und fchützte, ward durch das Gefühl für die Künfte des Friedens milder und furchtbarer, welche diefe Laender glücklicher in ihrem Innern machen konnten. Seine Befcheidenheit war fich mangelhafter Kenntniffe bewufst. Er verfchmæhete nie den Rath von Gelehrten, und keinen Weg zu einer Wiffenfchaft. Er fuchte feine Religion in ihrer Quelle auf; er las die Bibel, und foderte über Dunkelheiten Erklærung. Die Bemühungen feines Rathes Syagrius, zur Verbefferung der burgundifchen Sprache, und einer regelmæffigeren Eintheilung der Tagesftunden, ward freundlich von ihm unterftützt (12); jede Art der Kultur fand an ihm einen forgfamen Pfleger. Aber nicht immer fanden feine Bemühungen eine dankbare Aufnahme: der eingebohrene Burgundione galt, dem Herkommensrechte gemæfs, natürlich im Volksrathe mehr, als der auslændifche Rœmer. Gondebald wünfchte zum Beften des letztern durch eine neue Anordnung, diefen Vorzug zu mildern; aber das ganze Volk widerfetzte fich ihm auf einem Landtage zu Genf, und bewog ihn zu der Zurüknahme des Plans.

Bald

Bald nachher kam zu Ambicu ein neues Gesetzbuch zu Stande (13), das außer der genaueren Vertheilung und Bestimmung der Ländereyen (14), nach Maasgabe des verschiedenen Nahrungserwerbes, auch die Art des Besitzes und der Vererbung (15), sorgfältig angab. Der Feld- und Wiesenbau erhielten dadurch wieder einen neuen Stoss; man befliess sich mit Eifer auf Urbarmachung wüster Steppen, auf Ausrottung der Wälder, und Austrocknung von Sümpfen. Nur hielten die Gemeingüter die allgemeine Verbreitung des Fleisses auf, und allein die Sklaven fühlten sich noch zu Handwerken und Gewerben aufgelegt.

Ihre übrigen Gesetze waren mit Strenge festgestellt. Der Mangel an Gastfreyheit ward mit einer Geldbusse oder gar einer Leibesstrafe belegt (16). Den Wahrsagern war eine gewisse Taxe gesetzt, die für die Entdeckung eines Diebes gezahlt werden musste. Schon lange hatte man die Abbüssung eines Mordes mit Gelde verboten, und die Selbstrache verstattet. Auch der Zweykamf prüfte die Zeugen, und die Ueberwundenen wurden zu einer

ner Geldstrafe verdammt. Die Weiber kaufte man ihren Eltern ab (17), und erstickte sie in Moræsten, wenn sie sich von ihren Männern entfernten. Zu einer Scheidung berechtigte Ehebruch, Giftmischerey und Zauberey. Der Adel war sorgfæltig vom Mittelstande, der Mittelstand vom Pœbel gesondert (18). Alle Anordnungen und Gesetze legen den Weg zu Tage, auf dem dies Volk so unvermerkt sich seiner Barbarey entkleidet, auf dem seine Ideen von Eigenthumsrecht, von Gesetz und Billigkeit sich auseinandersetzen, und aus jeder Revolution heiterer hervortreten.

Die Veränderung im inneren Wohlstande gab auch seinem Aeußeren eine frischere Wendung. Die alten Städte dehnten sich aus (19), neue entstanden. Protesius stiftete die Stadt Lausanne, und mehrere Einsiedler und Mænche bebaueten die wüsten Gebirgsstrecken (20).

515. Gondebald versammelte zuletzt sein Volk noch in Quadruvium, seiner ohnweit Genf gelegenen Residenz, und nachdem er daselbst seinen Sohn, Siegmund, zum Thronfolger

ger hatte ernennen laſſen, ſtarb er bald nachher im fünfzigſten Jahre ſeiner Regierung.

Unter Siegmunds Regierung bemerkt man die erſte Spur von dem Einfluſſe des Pabſtes. Denn kurz nach ſeinem Antritte erhielt er von ihm ein Ermahnungsſchreiben, wegen der jæhrlichen Verſammlung der Biſchœfe. Iene dunkeln Zeiten verehrten die Prieſter immer als die erſten des Volkes, und mit der Bildung der Geſellſchaft und der wachſenden Anhænglichkeit an einen beſtimmten Erdfleck gewann auch ihr Wirkungskreis, Ausdehnung und Feſtigkeit. Selten entging einem Einſiedler der Ruf einer beſonderen Heiligkeit, und wahre Frœmmigkeit wohnte allein in den Klœſtern.

Alle burgundiſche Biſchœfe verſammelten ſich auf die Ermahnung der pæbſtlichen Bulle, in Epaona (11), und hier verfaſste man zuerſt Geſetze über Prieſterrechte und Prieſterverbrechen. Die hœchſte Strafe, welche ſonſt auf den Tod beſtand, ward für die Geiſtlichkeit in eine klœſterliche Einſperrung verwandelt. Die Mœnche hielten ſich noch an die Bebauung der Lænder, jeder forgte für einen kleinen Bezirk, und die Klœfter fchienen nur Zufammenfetzungen von einzelnen Einfiedeleyen zu feyn. Alle Güter der Mœnche gehœrten den Bifchœfen und Aebten, ohne deren Verwilligung nichts davon verkauft oder vererbt werden durfte.

Aufser diefen allgemeinen Einrichtungen beftimmte man in jener Kirchenverfammlung noch die Wahlfæhigkeit zum Diakonus und die Anordnungen der klœfterlichen Keufchheit. Man verbot den Mœnchen die Jagd, als für fie unfchicklich, und überhaupt das Umherreifen ohne ausdrückliche Erlaubnifs ihrer Oberen; man unterfagte die Heyrathen innerhalb gewiffer Grade der Blutsverwandtfchaft, und unterwarf überhaupt die Ehen der Geiftlichkeit. Die Macht der Kirche follte den weltlichen Arm unterftützen. Jeden, diefem entwifchten Mœrder traf der Bann von jener.

Aber diefe treflichen Einrichtungen, aus denen fchon eine ungewœhnliche Aufklærung hervorbricht, werden bald durch die

Ver-

Verbrechen einer Kœnigin so gut als ganz ungültig gemacht. Siegmund vermæhlte sich nach dem Tode seiner ersten Gemahlin, Ostgotha, die ihm einen Prinzen, Siegerich, und eine Prinzessin, Svavegotha hinterliefs, mit einer Dame aus ihrem Gefolge. Sie war, über ihre neue Standeserhœhung zu aufgeblasen, um die veræchtliche Begegnung ihres Stiefsohnes nicht bitter zu fühlen. Durch Vorstellungen und die ganze Ueberredung weiblicher Künste nahm sie auch seinen Vater wider ihn ein, und liefs ihn endlich sogar in seinem Bette ermorden. Bald bereuete der Kœ- 522. nig seine Einwilligung zu dieser unnatürlichen That so herzlich, dafs er, vielleicht auch von der Besorgnifs eines æhnlichen Schicksals gequælt, sich entschlofs, vom Throne zu steigen. Er begab sich hierauf nach dem Kloster St. Moritz in Wallis, um in gottesdienstlichen Uebungen sein Verbrechen zu sühnen.

Dieser unüberlegte Schritt lud alle Feinde des Reiches zu Angriffen ein. Chlotildens verjæhrte Rachsucht hatte nur die Zeit übergeschlummert. Sie munterte ihre Sœhne, welche

welche izt in Franken herrſchten, zu Unternehmungen auf, und dieſe, Chlodomir von Orleans, Chlotar von Soiſſons, Childebert von Paris (22) ſchloſſen mit Dieterich, dem Kœnig von Italien, über Burgund einen Theilungsvertrag. Siegmund, welcher zur Vertheidigung ſeines Landes noch einmal dem Feinde an der Spitze eines Heeres entgegenging, ward geſchlagen und flüchtete in ſein Kloſter zurück. Man fand ihn hier bald aus, zog ihn unter den Mœnchen hervor, und ſchleppte ihn nach Orleans. Hier ward er, nebſt ſeiner Gemahlin und zweyen Prinzen enthauptet, und ihre Leichname zuſammen in einen Brunnen geworfen (23). Aber Godemar vertheidigte ſich mit einer beyſpielloſen Klugheit und Tapferkeit. Acht Iahre lang behauptete er ſein væterliches Reich ſtandhaft; er rœdtete in einer Schlacht mit eigener Hand ſeines Bruders Mœrder, Chlodomir; aber die alte Chlotilde friſchte unablæſſig ihre Sœhne zur Rache auf, ſein ganzes Land ward von feindlichen Heeren überſchwemmt, und er verlohr endlich ein entſcheidendes Treffen; er ſelbſt aber verſchwand, ohne daſs man ſein Schickſal kennt,

kennt, unter den Todten oder Flüchtlingen.

Hiermit ging eine Herrschaft unter, welche friedlich entstand, unter Erschütterungen sich bildete, und unter den widerstrebenden Händen naher Verwandten in ihr erstes Nichts dürftig zurücksank. Das Reich der verwandten Ostgothen theilte ihr Schicksal. Theodat, ihr Fürst, hatte Amolaswinden, die Prinzessin Dieterichs, umbringen lassen, und dies stürzte den ostgothischen Thron (24).

Fünftes Kapitel.

Regierung der fraenkischen Koenige aus dem merowingischen Stamme, vom I. 534-751.

Eine kleine Vergleichung stellt den Unterschied sehr deutlich vor Augen, womit die neueren Zeiten durch die Errichtung stehender

hender Heere sich von den ältern auszeichnen. Diese machten jeden Bürger auch ganz zum Soldaten. Er musste sich immer auf alle Erfordernisse des Krieges bereit halten. Auf die Menge, Wildheit und Abhärtung seiner Streiter beruhete die Kraft eines Volks. Wie aber die Anzahl der Streitbaren sich minderte, so musste die Macht ein anderes ersetzendes Gewicht durch die Güte der inneren Verfassung, durch den Reichthum der Bürger, und die Vollkommenheit des Finanzsystems erhalten. Sobald die Truppen erst standen, so ward auch der einzelne Bürger seiner Vertheidigung überhoben, und konnte seinen ganzen Eifer nun auf die Vermehrung seiner Bequemlichkeit und seines Wohlstandes wenden. Der Politik wurde es daher in diesen Zeiten schon zum Bedürfniss, Beförderung der Industrie nie aus den Augen zu lassen.

Aber der Zweck aller Gesetze und Gewohnheiten jener alten Verfassung war der Geist des Krieges und der Freyheit. Denn bey den noch jungen, ungereizten Bedürfnissen reichte dieser zum Gefühl einer Glückseeligkeit, bey dem allgemeinen Ekel gegen

die

die nahen, vaterlændifchen Befriedigungen zum Erwerbe von fremden Genüſſen hin, und er hielt das Stammvolk durch einen einzigen Begriff von Ehre genauer zuſammen. Ieder Freye hatte daher eine geltende Stimme im Volksrathe, eine Erinnerung an Freyheit und Freyſinn; jeder tapfere Krieger beſaſs Rechte auf Anſehen und Einfluſs, eine Aufmunterung zur Kultur kriegeriſcher Talente; kein Kœnig und Fürſt vermochte etwas gegen eine Verordnung jener Volksverſammlungen, ein Zeichen vom Gewicht eines jeden einzelnen Bürgers. Der Anführer blieb immer der ganzen Volksſtimme unterthan. Die Prieſter ertheilten durch Offenbarungen und Lieder jeder Nationalidee die Sanction, und die Obergewalt der Herzoge und Grafen beſchrænkte ſich lediglich auf die Zuſammenberufung der Truppen und die Gerechtigkeitspflege, welche ſie aber nicht einmal einem Stellvertreter auftragen durften, ſondern wofür ſie ſelbſt bey den Biſchœfen verantwortlich waren.

Die billigen Geſetze ſchrænkten zwar die mit jenem erſten Kulturgrade nothwendig verbundenen allgemeinen Volksfeſte ein, aber

durch die wachsende Ordnung wurden die
haeuslichen Freuden unendlich befœrdert.

Alle diese Einrichtungen sicherten die
Burgundionen sich selbst nach ihrer Ueberwindung durch die Franken in einem Vertrage (1). Sie überliefsen diesen zwar den
Kœnigstitel und die Obergewalt im Lande,
und versprachen ihnen Vasallendienste (2),
aber sie behielten sich ihre Fürsten und Herzoge nebst der Freyheit ihres Wahlrechtes
vor (3). Ein Herzog (4) herrschte über Niederburgund (*Burgundia transjurana*) (5), ein
rœmischer Patricius über die Gebirge und das
itzige Savoyen, über Genf, Hochburgund,
Wallis, Bern (6) und Solothurn, ein anderer
Herzog über Alemannien, und über Rhætien
ein dritter. Die Zerstreuung der Lænder
trennte auch allgemach den Gemeingeist ihrer
Bewohner, und so wie sie auswærtige Eroberungen erschwerte, so machte sie auch eine
allgemeine Besiegung derselben so gut als unmœglich. Es entwickelte sich aus diesen vereinzelten Gebirgsstætten nachgerade ein Geist
der Absonderung, welcher mit dem Geiste
der Freyheit sich so willig vermæhlt. Und

zum

zum Theil leitet hiervon ihren Urſprung, die geſonderte Theilnahme ab, womit ſchweizeriſche Truppen ſich in auslændiſche Dienſte begaben.

So zogen zehntauſend Burgundier in das oſtgothiſche Lager vor dem empœrten Mayland, nahmen dies ein; alle männlichen Einwohner wurden niedergehauen, und die Weiber von ihnen zu Sklavinnen gemacht (7). 538. Unglücklicher endete ſich der Heerszug von zwey und ſiebzig tauſend Alemannen und Franken unter den Befehlen des Bugelin und Lanthahar, zweyer alemanniſchen Herzœge, welche nach der Ermordung des letzten oſtgothiſchen Kœnigs durch den Feldherrn des morgenlændiſchen Kaiſers, Narſes, Italien 555. anfielen. Bugelin plünderte das Land bis an die ſiziliſche Meerenge, die Küſte des adriatiſchen Meeres ward von Lanthahar verwüſtet, und nachdem ſie eine unermeſliche Beute zuſammengeraubt, zogen beide ſich nach ihrer Heimath zurück. Aber jener ward vom Narſes in den kampaniſchen Gefilden ereilt, und ſo geſchlagen, daß auch kein einziger entrann; dieſen tœdtete mit ſeinem

nem ganzen Heere am Fuſse der tridentiniſchen Alpen die Peſt (8).

Die Longobarden eroberten nachmals die ganze ſüdliche Ebene am Fuſse der Alpen, und beſetzten die toskaniſchen und andere fruchtbare Thæler Italiens. Sie drangen endlich dem Ticino nach bis in den verſchloſſenen Schooſs der Gebirge, ſelbſt bis in die wilden Gründe der Brennen, befeſtigten mit Burgen und Thürmen die Pæſſe der Alpen, als die unüberſteiglichen Vormauern ihres Eigenthums, und füllten unvermerkt mit ihren Schaaren die Thæler der Reuſs, den Simplon und die penninischen Wege. Aber 574. in Wünden dieſe Eroberungen das Ende. Hier erwartete, ſchlug und verkaufte man ſie. Ganz das nemliche Schickſal betraf den Trupp, welcher bey St. Moritz erſchien.

Ob dieſer Einbruch gleich den ruhigen Gang der einheimiſchen Voelkerſchaften unmittelbar wenig nur ſtœrte, ſo war er mittelbar doch für ſie verheerender, als die angreifendſten Erſchütterungen durch eine auswærtige Uebermacht. Ihr Feind brachte ihnen

nen die Pocken mit, welche in der heißen Zone entstanden, mit den Heeren der Habeſſinier über den arabiſchen Meerbuſen drangen, durch den ægyptiſchen und arabiſchen Verkehr Conſtantinopel anſteckten, und von Longobarden oder Griechen, auch in Ligurien und Burgund fortgepflanzt wurden. Es iſt gleich ſchauderhaft und unglaublich, mit welcher Verheerung ſie das kummerloſe burgundiſche Landvolk ergriffen, welche Menge von Menſchen ſie hinwegrafften, wie die Uebergebliebenen angſtvoll ihre Hæuſer und Habe verlieſsen, und die Stædte veroedeten, wie der Todte lange Zeit ohne Grab (5) war, das Vieh ohne Hirten, der Acker ohne Pflug. Nur Gebete und gottesdienſtliche Uebungen wuſste man ihnen entgegenzuſtellen, aber auch Heiligthümer blieben nicht verſchont, und am Altare ward der Prieſter von der Seuche überraſcht.

Bald bemæchtigte ſich auch Burgundiens das Schickſal, das alle Staaten erwartet, die Entkræftung des Alters und der Verfall des lebendigen Geiſtes in ihrer Beherrſchung. So wie der Bewohner in die zwey Stænde des

Bür-

Bürgern und Soldaten zerfiel, verlohr sich die koenigliche Gewalt, welche sich in der rohen Wildheit auf beyder Vereinigung weit sicherer stützt, auch in die Haende der Heerführer, die mit dem Vertrauen ihrer Untergebenen, immer den kraftvollern und thætigeren Theil des Volkes ausmachten. Jeder Sieg gab ihnen ein græsseres Gewicht, jede Begebenheit, welche ihre Unentbehrlichkeit bewies, einen gefahrlicheren Glanz. Die Treue der Vornehmen, war daher die einzige Stütze des Thrones.

Besonders diefer Zeitpunkt beſtætigt in Burgundien, die Gewißheit dieſer Bemerkungen. Hilperichs Sohn, Gontram, der mit dem Reiche ſeines Vaters nicht das geringſte von ſeinem Geiſte geerbt hatte, ſuchte ſich im Umfange ſeiner Herrſchaft durch eine mit Gütern und Leuten erkaufte Anhænglichkeit ſeiner Großen zu erhalten. Auf dieſe geſtützt, theilte er das Eigenthum des Mummolus, welcher die Longobarden beſiegte (10), in mehrere Herrſchaften. Seine eigene koenigliche Macht hing lediglich nur von den Domænen ab, welche bey Galliens Eroberung

dem

dem Sieger anheimfielen. Aber die Verſuche 587.
des Adels, den Beſitz ſeiner geſchenkten oder
erworbenen Güter auch *erblich* zu machen (11),
vermengte unvermerkt die unumſchränkte
Gewalt mit etwas Ariſtokratie (12). Dieſe
Ariſtokratie milderte ſich indeſs nachher durch
die wachſende Einwirkung des Bürgerſtandes,
ging endlich ſelbſt entweder gænzlich zur
Demokratie, oder wieder zur Herrſchaft eines
Einzigen über, welcher ſie dann, gewarnt
durch den Zuſammenhang der Umſtænde,
und durch den ſichtbaren Gang der Zeiten
belehrt, gemeiniglich feſthielt.

Dieſe ward ſo drückend, daſs ſie ihren
Leibeigenen eine Verlebung mit Auswærtigen
als Schleichhandel verboten, in der Beſorgniſs ihre Anzahl zu mindern. Geiſtliche und
weltliche Herrn machten ſich das *Ius luxandæ
coxae* an, oder das Recht, die Brautnacht bey
der Neuverlobten zu ſchlafen, welches nur
mit fünf Schillingen, einer für den armen
Leibeigenen ſehr betræchtlichen Summe, abge-
kauft werden konnte.

Die Satzungen in Hinficht auf die Sicherheit des Eigenthums wurden um fo fefter, je beftimmter und deutlicher bey zunehmender Bebauung, die Aufficht über die Befitzungen wurde. Ein Ræuber, wenn er fich nicht durch den Erfatz des Geftohlenen losmachen konnte, ward zur Lœfung drey Gerichtstage hindurch ausgeboten, und nach der Zeit, im Fall er nicht ein Franke war, wo er als ein freyer Mann von feiner Volksgemeinde gerichtet wurde (13), als ein Nichtswürdiger gehangen. In der Volksgemeinde fprach der Kœnig. Das Recht der Wiedervergeltung war das Hauptprinzip aller Gefetze, welche in der erften Rohheit des Volkes, in diefem Fall noch unerbittlich verurtheilten, weil unter Barbaren immer Diebftahl als ein gewœhnliches Verbrechen fich findet, und das zarte Gefühl in Hinficht auf das *Mein* und *Dein* fpæter nur erft fich fchærft und feftfetzt. Ein Richter, welcher einen Verbrecher entwifchen liefs, verfiel in Lebensftrafe. Ein von fieben unpartheilichen Mænnern des Diebftahls eidlich angeklagter ward hingerichtet. Zur allgemeineren Sicherheit hatte man das Land noch in Cente vertheilt, welche unter dem Oberbefehl

der

der Gaugrafen ftanden (14), oder in denen eine Verfammlung von hundert Hausvætern über Entwendungen wachte. Die ganze Nachbarschaft unterftützte dann die Anordnungen diefer Auffeher, das Landvolk führte fie aus, und die Nothwendigkeit des Landfriedens und des Eigenthumsrechtes ward für alle diefe vereinzelten Gebiete ein ftarkes und enges Band. Das Loos, der Zweykampf, die fcharfe Probe, der Eid entfchieden fchwierige Fragen. Alle diefe Verordnungen gediehen befonders unter Gertrams Neffen, Childebert, zu einem fyftematifchen, begründeten Zufammenhange.

Aber durch alle diefe Gefetze erging Childebert felbft nicht den Angriffen ihrer Uebertreter. Frühzeitig fiel er als ein Opfer 596. mœrderifcher Anfælle. Drey andere ihm nachfolgende Kœnige traf das nemliche Loos. Zur Zeit der Minderjæhrigkeit feines Sohnes, Dieterichs, fiel das kœnigliche Hausvogteyamt, das in der Næhe und dem beftændigen Umgange des Kœnigs eine unerfchœpfliche Quelle von Anfehen und Reichthümern befafs, durch die Einwirkung der Kœnigin Brunhilde, dem

Patri-

Patricius von Scodinger, *Neotadius* zu. Dieser herrschsüchtige Mann ward aber bald das Opfer seiner Maxime, den Adel niederzudrüken. Bey einer Versammlung und Bewafnung derselben gegen den Kœnig von Austrasien, Diesbert, ward er auf Anstiften des Patricius Welf in einem Auflauffe erschlagen. Brunhilde, welche die Vornehmen sehr despotisch beherrschte (15), ræchte zwar diesen Tod mit Welfens Ermordung; der Adel aber nahm, nach dem Tode des Kœnigs, in einem Kriege mit Chlotar dem anderen, einem Enkel des ersten, an der nun schon alten und kraftlosen Brunhilde eine doppelte Rache, und übergab sie dem feindlichen Kœnig zur Hinrichtung. Man rief hierauf diesen nach seiner feyerlichen Versicherung, die Burgundier im uneingeschrænkten Besitze ihrer Gesetze und Rechte niemals zu stœren, zum Kœnig des Landes aus (16). Der Hausvogt, Warnahar, welcher dem neuen Kœnige Brunhilden unter der Bedingung, sein Amt zu behalten, ausgeliefert hatte, herrschte unter ihm über die Vœlker. Patricius der Alpen war Alethæus aus Burgund, und in Scodingen regierte Lehon, ein Franke.

Diese

Diese Verschiedenheit der Beherrschung ward aber die erste Quelle vielfacher darauf folgenden Beschwerden und Unfælle. Der Adel ward durch den Druck des Kœnigs, der seine Eroberung dadurch am besten festzuhalten vermeynte, gepresst, und pflanzte ihn natürlich auch weiter auf die unteren Stænde fort. Zuerst fiel der frænkische Patricius als ein Opfer dieser Bewegungen, und Alethæus, der sich in Chlotars Gemahlin, Bertrade verliebt hatte, suchte durch die Sæuberung des Landes von den Franken, und durch die Wiedererhaltung der kœniglichen Würde, ihre Hand zu gewinnen. Sein Freund, Leutmund, Bischof von Sitten, zog hierauf in das Hoflager der Kœnigin zu Marly, machte sich an sie, und prophezeiete ihr aus den Gestirnen, dass Chlotar ihr Gemahl, nicht das Iahr überlebe, dann Alethæus Burgund wieder an sein Haus bringen, und die Krone zu ihren Füfsen niederlegen würde. Er rathe ihr daher, auf sein Schloss nach Sitten mit ihm zu flüchten, um bey jeder entstehenden Revolution sicher zu seyn. Bertrade zerfloss über jene Prophezeiung in Thrænen, der Kœnig frug sie zærtlich um den Grund ihrer Bekümkümmerniſs, kam ſo hinter die Anſchlæge beyder Verbündeten, liefs den Alethæus enthaupten, und verbannte den Biſchof auf Zeitlebens nach Wallis.

Er rief hierauf den Adel und die ganze Geiſtlichkeit nach Paris zur Abſtellung der Mifsbræuche und Einrichtung neuer Vorkehrungen zuſamnen. Man berathſchlagte und vereinigte ſich auch hier über die Wahl der Biſchœfe und die Gerechtſame des Erzbiſchofs, über die Art, Beklagte zu richten, über die Einrichtung der Abgaben und die Sanktion der Geſetze (16 *).

Dieſe Verbindung der Geſetze zu einem Syſteme, und beſonders die genauere Anordnung des Verhæltniſſes der Geiſtlichkeit zu den übrigen Bürgern des Staates, war an jenen allgemeinen Beruhigungen fruchtbar, welche ein Volk aus den trüben Zeiten der Barbarey ſanft zu dem Frieden eines geſellſchaftlichen, geordneten und angenehmen Zuſammenhangs führt. Ehe eine ſolche Verfaſſung ſich aber von allen Spuren ihres Urſprunges reinigt, ſehen wir immer eine lange Reihe

Reihe von Uebeln vorausgehen, die ængstliche Last verjæhrter Vorurtheile und unrechtmæßiger Freyheiten, die Unfælle eines gesetzlosen Strebens nach Rang und Herrschaft, der Habsucht des Adels und seiner Gewaltthætigkeiten. Nur mühsam und schleichend entwickelt die Gæhrung der Umstænde brauchbare Gesetze und erträgliche Verordnungen, welche den schwankenden Verhæltnissen der Stände wieder ein leidliches Gleichgewicht geben.

Man kann übrigens diesen Tag als den Geburtstag der Freyheit betrachten, welche sich die næchsten Iahrhunderte hindurch noch in einem geheimen Wanken zweifelhaft erhælt. Nur dann, als die Stimme eines einzigen soviel an Stærke nachließ, auch den anderen Bürgern die Sprache zu erlauben, war ihr Ursprung gegründet. Das Eigenthumsrecht bildete sich vollkommener aus, der Ackerbebauer fühlte zu seinem Boden sich inniger hingezogen, der Fleiß sich aufgefrischt und munterer belebt, Wælder und Sümpfe verschwanden, Felsen wichen ihm, und die Stræme verließen langbesessene Betten, um

ent-

entweder dem Verkehre Platz zu machen, oder den Umlauf der Kunsterzeugnisse, wie die Vertriebsamkeit aller Wissenschaften genauer zu verbinden.

628. Nach Warnachars Tode wollte der Koenig einen neuen Hausvogt ernennen. Der Adel erklærte aber, nur unmittelbar unter dem Koenige selbst stehen zu wollen. Diese Begriffe einer gesetzmæssigen Freyheit erhielten sich auch noch unter des nachfolgenden Dagoberts Herrschaft, welcher, einer der besten Fürsten, den Staat nicht als sein Eigenthum, sondern als sein Mündel ansah, seine inneren Kræfte durch den Handel mehrte und verfeinerte; und alle seine Künste durch die Auszeichnung der Gunst zur moeglichsten Regsamkeit erwærmte.

In diesem Zeitalter zunehmender Volksbildung offenbarte sich auch schon, besonders im burgundischen Theile des Reichs, der Geist einsiedlerischer Froemmigkeit und menschenscheuer Absonderung. Leute, welche vereitelte Hofnungen, unerträgliche Schicksale, Hang zum Sonderbaren und Ueberdruss der Welt,

Welt, vom Menſchenumgange entfernten, baueten ſich entweder einzeln zerſtreuete Hütten in angenehmen Thælern, oder Kirchen zu gottesdienſtlichen Tœdtungen ihrer Begierden in Klœſter zuſammen. Geruch der Frœmmigkeit, ſogut als Langeweile zog Menſchen und Reichthümer dahin, und ſo wurden auch diejenigen Thæler, welche damals faſt noch gænzlich verœdet lagen, unvermerkt mit Bewohnern gefüllt (16**).

Dieſer Zeitraum der helvetiſchen Geſchichte entwickelt jenes der Schweiz eingebohrne Eigenthum, ſtille Freyheit, immer mehr und merklicher, ſo wie er den Zeiten Karls des Groſsen ſich næhert. Beſonders bricht ſie im alemanniſchen Theile, mehr noch als im burgundiſchen, in lebendige Wirkungen aus. Die Richter wurden von den Herzœgen in der Volksverſammlung gewæhlt. Die Abtheilung der Stænde war feſt und genau (17). Vorzüglich ſuchte damals ſchon die Ungebundenheit die frœhlichen Triften des Hirten auf, und liebte ſie mehr als ſelbſt die ergiebigſten Fluren des Ackerbebauers. Die alemanniſchen Geſetze kennen faſt allein

Geſch. d. Schw. K

allein diesen einzigen Stand, indeſs die Burgundiſchen mehrere Lebensweiſen und Nahrungserwerbe bezielen, und ſie enthalten wenig mehr, als kurze Verbote von Gewaltthætigkeit, Anleitungen zum Schadenerſatz, und Vorſchriften der Billigkeit. Die unblutigen Strafen berühren meiſtentheils nur das ihnen werthere Vermœgen, und den den Geiſtlichen beſtimmten Rang, die Ehrfurcht gegen die Kirche und ihre Untrüglichkeit vollendete das Ganze einer gemeinnützlichen und dauerhaften Ordnung (18).

Unter Dagoberts Herrſchaft hatte ſich im alemanniſchen Helvetien das Chriſtenthum vermittelſt einiger vornehmen Irrlænder (19), verbreitet, welche, mit den brauchbarſten Kenntniſſen der Fremde ausgerüſtet, ſich zu dieſen mittæglicheren Lændern herabzogen. Columbar, Gall, Mangoald und neun andere baueten in der Wüſte des Wasgaues ein Klóſter, und brachten hier dem benachbarten Volke, zugleich mit einem verbeſſerten Landbaue, auch lautere und vollkommenere Religionsbegriffe bey. Brunhilde drückte ſie im Anfange zwar und Columbanus wurde mit Gall

Gall zwar vom Kœnig Dieterich vertrieben, aber Diesbert von Auſtraſien vergœunte ihnen wieder die ungeſtœrte Ausbreitung ihres Glaubens. Sie würden im vollkommenen Genuſſe dieſes Rechtes ſich haben erhalten kœnnen, wenn ſie ſelbſt ihre Lehre der Sanftmuth und Geduld beſſer befolgt hætten. Als ſie ſich aber kaum an der Limmat in Tuggen niedergelaſſen hatten, muſste man ſie der Gewaltthætigkeiten gegen die Landreligion (20) wegen verjagen. Sie flüchteten hierauf nach Arbon und Benzeng (21), wo ſie die Verehrer des Wodans antrafen, ihre Gœtter zerbrachen, und ihm Kirchen weihen wollten, aber ſie ſahen ſich auf die Beſchwerden der ganzen Nation beym Herzog Kuenz, auch hier das Land zu ræumen gezwungen.

609.

Gall ging nach Arbon; Columbanus mit Siegbert ins Gebirg, wo der letztere auf dem Gotthard an den Quellen des Rheines ſich niederließ, die Rhætier unterrichtete, zu Diſſentis ein Kloſter ſtiftete, und von Plazidus, einem Reichen des Landes, mit vielen Gütern beſchenkt wurde. Dieſe vermehrten ſich noch nach dem Ertrinken Viktors, des

Præses von Rhætien, der sie ihm wieder abzunehmen versuchte, durch die Frœmmigkeit seiner Sœhne, welche seinen Tod als eine gerechte Strafe dieses Angriffes ansahen.

Gall stiftete von Arbon aus St. Gallen, zog mit seinem Freunde dahin, bauete mit ihnen Zeller, pflanzte Gærten, und zog Heerden. Die umliegenden Gegenden nahmen ein Beyspiel an dieser Kultur. Das ganze Reich ward auf seine Arbeiten aufmerksam, und man trug ihm das Bisthum von Constanz als eine Belohnung an. Aber er setzte den Glanz eines vermehrten Einflusses dem glücklichen Frieden seiner Einsiedeley nach, und starb zu 640. Arbon im fünf und neunzigsten Iahre. Man betete ihn und seinen Freund Mang als Heilige an.

Erst nach seinem Tode bekam seine Einrichtung die Form eines Klosters, und ward dem unmittelbaren Schutze des Kœnigs übergeben. Man errichtete daselbst eine Schule (21 *), um die scotischen Kenntnisse unter der ganzen Nation gemeiner zu machen, und von diesem kleinen Erdflecke aus schlich sich

unver-

unvermerkt eine heitere Bildung in die Seelen der Helvetier ein, welche ehedem, nur ihren kœrperlichen Nothwendigkeiten vertrauet, von geiſtigen Bedürfniſſen gar nichts begriffen.

Mehrere Güter fielen den Klœſtern zu. *Glaris* kam an das von einem anderen edeln Scoten, Fridelin, lange vor St. Gallen geſtiftete Kloſter Sedringen, um das ſich mit der Zeit eine anſehnliche Bevœlkerung verbreitete, welche ſich von den benachbarten Gebirgen, ehemaligen Zufluchtsœrtern unglücklicher Freyheitsliebe, wieder herabzog.

Schon unter der Regierung Gondebalde war *Remainmotier* am Iura von zweyen Brüdern *Cupin* und *Roman* geſtiftet, und Kœnig Siegismund bauete St. Moritz in Wallis, um ſich da in klœſterlicher Einſamkeit zu vergraben.

Zu Anfange des ſiebenten Iahrhunderts entſtand endlich das groſse Thalkloſter (*Motier grandval*) und St. Urs und Porentru in Baſel, die Münſter zu Luzern und Zürich, das Kloster zu Pfeffers, Schennis und in der Rheinau (22). Aber der Vorschub, den man den Kloestern und allenthalben dem geistlichen Stande (23) that, befoerderte in der Folge die Zunahme des Aberglaubens, und den Verfall der jenseits der Alpen von den Roemern verpflanzten noch übrigen Erkenntnisse.

Zu gleicher Zeit entstand *Zürich* durch Veranlassung zweyer fraenkischen Brüder, Ruprecht und Wikard (24). *Lucern* war schon lange gebauet, und ganz Helvetien gewann durch die Verbindung, welche zwischen den zerstreueten, noch sehr einzelnen Staedten durch den Anbau von neuen, durch Kloester, Gaerten, Landanlagen, Flecken, Doerfer und Haeuser geknüpft wurde, unmerklich das heitere und fruchtbare Ansehen, womit izt dies schoene Land so merklich hervorsticht. Das Volk, mit der anstaendigen, ihm vortheilhaften Arbeit des Landbaues beschaeftigt, setzte sich, wo es noch gepresst wurde, über den Druck der Umstaende hinweg, und gab die Freuden der Ungebundenheit im Anfange gern für ihm noch neue Genüsse hin.

Iener

Iener Druck, welcher den Umfang und die Bevœlkerung der Klœster vergrœſserte, entſtand vorzüglich aus der zunehmenden Macht der Hausvœgte, welche die Trægheit der Kœnige ſehr wohl zu ihrem Vortheil zu benutzen verſtanden. Von Chlodwig dem zweyten bis auf die neueren Zeiten ſtieg ihr Einfluſs immer mehr zu der ihn nachher auszeichnenden Unertræglichkeit; ſie begünſtigten den Krieg, als den Weg ihr Anſehen zu zeigen, und ſich darin zu erhalten, und in der Verwaltung der groſsen kœniglichen Güter hatten ſie ein ſehr unverdæchtiges Mittel, ihre Gewalt auf ſeine Unkoſten zu bereichern. Die Herzœge und Grafen verweigerten ihnen bald den unrechtmæſſig geforderten Gehorſam; aber einer von ihnen, Herzog Leutfried, ward vom Hausvogte, Karl Martel, der durch einen groſsen Sieg ſein Vaterland gerettet hatte (25), bezwungen. Nach Karls Tode lehnte ſich zwar Leutfried noch einmal gegen ſeine Sœhne Pipin und Karlomann auf, aber er unterlag auch izt, ungeachtet der Hülfe der Bayern, Sachſen und benachbarten Sklaven, und in ſeiner Gefangenſchaft ſchafte man das Herzogthum Alemannien ab (26).

Ein

Ein folches Ende nahm durch ganz Burgund die Würde der Herzœge; das Anfehen der Bifchœfe fank auch durch ihre Schwelgereyen, und der Arm der Hausvœgte erhielt allenthalben mehr Ungebundenheit (27).

Sechstes Kapitel.

Von der Regierung Carls des Grofsen bis zur Entftehung des neuburgundifchen Reiches.

I. 751-879.

Nachdem Pipin den Kœnig Hilperich hatte befcheeren, in ein Klofter ftecken und den merowingifchen Stamm in einer Volks-
751. verfammlung der Krone für unfæhig erklæren laffen, ward fie vom Papfte ihm felbft ertheilt, und er vom Erzbifchof von Mainz Bonifazius, wirklich gekrœnt; ungeftœrt erhielt er fich auch achtzehn Iahre hindurch in
768. ihrem Befitz, und theilte fie endlich, mit Vor-

Vorbewuſt des Adels, ſeinen beyden Söhnen Karln und Karlomann zu, von denen der letztere bald nachher ſtarb. Dies gab ſei-769. nem Bruder die Alleinherrſchaft, die er mit übermenſchlichem Muthe, mit einer unbezwingbaren Ausdauer feſthielt, und mit der ungewœhnlichſten Geiſtesſtærke zu einer erſtaunlichen Weite ausdehnte. Man ſieht in dieſem Zeitpunkte lediglich auf ihn alles beruhen, und nach ſeinem Tode wird das Reich wieder unaufhœrlichen Zerrüttungen, bürgerlichen Kriegen, allen Laſtern unzæhmbarer Herrſchſucht zur Beute. Noch weit ſchrecklicher war der Fall dieſes Stammes, als der des merowingiſchen, auf deſſen Trümmern er ſich durch Treuloſigkeit und Verbrechen erhob.

Iene anhaltenden Zwiſte zwiſchen dem Adel und den Hausvœgten hatten Karln Unordnungen hinterlaſſen, von welchen er nur mit Mühe den Staat wieder ſæuberte. Anfangs muſste der Bürger zu den Handlungen des Patriotismus gleichſam erſt gezwungen werden, ehe ihm die Empfindung deſſelben wie-

K 5 der

der bekannt wurde. Der Kriegsſtand ward auf einen allgemeineren Fuſs geſetzt, und allgemein zog man zur Landwehr aus, in jeder Mark wurden Wochen geſetzt (1), und die Landeigenthümer führten den Krieg. Die Reichen unterſtützten wieder die Armen in ihrer Ausrüſtung, und ein jeder ſteuerte nach ſeinem Vermœgen zu den allgemeinen Bedürfniſſen. Das Heer beſoldete und bekœſtigte ſich daher ſelbſt, jeder focht für ſein Eigenthum, und die Abgaben beſtanden nur in einigen geringen Zœllen (2). Alle Verſuche der Kœnige, mehr zu erpreſſen, waren fruchtlos geweſen (3), da ihre Heere nur aus den Unterthanen zuſammengeſetzt waren, welche ſie bedrücken wollten. Nur das Volk gab Geſetze, oder bekræftigte wenigſtens die Vorſchlæge dazu (3 *). Die Gerichtsbarkeit befand ſich in den Hænden der Grafen, welche die geſetzlichen Vorſchriften nach Maaſsgabe der Umſtænde einſchrænkten, oder abænderten. Aber nach Karls des Groſsen Tode gingen alle treflichen Anſtalten der Art in den bürgerlichen Unruhen unter, welche die Stænde vermengten, die Bürger zu einem

Kam-

Kampfe für die Laune der Kœnige zwangen, und sie selbst mit ihrer Habsucht anstecken musten.

Karl selbst bemæchtigte sich, nachdem er in Genf einen prächtigen Einzug gehalten hatte, der Lombardey, und ward bald darauf 774. in Rom feyerlich zum rœmischen Kaiser ge- 800. krœnt, nachdem er Thüringen, Oesterreich, Ungarn und Siebenbürgen vorher erobert hatte. Erst in einem hohen Alter stirbt er zu 814. Aachen, und hinterlæst seinem Sohn Ludwig den alleinigen Besitz seiner Lænder.

Man sieht zu seinen Zeiten viele Thæ-ler der Schweiz mit Bewohnern sich anfüllen, welche kaum noch von einer geringen Anzahl zerstreueter Alemannen und Gothen be- 798. setzt waren. Die unaufhœrlichen Unruhen der Sachsen (4) zwangen ihn, mehrere Kolonien aus ihrem Lande in diese Gegenden zu versetzen, deren Nachkœmmlinge noch 804. immer in Gebræuchen und der Sprache sich auszeichnen.

Fast

Faft von der Bezwingung *Rhætiens* durch die Franken an, erbte die Oberherrschaft in diefem Lande faft immer in einem reichen Gefchlechte aus Tomilaska, der Gegend von Tufis (5) fort. In den Thælern des Adula und den umliegenden Gefilden befafs Vikjor, einer von diefer Familie, betræchtliche Güter, und fein Reichthum verhalf ihn unter einem frænkifchen Kœnige zur Würde eines Grafen von Chur und eines Vorftehers von Rhætien. Zweyhundert Iahre hindurch blieb diefe in der Familie, und nur nach dem Tode des letzten Sprœfslings derfelben, Tello, welcher den Klofter zu Diffentis und Chur ein anfehnliches Vermæchtnifs an Hœfen und Leibeigenen hinterliefs, gab Karl der Grofse dem ihm nachfolgenden Bifchof von

784. Chur, Conftantius, das Vorfteheramt. Dies lieferte daffelbe aus gefæhrlicheren Hænden der Krieger in die unverdæchtigeren der Geiftlichkeit.

Nur einige Grafen hatten hier die militærifche Gewalt (6), und einer von ihnen, Graf Roderich von Laax, machte nach Karls des Grofsen Tode auf das Vorfteheramt Anfprüche, sprüche, die er auch geltend gemacht haben würde, wenn Ludwig nicht das Hochstift beschirmt hætte. Dieser Schutz ertheilte den Bischœfen von Chur eine betræchtliche Grœße.

Nach dem Aussterben der Vorsteher kam ganz Helvetien, Rhætien und Wallis unmittelbar unter den Schutz der kaiserlichen Grafen; eine Würde, welche dadurch sich ein solches Ansehen erwarb, daſs sie den Sœhnen der Kœnige nicht zu gering wurde (7). Sie thaten der kœniglichen Gewalt überhaupt Eintrag, denn dadurch, daſs sie erblich wurden, verlohren die Kœnige ein Mittel, geleistete Dienste zu belohnen; durch die Sicherheit des Eigenthums gewann es an Eindruck; die engere und unauflœsbarere Verbindung, in die ihre Dienstleute mit ihnen traten, gewœhnte den Unterthan endlich, nicht den Kœnig, sondern den Grafen als ihren Oberherrn zu betrachten.

Dies System, welches das kœnigliche Gewicht aufs ganze Land sehr einschränkte, war eben dadurch, daſs es mehrere Distrikte seiner Willkühr und der Art *seiner* Aufklærung

rung entzog, für die bürgerliche Bildung ein entfchiedener Gewinn. Alle Anftalten einer befferen Landesbenutzung ftammen aus diefen Zeiten ab, in denen die Aufmerkfamkeit der Grafen um fo hoeher fteigen mufste, je gewiffer der Vortheil davon durch Vererbung ihrer Familie blieb. Der vorübergehende und flüchtige Gewinft, welchen Erpreffungen von den Unterthanen zogen, machte dem reinen immer fteigenden Ertrage Platz, zu welchem die Bauergüter durch die Schonung des Oberherren in den Stand gefetzt wurden. Eine genau beftimmte, nie willkührlich zu vergrœfsernde Abgabe machte den Ackermann fleiffiger, und in dem Genuffe des Uebergebliebenen glücklicher, und da man ihn als ein Eigenthum anzufehen anfing, das man in Acht nehmen müffe, fo hatte er fich bey unverfchuldeten Anfællen des Troftes einer Erleichterung zu erfreuen.

Wer einer folchen Herrfchaft nicht angehœrte, begab fich unter den Schutz eines Klofters, das ihn auf eine gleiche Art aufnahm und begünftigte. Sein Glück war hier um fo gewiffer, da gewœhnlich jene Maxime

der

der Gelindigkeit, welche nur Politik und Interesse feststellten, hier noch durch die Milde persœnlicher Verdienste unterstützt wurde, in dem die Wahl der klœsterlichen Vorsteher weder vom Kœnige noch einem Grafen, sondern von der Uebereinkunft des Kirchsprengels und der Geistlichkeit, also vorzüglich von ihrem inneren Werthe abhing. Die Zinsleute der Klœster wurden bald der græflichen Herrschaft ganz entzogen, und in jener einer eigenen Gerichtsbarkeit unterworfen. Die Klœster selbst machten sich nachgerade frey und von ihren ehemaligen Herren, den Bischœfen, los (8).

Die ganze fast funfzigjæhrige Regierung Karls des Grossen, zeichnet sich durch eine sehr seltene Mæssigung aus, welche theils aus dem Mangel des Soldatenstandes, der immer willkührlichen Auflagen Veranlassung und Nachdruck giebt, theils aus der Geneigtheit des Kaisers entstand, den Rathschlægen der Unterthanen niemals ein gnædiges Gehœr zu versagen. Der Vortheil, nur für sich und eine mæssige Steuer sein Eigenthum zu bauen und zu verbessern, brachte die Lebensmittel

in

in einem aufserordentlichen Ueberflufse hervor, wie Gesundheit, Frohsinn, und Gefühl des Glücks. Der Arm, welcher mit Vortheil den vaterlændischen Boden bearbeitet, ist dem Feinde zugleich am gefæhrlichsten; die Iagd und die Luftbarkeiten der offenen Luft schenken dem freyen Bewohner schœner Erdstriche einen seltenen Muth, Gegenwart des Geistes und eine schnelle Entschliefsung (9). Bey den Hirten besonders bilden sich diese Eigenschaften zu Festigkeit und Stærke. Die Verschiedenheit ihrer hæuslichen Beschæftigung hærtete sie zu einer Geduld und Ausdauer in der Arbeit ab, welche auch dem Genusse ihrer Glückseeligkeit vortheilhaft wurde. Ohne Neigung, irgend eine Befriedigung ihres Bedürfnisses zu verfeinern, artete er sich bald seinem Boden, seinem Hause und Heerde vollkommen an; der erste Stoff zu jener hinreifsenden Vaterlandsliebe.

Unter Karls Regierung hatte sich daher das Land zum Wunder bevœlkert; eine Menge Güter und freyer Herrschaften hatten den Boden fruchtbar gemacht, an mehreren Orten pflanzte man Wein (10), die Wohnungen hatten

ten ein gefælligeres Aeufseres und ein geræumigeres und bequemeres Innere erhalten (11). Ieder Hoff hatte sein Gericht, welche bey wichtigen Vorfællen, in die grofse Versammlung des Gaues wieder zusammenflossen. Mehrere Grafen waren schon im Besitz ansehnlicher Familiengüter.

Kyburg besonders hatte den groefsten und reichsten Grafen des Thurgau, welcher einige Kloester stiftete, und mehrere Thæler bevoelkerte. Auch in Zürich entstand ein Frauenkloster durch die Stiftung zweyer Prinzessinnen Ludwigs, Koenigs der Ostfranken, Hildegarde und Bertha, wozu sie den Hoff und Flecken Zürich nebst mehreren Forsten und Gauen erhielten.

Das ganze Thurgau überhaupt war schon damals ein reizendes Erdstück, mit fetten Wiesen bekleidet, und von klaren Bæchen regelmæfsig durchschnitten, eine anmuthige Lust und Heiterkeit athmende Landschaft, mit Sitzen des Adels wie übersæet, ein Prachtstück schon halbvollendeter Kultur. Besonders reiche und fruchtbare Lændereyen

Gesch. d. Schw.   L   besafs

befaſs der Graf von Rapperswyl auf der Mark gegen Rhætien zu, der zu Geſniw, Sillinen anſehnliche Beſitzungen hatte. Ein anderes græfliches Geſchlecht, welches ſeiner Burg im Aargau den Namen Lenzburg ertheilt haben mag, in den Thælern von Schwytz, Unterwalden und Aargau, Stædte, Dorfſchaften und Klœſter, und zu den Zeiten dieſer Grafen von Lenzburg, bauete ſich Meinhard, der Sohn Brechthads Grafen von Hohenzollern, in einem finſteren Walde am Etzel eine Hütte, welche nachmals die Grundlage des Kloſters Einſiedlen wurde. St. Gallen hatte ſich groſse Reichthümer, Ruhm der Gelehrſamkeit und des Fleiſses erhalten; es ſtiftete Schulen (12), und klærte durch Herablaſſung und Umgang die ganze benachbarte Gegend auf. Mehrere Lænder wurden auslændiſchen Klœſtern geſchenkt, z. B. Luzern dem Kloſter Murbach im Elſaſs, das ganze Veltlin dem Kloſter St. Denis bey Paris (13); aber die geringe und genau beſtimmte Taxe, der man die Einwohner unterworfen hatte, und der Fleiſs der Bebauer verhinderte die nachtheiligen Folgen dieſer Güterzerſtreuung.

Das

Das Land von den Alpen und der Aare an, bis zum Iura scheint seine Benennung der pipinschen Grafschaft dem Eigenthumsrechte Pipins schuldig zu seyn. Wallis stand unter dem Bischofe von Sitten, als ein den Landesherren gefährliches Land, wo eine geistliche Herrschaft weit unverdächtiger ist, als eine weltliche Hand.

Dies war die Hauptvertheilung des Landes. Ieder Herr bauete uneingeschränkt seine Aecker, und der Ueberfluss über die geringen Abgaben war sein. Viele glückliche Hirten weideten ihr munteres und starkes Vieh in fruchtbaren Thælern; zwar unbekümmert noch um neue Erfahrungen und Kenntnisse, aber doch der Belehrung schon nicht wenig empfænglich. Die Staatsverfassung war noch immer dieselbe. Die Reichstage wurden von den Bischœfen und Gutsbesitzern gehalten. Ein Sohn Karls ward ihr Kœnig. Die Bischœfe schienen über die Aufrechthaltung der Landesgerechtigkeit wachen zu sollen. (14).

In den Zeiten Ludwigs fællt ein Heerszug der Helvetier, und namentlich der Stæmme von Schwytz, Uri, Unterwalden und
aus dem Haslithal, den sie auf das Ansuchen
829. des Kaisers und Pabstes gegen die Sarazenen
in Italien unternahmen. Sie kehrten daraus,
mit Glück und Ehre gekrœnt, und mit grossen Freyheiten begabt, wieder heim.

Bey der Theilung des grossen Reiches
gab Ludwig seinem Sohne, Karln dem Kahlen, Rhætien, Schwaben und den Elsasgau,
diese letztere schœne, bis an den Fuss der Alpen sich erstreckende und besonders der italienischen Pæsse wegen sehr schætzbare Landschaft, vorzüglich aber auf die Verwendung
843. der Kaiserin Iudith. Lothar bekam, nach jenem berüchtigten Kriege, zu Italien und Lothringen noch Wallis, das Waatland, Wa-
raschken, das Herzogthum Schwaben, Elsass
und Churwælchen hinzu; welche Lænder
855. aber nach der Abdankung desselben auf einer
Zusammenkunft in Oebe von den Grossen
des Reiches unter seine drey Sœhne so vertheilt wurden, dass Ludwig Rhætien und Italien, Lothar Sitten, Genf, Lausanne, die pi-

pinsche

pinfche Graffchaft und Lotharingien, und endlich Karl Lion mit der Provence erhielt.

Lothar trat bald darauf Sitten, Genf und Laufanne an Ludwig ab, um feines Beyftandes gegen Hughbert, Abt zu Luxeil und Wallis, der ihn feiner Gemahlin Dietburge wegen angriff (16), und fich über Niederburgund, das er verwaltete, zum Herzoge aufwarf (17), fich zu verfichern. Aber Hughbert ward vom Grafen Konrad, bey Oebe erfchlagen. Lothars Glück fchien aber von diefer 866. Zeit mit ihm untergegangen zu feyn. Seines Sohnes Länder wurden nach feinem Tode von feinen Brüdern Ludwig und Karl in Anfpruch genommen und getheilt. Iener erhielt Elfafs (18), Bafel, Solothurn, Granfelden, die Klaufe, Warrafchken, und Luzern; diefer Sitten, Genf und Laufanne. Nach des fchwachen, von feiner Gemahlin beherrfchten, und feinem Volke verachteten, Ludwigs Tode, 875. ward der noch fchwæchere Karl der kahle Kœnig und Kajfer. Auch diefer ftarb bald 878. und fein Sohn, Ludwig der ftammelnde, erkaufte fich den væterlichen Thron durch Gefchenke. Vielleicht ftarb er kurz darauf ebenfalls auf Veranlaffung feiner Grofsen.

Zu Markala im Gebiet von Vienne ward hierauf von der burgundifchen Geiftlichkeit ein Rathsfchlag gehalten. Das ganze Reich war innerlich zerrüttet, und wurde felbft noch von auffenher bedrohet. Mitten im Lande plünderten die Normannen und an den Grænzen befürchtete man Angriffe von den fich annæhernden Sarazenen. Alle Kœnige hatten genug in ihren Lændern zu thun. Man trug daher in Vienne dem Grafen Bofo die burgundifche Krone an.

Siebentes Kapitel.

Das arelatenſiſche oder neuburgundiſche Reich.
vom I. 879 – 1032.

Dieſer Boſo war ein Graf im Ardennerwald, unter ſeinen Landsleuten durch Klugheit und Milde, noch mehr aber durch die Gunſt des Kaiſers ausgezeichnet, der aus Liebe zu ſeiner Schweſter Richilde ihn mit anſehnlichen Beſitzungen überhäufte. Er verkaufte die Ehre derſelben dem Monarchen für die Provence, die Abtey Moritz, und die Grafſchaft Vienne. Kühn und unternehmend wuſste er bald ein Glück noch höher zu treiben, das ihm, leicht erworben, nur den böſen Augenblick eines wiederkehrenden Ehrgefühles gekoſtet hatte. So werden gerade die politiſchen Anſprüche am gefährlichſten, und ſetzen die Staaten in die tiefſten

Erschütterungen, welche man mit dem Opfer irgend einer angebohrenen Empfindung theuer bezahlt zu haben vermeynt.

Ludwig der zweyte, rœmischer Kœnig, hatte nur eine einzige Tochter hinterlassen. Irmengarde, hochfahrend, von grossen Ansprüchen und Hofnungen rastlos umhergetrieben, lebte izt auf Herzogs Berengars Schlosse zu Trevigi æusserst unzufrieden mit ihrer beschrænkten Verfassung; und jeder Mann schien ihr willkommen zu seyn, der ihr Geburtsrecht auf Krone und Fürstenhut hætte geltend zu machen gewusst. Diese war das Ziel von Bosos Intrigue. Karl der Dicke, Kœnig der Ostfranken griff Italien an, und gab den Vorwand zur Ausführung her. Boso tüstete alle seine Lehnsleute und Truppen, machte sich auf, und schien, Karls des Kahlen Verwaltung müde, zu dem Heere der Deutschen stossen zu wollen. Aber unter der Maske dieser Bewegungen laurte er einen sicheren Augenblick ab, die Irmengarde aus dem Schlós vom Trevigi zu rauben, und brachte sie in Karls des Kahlen Hoflager zu Verceil, wo er den Kaiser, nebst dem Papste

Iohan-

Johannes so zu gewinnen verstand, daſs diese nicht nur seiner Verbindung ihre Einwilligung gaben, sondern der Kaiser auch seinen Sohn Karlomann mit Boſos Tochter vermählte. Dies war der elſte Keim von Boſos nachherigen Anſprüchen.

Von seiner Gemahlin unablæſſig an ihre Gerechtſame gemahnt und ermuntert, gewann er nach des Kœnigs Tode die Biſchœfe, und brachte es dahin, daſs man ihm das Reich freywillig zu Mantala antrug. Verſtellt und unſchlüſſig weigerte er ſich im Anfange zwar es anzunehmen, doch ließ er ſich endlich erweichen, ſchrieb hierauf in ganz Burgund drey Bettage aus, um zu seiner Verwaltung des Himmels Seegen ſich zu erflehen, und nahm dann zu Lion œffentlich aus Erzbiſchof Aurelians Hænden die Krone; ſchenkte aber großmüthig der Kirche St. Stephans daſelbſt seine Inſignien. So beſtieg er durch ſchlaue Gewandheit und verwegene Liſt einen Thron, welchen der Stamm, den er verdrængte, durch ſtrenge Gewalt und Unterdrückung erworben hatte. Von der Herrſchſucht eines kœniglichen Weibes in seinen na-

türli-

türlichen, ihm mit der fichtbaren Zerrüttung des Reiches gleichfam angebohrenen Entwürfen befeuert, verbefferte er den Raub einer Prinzeffin durch den noch groefseren Diebftahl einer anlockenden Krone. Der Gang feiner Rænke durfte aber da noch nicht ftillftehen, wo er feinen Zweck in Befitz nahm, fondern mufste fich auch nachher in den Herzen feiner Grofsen ein thætig erkauftes Gut fchleichend erhalten.

Diefe Gelangung zum Throne führte auch etwas in ihrem Inneren, das feine Grænzen von auffen befchützte. Oft fcheint der Zufall nur ængftlich auf den Augenblick zu harren, wo das *erfte* Blatt dem Kelche einer Blume entfinkt, um fie ganz der Verwefung zu weihen. Unaufhaltfam drængen fich die Unfælle hinter einander her, wenn ein einziger ihnen kaum die Bahn eroefnete, und felten fteht die Zerftœrung, wenn fie ein grofses, blühendes Reich einmal ergreift, in der Mitte ihrer Arbeiten ftill. Bofo nahm den erften Stein vom Gebæude der karlowingifchen Monarchie, und in diefem Moment gab auch gænzlich das Glück fein fchœnftes Gefchœpf auf.

auf. Zwanzig darauf folgende Iahre riſſen von ihr Italien ab, nach dreyſſig machten die Alemannen, Oſtfranken, Sachſen und Bayern ihr Recht einer freyen Kœnigswahl gültig, in etwas mehr als einem Iahrhunderte büſsten Karls des Groſsen Enkel den frænkiſchen Kœnigstittel ein, und endlich nach drey Iahrhunderten ſelbſt auch die Oberherrſchaft.

Aber im Anfange fühlte natürlich dieſer groſse Kœrper noch nicht, wie er unvermerkt dem Grabe ſich nœhere. Der ganze frænkiſche Adel trat gegen Boſo zuſammen. Die getheilten Stimmen des Eigennutzes wurden zu einer Einzigen. Wo die Gewalt ermattete, trat die Liſt an ihre Stelle. Aber ſeine Groſsen widerſtanden allen Geſchenken und Anfoderungen, und Boſo hatte ſich im ſtillen Beſitz ihrer Herzen einen Thron für Iahrhunderte gebauet. Auch das Glück unterſtützte dieſe Anfoderungen an die Zeit. Kœnig Ludwig der dritte und Karlomann vereinigte ſich mit dem Kaiſer und Kœnig der Oſtfranken, Karln den dicken, drangen in das abgefallene Land, belagerten Vienne und

881. und trieben Boſo'n in die Gebirge zurück. Vienne ward erobert und Irmengarde gefangen. Aber der Tod der fränkiſchen Kœnige begrænzte dieſe glücklichen Ausſichten, und Boſo empfing die eroberte Krone von Burgund von Karln als Lehnsmann (1). Das Reich erhielt nach ſeiner Hauptſtadt, *Arelate* (nun Arles) den Namen des *arelatenſiſchen*.

882.

Dieſe Grundſætze der Herrſchſucht, die nach Vergrœſserung umherlauſcht, ſcheinen in dieſem Zeitpunkte alle Stænde in Bewegung zu ſetzen. Auch durch die willkührliche Ausdehnung der pæbſtlichen Macht wird er æuſserſt merkwürdig gemacht. Iohannes VIII. verbot nicht nur die Weihung eines Biſchofs von Lauſanne ohne ſeine ausdrückliche Erlaubniſs, ſondern ſetzte auch einen anderen Biſchof, den Hieronymus, an, und behauptete ihn in ſeiner Stelle, ob Karl ihn gleich als Boſo's Anhænger vertrieb (2). Bald darauf erhielt er auch den Biſchof Optandus in Genf an dem ihm ertheilten Platze (3).

887. Boſo ſtarb im neunten Iahre ſeiner Regierung; er hinterliefs ſein Reich zwar einem noch

noch unmündigen Kinde, Ludwig, aber seiner Mutter Irmengarde, schien mit den Ansprüchen darauf, auch der Muth angebohren zu seyn, den erworbenen Besitz vor allen Einschränkungen und Erschütterungen zu bewahren. Doch die feinste Politik und die Kræfte, welche nach einer langsamen Entfaltung und unter Hofnungen zuerst zu ihrer furchtbaren Thætigkeit ausbrachen, konnten das grosse Reich von Burgund, das unter den Revolutionen und Bedrængnissen der Nachbarschaft (4) *natürlich* zerfiel, nicht wieder *künstlich* zu einem Ganzen vereinen. Rudolph, ein Sohn des bekannten Grafen Konrad von Strættlingen, aus einem Bæyerschen Hause (5), stahl sich in die Herrschaft von Oberburgund ein (6), und seit dieser Zeit sehen wir die 898. beyden Theile der burgundischen Nation auf immer von einander getrennt.

Von derselben Periode an weichen auch die Sitten dieses Volkes langsam aus einander. Eigene Schicksale unterwerfen sie eigenen Gesetzen, die verschiedene Lage zu den Nachbaren bestimmt eine andere Kultur, und der in seiner Natur abgehende Boden zieht die

Geburt

Geburt unvermischt abgesonderter Gewohnheiten nach sich. Bald stellt sich der Zeitpunkt ein, wo allein der Name beyde Sprößlinge an einen gemeinschaftlichen Ursprung erinnert, wo die Eifersucht ihrer Fürsten, Nachbaren und Brüder zu Feinden macht, und sie sich selbst durch eine einseitige Zunahme der Bildung und Wohlhabenheit gegen einander aufgebracht fühlen.

Alle darauf folgende Bemühungen Arnulphs, die getrennten Länder seines väterlichen Reiches wieder zusammenzubringen, welche den neuen Kœnig Rudolph ebenfalls angehen, sind fruchtlos; die neuen Beherrscher machen Vergleiche, und auch Oberburgund scheint so seinem Beherrscher gesichert zu seyn.

Rudolph dehnte die Klugheitsregel der friedsamen Uebereinkunft um eines freundschaftlichen Vertrages noch weiter aus. Boso hatte einen Bruder, Richard, hinterlassen, der seinen gekränkten, noch unmündigen Neffen, Ludwig, Kœnig von Arles schützen zu wollen schien; Rudolph vermählte mit ihm daher

her seine Schwester Adelheid. Auch schloß er staatsklug mit Wido, Kœnig von Italien einen Bund; denn Burgund lag dem Kœnig der Deutschen im Wege, wenn er Welschland bedrohete.

Die Folgen dieser Verbindung fielen ihm indeß bald auf eine sehr drückende Weise zur Last. Denn als Arnulph gegen Italien zog, fand er den Paß zu Ivana besetzt, und um sich durch Feinde, die er nicht vermuthete, zu einem Gegner die Bahn zu brechen, welchen er aufsuchen wollte, stürzte er sich mit überlegenen Truppen über Burgund her; er selbst stieg von den Penninen in diese fruchtbaren, weiten Thæler herab, und Zwendebold, sein unæchter Sohn, zog den Rhein in das Hochburgundische herauf. Das ganze Waatland ward überschwemmt, und man sah von diesen Heeren wilder Deutschen jene blutigen Auftritte alter Zeiten wieder erweckt, welche itzt, nach einer geraumen Zeit neugebohren, noch immer auf hinterlassene Denkmæler stießen. Aber die *Zerstœrung* des Landes ist noch seine *Eroberung* nicht. Selbst ihre Menge ward den Deutschen gefæhrlich.

Die

Die engen Pæße der Alpen machten ihren Zuſammenhang ſchlaffer, und nichts war dann leichter zu trennen. Arnulph muſste dem Kunſtgriffe der Vereinzelung durch getheilte Angriffe weichen, und umſonſt belehnte er ſeinen Schützling, den Kœnig von Arles, mit einem nicht eroberten Reiche (7). Rudolph ſuchte ſich immermehr durch kræftige Anſtalten in ſeinem Beſitz zu erhalten, die wichtigſten Pæße hielt er von allen Seiten ſelbſt beſetzt, und Wallis, ſeine gefæhrlichſte Provinz, vertrauete er geiſtlichen Hænden, und ſeinem beſten Freunde, dem Biſchoffe von Sitten.

Auch im Inneren ſeiner Staaten wird es Ruhe. Er zwingt der Kirche die Obergewalt ab (8), und macht ſich von den Banden ſeiner Geiſtlichkeit los. Seine hæchſten Gerichte blieben in ſeiner Næhe und unter ſeiner beſonderen Aufſicht. Er ließ niemals ſeine Unterrichter, Pfalzgrafen und Grafen einen Augenblick lang aus dem Geſichte, jedermann ward billig gerichtet, und wo die Sache zweifelhaft ſchien, überließ man zuletzt einem Gottesurtheil den Ausſpruch (9). Nach dem Rudolph vier und zwanzig Iahre ſein neues

Eigen-

Eigenthum glücklich beherrscht hatte, fiel es durch seinen Tod seinem Sohne gleiches Namens anheim.

In diese Zeitlæufte des wiederauflebenden Bürgerglückes ist zugleich das Leben eines Mannes eingewebt, den, einem Halbgotte gleich, die Vorsicht dem Lande gleichsam zur Befriedigung neugebohrener Bedürfnisse geschenkt zu haben schien. Wenn ein Erdstrich, lange durch Revolutionen verwüstet, endlich über die Krankheiten seines Inneren Herr wird; wenn er sich wieder einiger einzelnen Kræfte bemæchtigt, um sie in freyer Willkühr zu üben; wenn ein Volk von einer abgestorbenen Glückseeligkeit, in ihren traurigen Ueberbleibseln noch, an einen verlassenen Muth erinnert, und zu frischen Anstrengungen von einem vollkommenern Nachbar aufgemuntert wird, dann sinkt es in sich selbst zurück, um ein stilles Bewusstseyn seines Werthes wieder zu gewinnen. Nur aus dem erwachenden Selbstgefühl kann es Trœstungen für verlohrene Zeitalter, Ausdauer für künftige schœpfen; und an die Beyspiele ihrer Nationalgrœsse gelehnt, sicht es ruhiger

Gesch. d. Schw.   M   jedem

jedem Sturme entgegen. Dies ist die Zeit, welche kolossalische Menschen verlangt. Dem Kampfe eines schrecklichen Tages folgt oft ein Schlummer, der, wenn er zu lange dauert, statt zu erquicken, nur mehr noch ermüdet.

Salomo, Bischof von Konstanz (10), zeichnete sich durch eine Tugend und eine Gelehrsamkeit aus, auf welche sein Zeitalter keine Ansprüche hatte. Sein fruchtbares Genie schien ein Kind der Bedürfnisse seines Vaterlandes zu seyn, und sein Zeitalter, das nur die Schwelgerey seines Standes begünstigte, gab ihm ein Bewustseyn seiner Würde, womit alle seine Handlungen um so inniger fesselten. Mit diesen schoenen Gaben, welche den Umgang mit sich selbst schmücken und befriedigen, verband er den ganzen Zauber der kleineren gesellschaftlichen Künste, die zarte Geschliffenheit der Sitten, den Geschmack in seiner persoenlichen Unterhaltung, welche ihm alle seine Verehrer zu seinen Freunden erwarben. Sein durchdringender Geist sammelte sich in einer Iugend schon die feineren Menschenkenntnisse, wo andere erst sie nicht beleidigen lernen. Im Rathe der Fürsten,

sten, im Ernst ihrer Geschæfte, und dem glücklichen Erfolge der Unternehmungen ihres Ehrgeizes gleich unentbehrlich, schmeichelte er sich auch ihrer Eitelkeit an, erheiterte die Stunden der Ermattung, und belebte die fræhliche Stimmung des Vergnügens bis zur Begeisterung. Ohne der Würde seines Standes zu nahe zu treten, gab er ihren Launen und Einfällen nach, und ohne sie um einen Augenblick des Genusses zu bringen, mischte er einen belehrenden Ernst in den Rausch ihres Vergnügens.

Seine Lebensart war die einfachste, sein Gewand das ungeschmückteste, aber seine Tafel war frey und præchtig. Geistliche und Bürger wurden bey ihm gastfrey bewirthet, sein Aufwand war dann beträchtlich und seine Schætze waren eræfnet, um allen Sinnen seiner Gäste zu schmeicheln (11). Er hatte keine Habsucht Schätze zu sammeln, sondern er nahm die ihm angebotenen nur an, um sie wieder unter die Armen zu theilen. Man beneidete ihm das Glück, das ihn aufsuchte, aber man verehrte die Eigenschaften, die ihm dasselbe erwarben. Die Tochter eines Edelmanns,

manns, die er als Iüngling geliebt, und die ihm eine Tochter gebohren hatte, war auf den Vater ihres Kindes so stolz, dafs sie die Liebe Kœnig Arnulphs ausschlug, und nur einen Verwandten des Grafen von Kyburg für einen ihr würdigen Gemahl erachtete.

Aber nicht allein im Gebiete der Gelehrsamkeit und des Einflusses auf die Geistesverbesserung seiner Landsleute machte Salomo eine Merkwürdigkeit seines Zeitalters aus, sondern er oder seine Schicksale veraenderte auch einen Theil der Staatsverwaltung einer dem Reiche eigenthümlichen Provinz, beugten einen ganzen Stand aufgeblasener Beamten nieder, und gaben dem Kœnig Veranlassung, sich seinem Volke in einem Lichte zu zeigen, das alle seine Plane zu ihrer Aufklærung nicht anders als begünstigen konnte.

Schwaben, welches das ehemals alemannische Helvetien begriff, stand nach dem Tode Burkards unter der Aufsicht zweyer sogenannten Kammerboten des Kœnigs, Erchanger und Berthold (12), aus dem Hause Agitolfingen (13), sehr mannhafter Krieger, dem Kœnige

Kœnige durch ihre Tapferkeit werth, aber von dem Volke wegen ihres Druckes gehaſst. Dieſe wurden bald auf die Gnadenbezeigungen des Kœnigs gegen Salomo eiferſüchtig, beleidigten ihn auf offener Straſse, und fielen endlich ſelbſt gewafnet ihn in St. Gallen an. Er muſste entfliehen, und ſchrieb an den Kœnig um Hülfe; aber da dieſer die Kammerboten ihrer Aemter entſetzen wollte, bat er für ſie, und der Monarch verzieh ihnen mit der Bedingung, dem Biſchof Frieden zu ſchwœren. Der Haſs in ihren Herzen blieb indeſs unerſtickt; ſie beleidigten ihn in ſeinem eigenen Hauſe, griffen ihn endlich ſelbſt perſœnlich an, und ſandten ihn gefangen nach Diepholzburg, zu Erchangers Gemahlin, Bertha, welche ihn indeſs, über ſeinen Unfall bekümmert, mit einer ſo freundlichen, tœchterlichen Milde empfing, daſs er ſeine Gefangenſchaft vergaſs. Aber das ganze Land nahm an der Kammerboten Unweſen Theil, ſie ſelbſt wurden von des Biſchofs Leuten gefangen, vor das kœnigliche Gericht gezogen, geæchtet, ihrer Güter verluſtig erklært und endlich ſelbſt hingerichtet. Burkard, Graf von Schwaben, ward hierauf zum Herzog,

917. mit dem von Karl dem Grofsen abgeschafften Titel eines Herzogs von Alemannien ernannt. Rudolph der Zweyte, sein Nebenbuhler in dieser Würde, zog zwar wider ihn zu Fel-
919. de (14); aber bey Winterthur von den Schwaben geschlagen, sah er sich zu einem Frieden genœthigt, und nahm zur Besieglung des Vergleichs, die Hand der Tochter seines Feindes, Bertha, an.

Kaum diesem Ereignisse durch sein Glück und noch dazu mit dem Erwerbe eines vortreflichen Weibes entronnen, stürzte der noch junge Monarch sich und sein Volk neuen Gefahren und Unfællen entgegen. Italien, durch Berengars zu gelinde Herrschaft sich und den verderblichen Hænden seiner Grofsen ganz übergeben, bedurfte einer neuen Regierung. Kein grofser Kœnig war der Krone so in der Næhe als Rudolph. Man trug sie ihm an. Freudig über diesen neuen Gewinn seines Namens, für den er in diesem Augenblick selbst eine wirkliche Beherrschung Italiens in der Ferne, aufs Spiel setzte, zog er seine Truppen zusammen, überstieg die Gebirge und stellte sich Berengars siegreichem Heere,

Heere, das eben durch Hülfe der Hungarn (15) die Rebellen geschlagen hatte, vom Grafen Gilbert, einem verrætherischen Unterthanen geleitet (16), jenseits des Ticino bey Fiovenzuola hablüchtig entgegen. Hier verband er sich mit Bonifacius, Markgrafen von Spoletto, durch dessen Vermæhlung mit seiner Schwester. Aber er fand seinen Meister an diesem guten Monarchen, dem es nur an Zeit fehlte aller Unterthanen Herzen durch seine Sanftmuth wieder zu gewinnen, die ihn in ein so unabsehbares Unglück gestürzt hatte. Die Burgunder, nur an die schlaue Hinterlist der Gebirgskriege und an den Vortheil des Gefechtes von Bergen in die Thæler herab gewœhnt, wichen zurück, und der Sieg entschied sich schon auf allen Seiten für den italienischen Kœnig, als Bonifacius aus einem Hinterhalte hervor auf die trunkenen Sieger stürzte, und sie gænzlich zurückschlug. Der arme Berengar warf sich, mit seinem Schilde bedeckt, unter die Todten. In der Nacht rafte er sich auf und entfloh. Aber nur auf eine kurze Frist war er dem Tode entronnen. Sein bester Freund, Flambert, brachte 923. ihn verrætherisch um (17).

Rudolph behielt feine Eroberung aber nicht lange. Ihr durch Verrætherey erfchlichener Befitz fiel den fchmeichlerifchen Kunftgriffen einer Bulerin in die Hænde. Die Witwe des Markgrafen von Ivrea machte Rudolphen gegen feine eigenen Grofsen mifstrauifch, und ihre Anhænger nutzten die allgemein daraus entftehende Erbitterung; der

925. Bruder der Markgrætin, Hugo, Graf zu Provence, der fchon aus Arles Karl Konftantin, Bofo's Enkel, vertrieben hatte, erhielt den Ruf zur Regentfchaft; unternehmend und klug erwarb er fich bald die Gunft feines neuen Anhanges und befeftigte feinen gewonnenen Trohn trotz Rudolphs tapferer Gegenwehr, und feines Schwiegervaters Burkard, Herzogs von Schwaben, mnthvoller Unterftü-

926. tzung (18).

Aber fchon vorher war Rudolphs vaterlændifches Reich ein Opfer feiner Thorheit geworden, welche ihn, durch jene italiænifchen Kriege entnervend, nicht Kræfte genug übrig gelaffen hatte, heranfchwærmenden Schaaren roher Vœlkerfchaften eine rubige Stirn zu bieten. Die Madfcharen oder Türken

ken (19) ſuchten nach Berengars Tode ſeinen Namen zu ræchen. Gleich einer ungeheueren, unaufhaltſamen Fluth ſtrœmten ſie durch Bayern über den Lech, an den Bodenſee und Rheinſtrom heraus, in das lombardiſche Reich, in Rhætien, Burgund und Schwaben, und in einem kurzen Zeitraum waren alle dieſe Länder von ihnen verſchlungen. Die armen Bewohner erlagen unter den grauſamen Schlægen des Schickſals. Ein ſchauderhaftes Blutvergieſsen machte ſie wieder ihrer Heymath freind; ſchüchtern warfen ſie ſich in die Arme benachbarter Vœlcker, und lieſsen alle ihre mühſeelig erworbenen Habſeeligkeiten in den Hænden dieſer Barbaren. Rudolphs Trohn, welcher durch eine unvorſichtige Klugheit ſich hatte vergrœſsern wollen, erzitterte unter dem Andrange dieſer Gewalt. Sie wurden zwar bey Seckingen geſchlagen, aber was ſeine aufgebrachten Kræfte über ſie nimmer vermocht hætten, wirkte endlich die Verzærtelung eines wærmeren Himmels, der ſie nachher empfing, und ungewohnter berauſchender Genüſſe. Nachdem ſie dieſen mit ihrer Rohheit den beſten Theil ihres inneren Vermœgens aufgeopfert hatten, betreyete

ein

ein Graf von Toulouse das Reich gænzlich von ihnen.

Was Rudolphen die Treulosigkeit des Kriegsglückes entwunden hatte, gab ihm nachher die Politik der Vertræge zurück. Auch die Reue seiner abgefallenen Unterthanen bringt ihm versœhnende Opfer. Aus Heinrichs, Kœnigs der Deutschen, Hænden empfängt er einen Theil des alemannischen Helvetiens (20). Und der ængstliche Druck Hugos von Italien (21), durch das Gefühl seines Kronenerwerbs vergrœsfert, læfst seine Unterthanen bald die Milde Rudolphs zurückwünschen. Man spann Verschwœrungen wider ihn an, und Hugo wufste sich durch nichts vor einem wiederholten und ræchenden Versuche seines gefæhrlichen Nachbaren zu decken, als durch eine freywillige
931. Abtretung seines arelatensischen Reiches (22).
Rudolph hinterliefs endlich nach einer glück-
937. lichen und friedsamen Regierung das Reich seinem Sohne Konrad. Er hatte vorher erst durch eine kœnigliche Grofsmuth bey seinem Volke das wieder gut zu machen versucht, was der Leichtsinn und Ehrgeitz seines Knaben-

benalters verdorben hatte, und mit den bitteren Ueberreſten vergangener Unfælle ließ er ihrem Herzen die heiteren Folgen ſeiner Tugenden zurück.

Unter des noch minderjæhrigen Konrads Regierung entſtanden wieder neue Streitigkeiten. Otto, Kœnig der Deutſchen, warf ſich zu ſeinem Vormunde auf, und ſchützte ſich in dieſer Funktion. Seine Erziehung brachte aber dem jungen Monarchen den Hang zur Selbſtbeſchauung und Einſamkeit bey, womit wir ſein ganzes folgendes Leben nachher bezeichnet antreffen, und das in der unablæſſigen Uebung gottesdienſtlicher Gebræuche auch natürlich ſein Volk anſtecken muſste. Doch ſcheint er nicht Entſagung der Liebe, noch das Gelübde der Keuſchheit geſchworen zu haben; denn man findet von ihm mehrerer unæchter Kinder erwæhnt. Sein Vormund, Otto, nahm nachher Adelheid, ſeine Schweſter, zum Weibe und beyde lebten in friedlicher Eintracht, ſich wechſelsweis ſchützend zuſammen. Auch ſieht man den ſanften Konrad noch in früher Iugend von einer ſeltenen Tapferkeit belebt, und einer be-

wun-

wunderungswürdigen Klugheit geleitet. Die Sarazenen folgen jenen Hungarn (23), und fangen an sein Land zu berauben. Beyde Stæmme weifs er mit einander zu entzweyen. Ein verborgener Hinterhalt bewacht ihre Kæmpfe, benutzt ihre Erschœpfung, und das Land ift bald von beyden Feinden gereinigt.

Wenn die Hand der Vorfehung irgendwo unverkennbar leitet, fo ift es in dem Kulturgange eines *ermatteten* Volkes. Nirgendswo werden ihre Hülfsmittel in ihrem ganzen Umfange, die Schœnheit ihrer Verbindung in ihrer vollen Harmonie, der zarte Zufammenhang zwifchen den Zeiten mehr fichtbar, als wo die Vergangenheit auf eine fchnelle Rettung der Gegenwart dringt. Im tiefften Tumulte der Revolutionen, und aus dem blutigen Schoofse verwirrender Kæmpfe fondert fich fchon eine einzelne Idee für die Ruhe der nachfolgenden Entkræftung heraus. Gerade in der Erziehung des Krieges entfpringt am leichteften der Hang zur einfamen Stille und zum felbftgenügenden Frieden des Nachdenkens, und wenn es ein Volk am meiften bedarf,

darf, durch heitere Beschæftigungen des *Verstandes* und *Herzens* vor dem Drucke des leidenden *Gefühles* abgezogen zu werden, haben sich Kœpfe zu einer klœsterlichen Abgeschiedenheit für diesen Zeitpunkt schon im voraus gebildet.

Ein Geist der Andacht bemæchtigt sich nun auf einmal, theils vom Kœnige und dem Bedürfnisse dieser Periode belebt, theils von der Furcht vor dem jüngsten Gerichte (24), der ganzen Nation. Mehrere Stiftungen müssen für das Seelenheil der Andæchtigen Sorge tragen; den Mœnchen wird der Schlüssel zum Himmel abgeliefert, und es giebt keinen Weg zu ihm weiter, als der Weg christlicher Beschauung und Andacht. In Peterlingen erhebt sich auf der Kœnigin Bertha Geheiss ein Benediktinerkloster (25), wird mit 932. grossen Schætzen ausgesteuert; von der weltlichen Oberherrschaft befreyet, und durch Flüche gegen seine Feinde geschützt (26). Nachher erhælt es noch ein grœsseres Gebiet, Schiffarth und Fischerey, Münzrecht und Markt und mehrere Oerter. Auch zu Solothurn erbauet man ein Chorherrenstift (27).

Aber

Aber alle diese heiligen Einrichtungen thaten im Anfange nur wenig zur allgemeineren Bildung des Volkes. Sich selbst verzehrend in Wollust und in einem engen Kreise des Wirkens, verfielen sie, als sie das Gemüth nur erst angeregt hatten in nachfolgenden Zeiten, froehliche Opfer des erwachenden Volksgeistes und des Wiederbesinnens der ganzen Nation.

Diese Periode zeigt schon Spuren von einem aufgeweckten Selbstgefühle dieses kleinen Volkes. Wohlstand, Reichthum und Ueberfluſs folgen nach einander auf den vergroeſserten Handel. Die wachsende Bevoelkerung eroefnet mit neuen Bedürfnissen neue Nahrungsquellen. Die Gesetze werden milder und gütiger, die Verbrechen seltener, die Herzen froehlicher, die Sitten zusammenhaengender und freundlicher. Die gute Koenigin Bertha hat ihrem Volke geheime Schætze von Glückseeligkeit eroefnet; die Andacht verzieht die Stænde nicht; in der guten Muſse und der ungestoerten Behaglichkeit der Kloester und Stiftungen, entwinden dem Mænchsgeiste sich allgemach helle Koepfe, an deren Erleuchtung alle

alle Klaſſen des Volkes Theil nehmen wollen.
Mit dem Frieden und ſelbſt der Schwelgerey
der Hæuslichkeit vermæhlt, erweitern alle Erkenntniſſe und Künſte des Lebens ihren vormals beengten Wirkungskreis. Die Simplizitæt der hœheren Stænde, da die Kœnigin
Bertha ſelbſt ihre Kleider ſpann (28) und noch
allein umherritt, machte nur einer ſchœnen
Verfeinerung der Gemüthskræfte Platz.

Das Waatland beſaſs ſchon eine Menge
von fetten Wieſen und ergiebig gemachten
Weinbergen. Der Landbau gedieh hier, da
ſelbſt Mœnche, den erſten Geſetzen ihrer einſiedleriſchen Stiftung getreu, ſich des Pfluges
nicht ſchæmten. Flecken entſtanden, wie
Morges (29), Oebe (30), und Iverdün (31);
zum Schutz des Landes wurden neue Thürme gebauet (32), und die Schœnheit und
Milde der Gegend zog an mehreren Orten
Einwohner zuſammen, welche dem Boden
bis zu ſeinen felſigten Steppen hinan Fruchtbarkeit abzwangen.

Das Land hingegen von den Seen des
Iura bis an die Aare, war noch faſt nichts

weiter

weiter als eine œde, nur an einigen Stellen zu Früchten genœthigte Wüsteney. Zwar hielt der Kœnig in der Gegend von Bern einen Hof, Graf Kuno bevœlkerte von Oltigen oder Aechtigen aus, mehrere Diſtrikte (33), aber der Anbau blieb noch lange gegen ſeine Nachbaren in einem traurigen Abſlich, das Thal faſt noch unbewohnt, und die felſigte Anhœhe hœchſtens von einem einſamen Schloſſe oder Thurme belebt.

Der Aargau empfand in erzwungener Theilnahme das Unglück ſeines Hauptbeherrſchers, des Grafen Guntram, der, durch Kœnig Otto aller ſeiner auswærtigen Beſitzungen beraubt (34), ſich nach Wolen im Aargau zurückzog, ſeine Bauern drückte, ſeinen Nachbaren Dienſtleiſtungen abzwang (35), und, durch eine dem Volke bey des Kœnigs Aufenthalt in Solothurn, verſagte Unterſuchung noch übermüthiger geworden, es mit immer neuen, niemals erhœrten Pflichten belegte. Auch auf ſeinen Sohn, Langalin, vererbten ſich des Vaters Maximen (36). Die dem zunehmenden Alter des Kaiſers natürlich folgende Schwæche nahm ſo den Groſsen unvermerkt

merkt die læstigen Feſſel ab; eine allgemeine Anarchie ſtieſs die Geſetze der Billigkeit um, und jedes einzelnen Wille diente ſtatt der allgemeinen Vorſchrift des Landes. Alle Aufſtænde der niederen Klaſſen wurden zu matt durch ihre Vereinzelung, alle Verſuche des Monarchen zu unkræftig durch ihre Vervielfæltigung, und je œfter der Bauer ſich dem Zwange entgegen ſetzte, deſto mehr nahm der Druck zu, um jedem neuen Verſuche ſchon in der Ferne entgegenzukommen. Mehrere Mænner traten in Muri zuſammen, um dem Langelin ihre Beſitzungen mit Gewalt wieder abzufodern; aber Radbod, ſein Sohn, trieb ſie nicht allein zurück, ſondern bauete ſich auch nachher in Muri ein Schloſs zur grœſseren Sicherheit ihrer Beherrſchung.

Eine Frœmmigkeit, welche weit über ihr Zeitalter ausragte, weil ſie ohne auf æuſsere Form, und auf das Intereſſe des Egoismus zu ſehen, ſich das Gut innerer Zufriedenheit mit wirklichen Opfern zu erkaufen nicht ſcheuete, ward aber nachher der Schirmgott von Muri. Radbot gab es ſeiner Gemahlin, Ida (37), zum Witthum, und dieſe

diese suchte das Unglück ihrer Unterthanen, den Druck ihrer erzwungenen Sklaverey nach Mœglichkeit zu mildern. Sich selbst zu beruhigen ward endlich das Kloster zu Muri gebauet, und dies gab der Stadt auch sogleich eine ganz andere Gestalt. Indem es die Obergewalt den weltlichen Hænden entriſs, setzte es die freyen Mænner auſser aller Verpflichtung gegen die Grafen, als nur der, ihre Landtage zu besuchen, bestimmte eine feste Steuer, und unterwarf die Grafen selbst, welche für ihren Schirm und ihr Gericht nur eine gewiſſe Summe erhielten (38), selbst der Aufsicht und den Ermahnungen des Abtes.

In dieselbe Periode fællt die Erbauung von Habsburg auf dem Wulpelsberge im Aargau, welche Radbod sich nur zuerst als eine dürftige Schutzwehr mitten in seinen erworbenen Lændern errichtete, und deren Stamm nachher allen Welttheilen Gesetze vorschrieb. Eine kleine Burg sah den Geburtstag jener ungeheueren Gewalt, die zu groſs für Einen Welttheil und für Ein Iahrhundert, sich mit gleicher Wirksamkeit beyde Indien und Afrika zueignete, um die Alleinherrschaft

schaft der Welt mit faſt allen Kœnigen rang, und in gleicher Blüthe eine lange Reihe von Zeitalter um den ſchœnſten und erhabenſten Theil ihrer Geſchichte pfændete.

Der ganze Aargau næhert ſich überhaupt einer frœhlicheren Bildung. Mit dem Wohlſtande des Landes arbeiten ſich Gelehrſamkeit in den Stiftern (39), Betriebſamkeit in den Dœrfern, und Künſte in den Werkſtætten hervor. Es entwickeken ſich aus der Maſſe der Betriebſamkeit neue Erkenntniſſe und Nothwendigkeiten. Allen Stænden wurden Schulen erœfnet, und der junge Adel ſelbſt ſchon einer Kultur ſeines Geſchmacks durch alte Muſter entgegengeführt. Ie mehr die Klœſter durch Sittſamkeit und Milde ſich ausdehnten, deſto mehr fühlte der Adel ſick aus ſeinem Despotismus gedrængt. Iene hatten ſchon alles, was dieſem ſonſt lediglich zukam, Bauern und Pflanzen, Iæger und Hirten, Hütung und Trift; alle neuen Anbauer waren ihnen willkommen, und einer guten Aufnahme (40), einer willkommenen Schonung gewiß (41); Reichthum ward der Antheil beyder Partheyen, Zufriedenheit und

Sicher-

Sicherheit beyder Genuſs, und die Zukunft füllte ſich für beyde mit ſchœnen Hoffnungen an. Ein vollkommenes Einverſtændniſs der Billigkeit und des Rechtes für Herren und Knecht.

Welch ſchœnes Gemælde des Hirtenſtandes ſetzt ſich auch aus dieſen Gegenſtænden zuſammen! Die Weide iſt zum Sammelplatz der frœhlichſten Herzen geworden, die Heerde iſt der grœſste Schatz, die Schaafſchur und das Milchmeſſen (42), ein entzückendes Feſt. Alle Volksklaſſen verbindet die Eintracht einer einfachen Freude, und die Bedürfniſsloſigkeit eines ungebundenen, ſich wieder ermannenden, ſich ſelbſt überlaſſenen Zuſtandes. Hirt und Herr, Mœnch und Abt werden zwey Brüder, welche ſich zu einem gemeinſchaftlichen Zwecke freundlichſt die Hænde reichen. Weniger zum Ackerbaue tauglich, giebt das Land durch die Heerden ſeinem Bewohner einen reichlichen Wohlſtand.

Im Thurgau beherrſchte Kyburg ein vornehmes alemanniſches, ſeiner Milde wegen

ſehr

sehr beliebtes Geschlecht (43). Von der Glatt bis an den Rhein, und von der Aare bis an den Bodensee reichte dieser Genfer Herrschaft. Gerechtigkeit und thætige Hülfe brachten das ganze Thurgau zum Erstaunen empor, nur dieser Landstrich erwarb sich, als ein Mittelland zwischen mehreren Distrikten einen Handel, dessen Folgen ihn izt noch bezeichnen. Italien, Deutschland und Rhatien legten in Zürich ihre Waaren nieder, eine Menge von Aemtern, Handwerken und Betrieben mussten sich zur Unterstützung des Verkehres hier ansæssig machen; der Kaiser errichtete endlich daselbst den lombardischen Gerichtsstuhl, und die daraus erzeugten Kollegia theilten dem Handelsvertriebe und Reichthum zugleich eine feinere Sittlichkeit, den unteren Ständen den Genuss der hœheren mit. Was nicht zum Ritterstand und Adel Kræfte genug und Reichthum besafs, that sich unter Kaiser Heinrichs Regierung in Bürgerschaften zusammen. Die Stædte wurden von ihm durch hineingeschickte Landleute bevœlkert und durch die Errichtung von Magazinen bereichert. Bald wurden sie die Mittelpunkte des Fleisses, und so wie die Gewerke sich aus der Masse der allgemeinen Bedürfnisse aussonderten, und ein einziger sein ganzes Leben und die Anstrengung aller seiner Kræfte auch nur einer einzigen Kunst oder Wissenschaft hingab; wurden beyde vollkommner, und beyde an Hülfsmitteln reicher. Der gewisse Absatz seiner Früchte zog den Landmann mit seinem Ueberfluss in die nahegelegenen Ortschaften, und ermunterte seinen hæuslichen Fleiss. Man tauschte die Ausbeute der Betriebsamkeit um, und neue Verfeinerungen und Verschœnerungen des Lebens waren das gemeinschaftliche Band der Wünsche im übrigen von einander sich absondernder Volksklassen. Zürich, durch seine Lage schon dem Gott des stillen Genusses geweiht, ward der Liebling der Kœnige, der Hauptwohnort des ganzen benachbarten Adels, das Kleinod der ganzen Landschaft, die Freude seiner Bürger. Der Rohheit anfangender Gesetzgebung durch einen ergiebigeren Ideenumtausch, durch einen deutlicheren und weiteren Gesichtskreis entzogen, klærte das Recht sich zu einer Einfalt auf, welche leicht und fasslich den Bürger zu selbstgewæhlten Pflichten anhielt, einen jeden nur von seines Gleichen abhængig mach-

machte, und eine Unbescholtenheit der Sitten einem Eide gleich setzte. Wenn die Streitigkeiten sich auch vermehrten und wichtiger wurden, so folgten die Richter doch am liebsten dem kurzzusammengedrængten Gemeinsinne des Volkes (44).

Das Kloster von St. Gallen fieng auch an, dem Thurgau nutzbar zu werden. Denn seine Mœnche gewannen unvermerkt der Litteratur einen Geschmack ab, die alten Sprachen setzten sich bey ihnen in ein grœsseres Ansehen, und selbst die alten Dichter erhielten für sie einen beträchtlichen Werth. Obgleich der Luxus der Tafel ansehnlich wuchs, so machte die mangelhafte Kenntniss im Anbaue des Weins dies Getrænke doch noch selten (45), und man suchte an Bier und Meth einen kümmerlichen Ersatz. In Roschach hatten die Aebte Münzstette und Markt; schon damals eine Niederlage der italienischen Waaren. In freyer Unabhængigkeit übten sie über alle ihre Gebiete die Gerichtsbarkeit aus; ihr Reichthum vergrœsserte sich, mit ihm ihr Aufwand, und selbst das Ausland nahm an dem Rufe ihrer Gelehrsamkeit Antheil.

Athel-

Athelſtan, Kœnig von England ſchickte nemlich nach St. Gallen Geſandte, und ſchloſs durch Biſchof Kernwald eine Brüderſchaft mit dem Kloſter. Die meiſten benachbarten Fürſten warben um ſeine Freundſchaft, der Abt von Diſſentis, der Biſchof von Trevigi, Markgraf Gero und Ulrich, Biſchof von Lauſanne, ein alter Zœgling ihrer Schule. Alle dieſe ſchmeichelhaften Verbindungen waren auch mit weſentlichen Vortheilen und Schenkungen für die Brüder verknüpft, und durch die kleinen, damals ſo angeſtaunten Künſte, z. B. eine ſchœne Hand zu ſchreiben (46), zu ſingen u. ſ. w., erwarben ſie ſich nicht nur einen angenehmen Genuſs von Ehrfurcht und Bewunderung, ſondern auch Wohlſtand und Wohlleben.

Keiner ihrer Schüler aber machte das Kloſter zu der Zeit berühmter, als Ekkard (47), welcher ſich bey Hedwig, Herzogin von Schwaben, auf Hohentwiel als ihr Kaplan nicht nur in ein auſserordentliches Anſehen ſetzte, ſondern auch durch feine Sitten, durch eine elegante, angenehme Sprache, und durch eine auszeichnend ſchœne kœrper-

perliche Gestalt sich ihres Herzens gænzlich
bemeisterte. Sie waren unaufhœrlich bey
einander, studierten griechisch, und lasen die
Alten zusammen.

Die zunehmende Macht der Klœster
wird auch nach dem Tode dieser Herzogin
sichtbar. Alle ihre Besitzungen fallen auf
Kaiser Heinrichs des Zweyten Befehl dem Stifte zu Bamberg anheim. Aber immer befanden sich die Bauern in den geistlichen Hænden besser als in den weltlichen. Um sie
wohlhabender zu machen, opferte man gegenwærtig erzwungene Früchte künftigen
freywilligen Vortheilen auf. Sieben Gotteshæuser im Thurgau machten ihre Leibeigenen frey, und durch einen, von diesem Umstande gereitzten Aufstand des übrigen thurgauischen Volkes wurde der andere Adel zu
einer gelinderen Behandlung vermahnt (48).

In diese Periode fællt auch die Errichtung des nachher so berühmt geworden Unser
Lieben Frauenstiftes zu Einsiedlen. Gregorius, ein edler Britte (49), bezog diese ehemals schon von Meinhards, und nachher von

Ben-

Bennos Andacht geweihete Einœde, und Otto verwandelte sie hierauf in eine fœrmliche Stiftung. Mehrere Leute zogen sich darauf allgemach in dies Kloster zusammen, der Ruf ihrer Heiligkeit vergrœſserte und verbreitete sich zusehends; eine Menge von Menschen aller Gattungen und Lebensalter sammelte sich an, und bald war aus einer armseeligen Hütte ein volkreicher Flecken erwachsen. Ein Graf von Rapperschwyl schenkte seine Burg sogar der heiligen Iungfrau, viele Freye weiheten sich ihrem Dienste, und sie erhielt auch aus den Hænden der Kaiser grosse Landstrecken, zahl- und volkreiche Hœfe.

Glarus næhrte sich meistens allein von dem Ertrage seiner Heerden. Diese gaben dem einfachen Bewohner Wolle zur Kleidung, Fleisch und Milch zur Kost und einer kleinen, armseeligen Ausfuhr her, und was ihnen hierbey zum Schutze gegen einen rauhen und dauernden Winter abging, etsetzten leicht zusammengestellte, mit Moos ausgefütterte Hütten, ein Vorbild der itzigen Thalgebæude. Ihre Lebensweise machte sie mit ihrem Lande innigst vertraut und zufrieden, und

und fie gaben den üppigen Traum von Freyheit willig für einen angenehmen und froehlichen Reichthum hin. Die meisten gehoerten den Fridelinstifte zu Seckingen leibeigen, und nur einige Adeliche hielten sich von ihm unabhængig. Ihre Rathschlæge und Versammlungen kamen mit denen der übrigen Gauen in der Form überein, die Richter wurden aus ihrer Mitte genommen, nur das Blutgericht gehoerte dem Kaifer, und ward gegen eine Abgabe von zweyhundert Pfunden, alljæhrlich von einem rhætischen Grafen gehalten.

Schwerer bildeten sich und langsamer wurden die Alpenstrecken des hohen Rhætiens bevœlkert. Hier scheint der Kunstfleiss nicht Folge, sondern Ursach einer groesseren Landesbebauung gewesen zu seyn. Die Grafen von Altorf liessen im Iulierberge einige Eisenwerke betreiben, und dies wirkte vortheilhaft auf Konsumtion und Wohlhabenheit; ob sich gleich diese wohlthætigen Einflüsse nur auf einen kleinen Erdraum beschrænkten, da das Hochstift Chur die meisten Besitzungen hatte (50), und die ganze Thalstrecke von Bregell

gell von den Kaiſern freygemacht, und aller græflichen oder herzoglichen Mittelherrſchaft gænzlich entbunden wurde.

Alle dieſe einzelnen Data ſetzen jene Angaben von den Fortſchritten der Helvetier zu ihrer neueren Verfaſſung, zu der Weiſe ihrer Aufklærung, und dem ſie auszeichnenden Nationalcharakter hinreichend ins Klare.

993. Nach Konrads Tode verſammelten die Burgunder ſich in Lauſanne, um einen Nachfolger zu wæhlen. Man gab hier ſeinem Sohn Rudolph, einem trotzigen, und dabey doch weibiſchen Prinzen, den erledigten Thron; aber zu vertrauet mit dieſem Charakter, liefs der Adel ihn nicht aus den Augen. Bald rechtfertigte er ihre Beſorgniſs. Eingriffe in das Eigenthumsrecht ſeiner Unterthanen empœrten ſie, man ſchlug ihn, und nur Ottos Wittwe, die Kaiſerin Adelheid, ſeine Muhme, erhielt ihm durch Vorbitten den Thron. Als ſie hierauf aber ſtarb, ſo hinterliefs ſie ihren Neffen in der bitterſten Armuth. Nur ein Theil der Einkünfte von den verſchenkten Hochſtiften machte die ſeinigen aus.

aus. Sein erbittertes Volk zæhlte ihm kærglich feinen Unterhalt zu; keine fcheinbare Befferung wandte die Herzen wieder zu ihm hin und alle Handlungen der Gerechtigkeit, welche er nachher raubte, fchienen in ihren Augen mehr Früchte der Schwachheit und Furcht, als feiner inneren Güte.

Von allem Muth verlaffen, welche die Haltung des Staatsruders mitten unter einem fo unruhigen Adel verlangte, und ohne die Gefchicklichkeit, welche beyder Intreffe in einen Zuftand von Gleichheit hætte vereinigen kœnnen, war Rudolph fchwach genug, dem deutfchen Kœnig, Heinrich dem Zweyten, um ihn zum Schirmherrn zu haben, noch lebend das Reich zu vermachen. Aber alle feine Verwandten, befonders die Gemahle feiner Tanten (51), welche fæmmtlich ihre Hoffnungen auf diefe Erbfchaft nur ungern verlaffen konnten, und das ganze Volk von Burgund empœrten fich gegen diefen Entfchlufs. Das letztere erklærte ihn für einen Eingriff in fein Wahlrecht und verfagte laut dem Monarchen 1016. feinen Gehorfam. Der Adel rüftete fich und zog Truppen zufammen, um feine Widerfetz-
lich-

lichkeit vollgültig zu unterstützen. Aber der neue Kœnig schickte den Bischof Werner von Strasburg nebst jenem, oberwæhnten Grafen von Habsburg, Radbod und Langelin, welche mit einem mæchtigen Heere, das wenig unter sich zusammenhængende Land überfielen und am Genfersee in einer glücklichen Schlacht gegen den Grafen von Poitiers die Burgunder, bezwangen.

1024. Nach dem Tode Heinrichs, und noch vor Rudolphs Absterben, ward die Reichsfolge von diesem wieder ungewiß. Konrad, aus einem alten adlichen Stamme des Brisgau war jenem zum Nachfolger ernannt; zwar mit dem burgundischen Hause verwandt, aber doch entfernter (52) als Odo, Graf von Champagne, und Ernst, Herzog von Schwaben, sah er sich, um seine Erbschaft zu retten, daher zu dem Vorgeben genœthigt, als sey das burgundische Reich seinem Vorfahren nicht als Verwandten von Rudolph, sondern als deutschem Kœnig geschenkt. Er überfiel bey Basel die ungerüsteten und zerstreuten Burgunder; Gisela seine Gattin, ließ ihren Oheim Rudolph nach Basel bescheiden und ihren

ihren Gemahl, zum Nachtheile seiner anderen Neffen, zum Kronerben ernennen. Aber fast alle Grafen widersetzten sich ihm; vergebens suchte er ihnen Gehorsam abzuschleichen oder abzudringen, vergebens foderte er vom Hause Habsburg die Zurückgabe der vom Bischof zu Strasburg, Werner, zum Nachtheile des Klosters Ebersheim, seiner Familie geschenkten Besitzungen (53). Graf Werner von Kyburg und Graf Welf von Ravensburg traten zu des Herzogs Ernst von Schwaben Parthey (54) bey seinen Zügen ins Aargau, und ob sie der Kayser gleich schlug und Kyburg eroberte, so griff ihn Ernst doch bald noch einmal an. Der General des Kaisers, Mangold, ward darauf von Werner und Ernst zwar erschlagen, beyde fielen aber zur nemlichen Zeit (55). Endlich starb Rudolph, der Burgundier dritter und letzter Kœnig. 1032.

Achtes Kapitel.

Der frænkifche Stamm vom I. 1032-1127.

Sogleich nach feines Oheims Tode nahm Odo von Champagne den arelatenfifchen Thron in Befitz. Aber Konrad, der Kœnig der Deutfchen, machte mit dem Stamme der Sklaven Friede, den er eben bekriegte, und zog in das Lager vor Murten. Zwar belagerte er die Stadt und das Schlofs von Neuchatell vergebens (1); fein Mangel an Gefchofs rettete fie; aber er zog nach Peterlingen feine Anhänger zufammen, liefs
1033. fich von ihnen dafelbft zum Kœnig ernennen, mehrere Grofsen huldigten ihm (2), das ganze Land ward ihm geneigt, und bald fah fich Odo gezwungen, die Rückkehr zu
1034. fuchen.

Aber

Aber das ganze Reich litt im Inneren, an tiefliegenden Uebeln. Bürgerliche Fehden nahmen die Kræfte weg, welche von æufseren Angriffen geschont waren. Eine Menge erbitterter Partheyen ftanden gegen einander. Die Geiftlichkeit vereinigte fich endlich, um einen Gottesfrieden zu machen, und die Stœrer derfelben in den Bann zu thun (3). Burgund trat ihm zwar bey, aber Odo rüftete fich wieder; fein burgundifcher Anhang lebte von neuem auf, und Konrad fah fich noch einmal genœthigt, ihm im Freyen die Stirne zu bieten; aber izt von mehreren feiner Freunde, von Heribert Erzbifchof von Mayland, und Markgraf Bonifacius von Italien thætig unterftützt. Auch erklærte fich für ihn das Kriegsglück; Gerold Graf von Genf mufste ihm feine Stadt ausliefern, der Erzbifchof krœnte ihn hier fœrmlich zum Kœnig, und 1035. Odo fchlofs endlich einen erzwungenen Frieden. Zwar gab er feine Anfprüche noch nicht ganz auf, und fuchte fie nachher bey in Italien entftehenden Unruhen geltend zu machen. Aber der Herzog von Lothringen Gozzelo fchlug ihn bey Bar, und nahm ihm 1036. zugleich Anfprüche und Leben.

Gefch. d. Schw.

Unter den vorigen Regierungen hatte der Adel feinen Einfluſs bis zur Ariſtokratie ausgedehnt; der Kaiſer benuzte daher ſein izt erhaltenes Uebergewicht, ihn in beſcheidnere Grenzen wieder zurückzuführen. Auf dem Reichstage zu Solothurn wieſs er ihm ſeine alten Verpflichtungen an; hier ward auch ſein Sohn Heinrich zum burgundiſchen Kœnig erwæhlt, und er übergab ihm ſein Land.

1038.

Allgemein ward nun Ludwig zum Oberherren des Landes erkannt. Graf Reinhold zu Hochburgund, dem der Iura und faſt die ganze alte Sequanerprovinz gehœrte, und Graf Gerhard von Vienne allein wollten ihm nicht gehorchen, aber von ihm bey Mümpelgard nachmals geſchlagen, muſsten ſie ihm ebenfalls in Solothurn Huldigung leiſten. Helvetien und Rhætien ward dadurch nun zum erſtenmale wieder nach der Rœmer Regierung unter Einen Regenten vereinigt.

Hætte ſich, dieſer Verbindung gemæſs, Rhætien nun wieder ganz an das mildere Helvetien anzuſchlieſsen vermocht, ſo würden wir ohnfehlbar ſeine folgende Geſchichte von

der

der Barbarey des Adels nicht so auffallend verunstaltet erblicken. Aber die Verschiedenheit in einem zu langen Zeitraume war zu gross geworden, um es aus dem Wirkungskreise dieser Sanftheit nicht gænzlich hinwegzurücken. Ieder Theil ging nun seinen eigenen Gang, und auf immer von einander getrennt.

Hierauf ergeht ein Befehl von Rom, welcher die Simonie und Hurerey betrift, und also die Verkaufung geistlicher Stellen, wie den Ehestand geweihter Personen strenge verbietet. Die Einwirkung des Papstes fængt sichtbar zu wachsen an, und dadurch dass er die Priester zu leiten lernt, sichert er sich neben der weltlichen Macht einen noch weniger schwankenden Nebenthron. Unwillig sieht der Kaiser schon izt mehrere Grafen den Befehlen der Kirche gehorchen, Spaltungen entstehen, alle Hochstifter, Klœster und Gemeinden zerfallen, der Kaiser und der Papst stellen einander sich gegenüber; auf einer Seite, ein glænzendes muthvolles Heer, Eifersucht und Rache, auf der anderen die stille

Sym-

Sympathie, der geheime Druck auf gefesselte Herzen.

Endlich erfolgte von Rom aus ein Bannstrahl gegen den burgundischen Kœnig. Berchtold von Kærnthen, und Rudolph von Schwaben (4), ehemalige und nicht lange versœhnte Feinde, traten hierauf noch enger zusammen, um ihren Landesherrn des Throns zu berauben. Ein gleiches, wiedergewonnenes Interesse der Bereicherung und Vergrœsserung bringt noch mehrere Gegner einander næher, und bald ward der Anhang jener beyden Fürsten, dem geæchteten Kaiser furchtbar. Aber dieselbe Hofnung eines Vortheils warb auch dem Kaiser ein Heer, und hing mit ihm eine betræchtliche Anzahl von Freunden zusammen. Alle, welche sich von jenen Verboten des Papstes betroffen fühlten, und welche sich von Rudolphs Uebermacht in ihrem Einflusse beschrænkt zu werden, vorhersehen konnten, schlossen sich als treue Bundsgenossen an die kaiserliche Armee. Der kriegerische Bischof von Lausanne (5), sein Bruder Graf Kuno, und sein Vater Burkard, Bischof

Bischof von Basel, traten zum Kaiser, so auch der Reichskanzler, Hermanfried von Sitten, und Otto, Bischof von Konstanz. Auch die Markgræfin Italiens, Adelheid von Susa (6), eroefnete ihm grosmüthig die Alpenpæsse, als er am Genfersee sie in Vevay besuchte (7).

Rhætien ward indes ein Opfer seiner Anhænglichkeit an den geæchteten Monarchen; gænzlich vom Herzog Welf von Bayern verheeret, büsste es zuerst die Gegenwehr seines Herrn. Berchtold und Rudolph besetzte die Pæsse in den Gebirgen. Basel und Lausanne wurden verwüstet, Bischof Otto von Konstanz vertrieben, und St. Gallen mit einem Mœnche, Tüdold, besetzt. Eine Menge von Herrn und Stædten erklærten sich für den neuen Kœnig; Montfort, Kyburg, Zürich, die Grafen von Nellenburg, und noch mehrere mæchtige Grose des Reiches. Sie blieben ihrem gewæhlten Herrscher unter allen seinen Unfællen getreu, und verliefsen nur mit dessen Tode seine Parthey.

Nicht weniger treu aber war dem Kaiser sein Anhang. Graf Arnold von Lenzburg that feinen Feinden einen unaufhœrlichen Schaden. Mehrere Grofse baueten Burgen zum Schutz feines Landes, mancher gab für ihn fein Vermœgen und feine Sicherheit hin. Ulrich von Eppenftein, der Sohn des Herzogs von Kærnthen und neu erwæhlter Abt von St. Gallen opferte mit fürftlichem Sinn dem Kaifer zu Liebe, feine neuen Befitzungen auf (8); von allen feinen Truppen verlaffen, entfloh er in die Gebirge, und liefs fein Land in den Hænden eines unverfœhnlichen Fein-

1080. des (9). Nur erft nach Rudolphs Befiegung und Tode erfchien er wieder in feiner Herrfchaft, erfchlug den Befitznehmer derfelben, Vollrath von Toggenburg, nahm felbft noch an feinen Gütern in den Alpen eine zerftœrende Rache, und an feinem Sohn Diethelm von Toggenburg. Der ganze Thurgau ftand nun wieder Ulrich auf; Berchtold Herzog von Zæhringen kam vom Bodenfee her; Adelgos, ein anderer Graf die Appenzeller Gebirge herab, und endlich Diethelm felbft. Aber diefen befiegte Ulrich, und verkaufte ihm den Frieden, jene trieb er in ihre Lænder zurück. Ulrich entwickelt hier einen der grœsten Chataktere, welche jene Gefchichte nur kennt.

Nie-

Niemals von dem Bewußtseyn einer erhabenen Abkunft verlassen, tauscht er eher einen glænzenden Zustand gegen eine unvermeidliche Erniedrigung um; ehe er sich jenen durch eine freywillige erkauft, und von keinem Unglück, selbst nicht von der Aussicht einer kraftlosen Zukunft gebeugt, haschet er immer in einem milderen Zeitpunkte, wo das Glück ihn einmal freundlicher anblickt, zu seiner Rettung noch einen glücklichen Augenblick auf. Selbst sein hœchstes Glück macht ihn nicht übermüthig, und fest vertrauend auf den Wechsel der Dinge, sieht er einer jeden Verænderung mit unbeklommener Ruhe entgegen.

Aus den hierauf folgenden Streitigkeiten zwischen Friedrich von Hohenstaufen, Eidam Heinrichs, und dem Erben Rudolphs, Berchtold von Rheinfelden, und nachher seinem Erben Berchtold von Zæhringen über das Herzogthum Schwaben, geht zuerst die Grœsse des Zæhringischen Hauses deutlicher hervor. Dieser ward von dem Adel von Ulm 1090. zum Herzog erwæhlt, aber zu klug und friedlich gesinnt, beschloß er diesen Besitz seiner

Ruhe

Ruhe zu opfern. Er trat seinem Feinde daher das Herzogthum ab, und erhielt zur Vergütung dafür vom Kaiser die Kastenvogtey über den Gau, die Stadt und den Münster von Zürich (10). Außerdem hatte er die Landgrafschaft Burgund (11), von Kœnig Rudolph, seinem Schwiegervater, geerbt. Er hielt die Blutgerichte (12), führte die Aufsicht über die wehrhafte Mannschaft, gab Geleit, hob den Zoll, und hatte eine Menge von Vorrechten inne (13).

Die so geraume Trennung Helvetiens in Länder einer abweichenden, und selbst oft sehr feindseelig einander entgegenstrebenden Herrschaft hatte, wie ich es schon vorher andeutete, auch ihr Inneres einander beträchtlich entfremdet. Rhätien hatte unter seinem Adel sich wenig von seiner alten Barbarey losmachen kœnnen, sein Boden sich noch nicht ganz von Wældern und unbebaueten Steppen gereinigt (14); es wurde zwar hin und wieder ein Bergwerk betrieben, und aus den Flüssen etwas Goldsand gewaschen, aber dies war nur ein armseeliger Nothbehelf für den Mangel an anderweitiger

Beschæf-

Beschæftigung; die Bischœfe drückten ihre Kapitel, und der Adel, noch ohne Kenntniß mit Hæuslichkeit und ihren süsseren Arbeiten, suchte den Verluft eines verschwendeten Vermœgens durch die Ausbeute von Ræuberey und Plünderung zu erfetzen. Der einzige Graf Arnold von Lenzburg, ob er gleich nicht von letzterem Fehler ganz freyzusprechen ift, zeichnet sich in diesen Zeiten durch eine etwas bessere und für seine Güter mehr wohlthætige Wirthschaft aus.

Das eigentliche Helvetien hatte durch die Uebermacht des Adels noch eine grœssere Menge von Müssiggængern erhalten. Der Mangel an Künsten, wodurch sie hætten beschæftigt, die Enge des Landes, wodurch sie hatten ernæhrt werden kœnnen; endlich die Raubsucht der Vornehmen, welche sich am Ende ihrer Tage immer mit einer schlaffen Reue beschloß, gab im Anfange zahlreichen Stiftungen das erste Entstehen, welche indeß nachher, bey zunehmender Betriebsamkeit, den Wohlstand des Landes fühlbar unterstützten. So entstand *Var* in der Grafschaft Baden (15), *Scuols* in Rhætien, *Wagenhausen* in Thur-

Thurgau (16), *Engelberg* (17) und andere. Mehrere der erften Herren des Landes zogen fich felbft nachher, von der Zerrüttung ihres Vaterlandes ermüdet, in die Klœfter zurück (18), oder betraurten hier irgend einen fchmerzlichen Verluft, und erlittene Unfælle.

Schaafhaufen (19), verdankt lediglich einer folchen Stiftung feinen fo fehr ehedem blühenden Wohlftand, Muri (20), St. Alban (21), Bellelay (22), Frienisberg (23), Interlachen (24), Rougemont (25), Hautcerft (26), Hauterive (27), und viele andere Stiftungen (28), verfammelten entweder um fich her neue Anlagen, machten die Unfruchtbarkeit ergiebig, Moræfte zu Weiden, die Viehzucht einträglich, den Ackerbau wohlthætig und angenehm, oder gaben in Stædten jedem Kunftfleifs Gedeihen, dem Handel Wærme, und allen Wiffenfchaften eine zutræglíche Ermunterung.

Derfelbe Geift klœfterlicher Beherrfchung zeichnete Wallis weniger aus. Der Adel regierte feine Unterthanen nach meift willkuhrlichen Vorfchriften, das Klofter von

Moritz

Moritz ward von seinen Mœnchen verlassen, und nur spæter führte man daselbst zuerst regulære Chorherren ein (29).

Genf scheint schon damals sich von dem Geiste der Unabhængigkeit beseelt zu fühlen, welcher die Stadt nachmals von allen Verbindungen losreisst. Aus Graf Roberts Hænden, welcher dem Kaiser seinen Gehorsam muthwillig verweigert, kœmmt die Herrschaft der Stadt in die Hænde des Bischofs, und dieser erhælt alle Gerichte, den Zoll, die Frohnen und Münze, den Markt und Zehnten, alle Kirchen und Lehen. Zwar empfing nachher Graf Aymo von Genf einen Theil der Gerichtsbarkeit wieder, aber nur immer gleichsam als Lehen, und unter des Bischofs Oberbefehl (30).

Neuntes Kapitel.

Die Herzœge von Zæhringen. vom I. 1127-1218.

Nach Kaiser Heinrichs des Vierten Tode, welcher schon im I. 1125 erfolgte, kam das Reich an den Herzog von Sachsen, Lothar. Aber Graf Reinold von Chalons, dem die Güter des kurz darauf ermordeten Grafen Wilhelms von Hochburgund zugefallen waren, wollte ihm nicht huldigen; Lothar trug daher dem Herzog von Zæhringen (1), den Krieg wider ihn auf. Dieser ging über die Aar, und nahm, von des Kaisers Truppen unterstützt, den Grafen Reinold in Monzun gefangen. Auf dem Reichstage zu Strasburg erhielt er zwar Verzeihung; aber, ausser der Franche-comté in Hochburgund, ward ihm alles, was disseits des Iura liegt, genommen und dem Herzoge von Zæhringen ertheilt.

Iede

Iede neue Kœnigswahl schien auch mit einem neuen Kriege bezeichnet werden zu müssen. Die Gemüther waren unaufhœrlich getheilt, und beugten sich, nur mühsam gestillt und schweigend, unter einer blutig erworbenen Obergewalt. Der Geist des Aufruhrs und eines verjæhrten Starrsinnes erwachte bey jeder Veranlassung, und nie waren die Herzen einander mehr abgeneigt, als wenn eine grosse Gelegenheit zu ihrer aller Wohl Vereinigung foderte. Unrechtmæssig dem ersten Besitzer abgedrungene oder erschlichene Güter, der Familienabscheu, gleiche Hofnungen und Ansprüche, das durch die Abwechselung der Regierung zerschnittene Interesse waren immer gleich gültige Anreizungen zu einem thætlichen Ausbruche, und es fehlte selten mehr als nur ein kleiner Hauch der Gelegenheit, aus der schleichenden Gluth heimlicher Machinationen die Flamme offenbarer Angriffe zu machen. Ein jeder focht dazu seine Fehde, unbekümmert um einen Rechtsspruch des Kaisers, mit eigenen Hænden aus, und die Barone schienen zu eben so viel kriegsführenden Kœnigen geworden.

Nach

Nach Lothars Tode setzte sich Konrad von Hohenstaufen auf den kaiserlichen Thron; aber er hatte an Herzog Heinrich von Sachsen (2), einen fürchterlichen Nebenbuhler, mit dem es mehrere Grosen des Reiches, und auch der Herzog von Zæhringen ein alter abgesagter Feind des Hauses, von Hohenstaufen, sehr innig hielten. Der Neffe des neuen Kaisers, Friedrich, fiel hierauf in Zæhringen und Zürich, eroberte beydes; indessen rettete durch Unterwerfung der Herzog nicht nur sein Land, sondern ward zugleich mit einem Stück von Konrads Gütern belehnt. Dies entzweyete diese Fürsten von neuem.

Nach des Kaisers Tode stieg Friedrich Barbarossa auf den deutschen Thron, und erhielt bald hierauf mit der Hand der Beatrix von Hochburgund, auch dies Land zum Eigenthum. Berchtold, der Nachfolger Konrads in Zæhringen empfing von ihm nicht allein die Bestætigung seiner Herrschaft, sondern
1156. auch alles Land diesseits des Iura, die Regentschaft von Arles, und die Schirmvogtey von Sitten, Genf und Lausanne (3).

Das

Das Hochstift Lausanne ward damals von Amadeus von Gauterve verwaltet, der seine Aemter mit einer beyspiellosen Treue versah (4), jeder Eingriff in seine Rechte mit Klugheit und Geschicklichkeit abwehrte, und die Stände seines Volkes, welche sich sonst in geistlichen Händen, immer weit leichter vermischen, in einer zweckmässigen Entfernung erhielt. Auf seine Veranlassung besonders, erkannte man dem Herzoge von Zähringen alle Rechte und Ehrenbezeugungen eines Schirmvogtes zu, nachdem er sich aller Einmischungen in die Rechte des Stiftes zu enthalten geschworen hatte (5).

Amadeus starb hierauf bald mit dem Ruhme einer strengen Rechtschaffenheit und väterlichen Güte. Landerich von Dornach, der neue Bischof, gerieth mit dem Schirmvogt in Streit, bauete zu seiner Sicherheit Thürme und Burgen, und schien sich unvermerkt ganz des kaiserlichen Ansehens entledigen zu wollen; aber er unterbrach sich selbst im Gange seiner Unternehmungen; bey dem Papste kurz darauf als unkeusch und unwissend angegeben, sah er sich zur Niederlegung 1147.

legung seiner Würde genœthigt. Sein Nachfolger Rogerius beklagte sich ebenfalls über den Herzog, man stellte zwar wieder die alten Verträge her, aber nie waren ihre Zwiste gænzlich beendet.

Ueber Genf erschlich sich der Graf Amadeus von Genf die Kastenvogtey; der Bischof Ardutius von Faucygny aber, welcher alle Anmasungen des Grafen standhaft zurückwies, trat den Kaiser zu Speyer persœnlich an, und bekam von ihm die unbeschrænkte Obergewalt (6). Ein gleiches Recht erhielt sich auch Sitten, welches der Bischof nach Graf Humberts von Savoyen Aechtung und Tode erworben hatte. Hingegen der Adel des Reiches, durch Reichthümer mæchtig, und besonders der Freyherr von Thurn zu Gestelenburg versagte dem letztern nicht selten seinen Gehorsam, und nur spæt vermittelten neuere Verträge die Festsetzung beyderseitiger Gerechtsame, und ertheilten dem Bischof, in der Stadt Sitten, die hohen und niederen Gerichte, die Besteurung, das Recht ein sicheres Geleit zu geben, und die Aufsicht über die Fremden; den Landsassen hingegen das Stimmrecht

recht über die grœſſeren Zwiſte zwiſchen beyden.

Nach dem Tode Ulrichs von Lenzburg gab der Kaiſer Friedrich dies erledigte Land ſeinem Sohn Otto, machte ihn zum Pfalzgrafen von Burgund und zu ſeinem Lehnstræger von Roee. Die übrigen, angeerbten Lenzburgiſchen Güter fielen durch Richenza, eine Tochter des Hauſes an die Grafen von Kyburg. Otto erhielt auſserdem noch bald nachher die Schirmvogtey von Seckingen, und nach der Kaiſerin Beatrix Tode, Hochburgund und die Verwaltung von Arles. Friedrich, ein anderer Sohn des Kaiſers erwarb ſich vom Biſchof von Shue, gegen die Freyſprechung von Reichsdienſten, die Schirmvogtey hierüber (7). Und ſo dehnte der Kaiſer nicht allein ſeine Macht von allen Seiten weiter aus, ſondern ſicherte ſich auch dieſen groſsen Umfang derſelben durch die engſten Familienbande.

Dieſe Periode ſtellte nun eigentlich die Gewalt der Zæhringer in ihren erſten Grundzügen feſt. Als erbliche Schirmvœgte mit

Geſch. d. Schw.   P   groſsen

großen Vorrechten begütert (8), hatten ſie volle Gelegenheit ihren Einfluſs ungeſtœrt und ohne des Kaiſers ſichtbare Beeinträchtigung zu erweiteren; viele Flecken und Städte wurden theils neu erbauet, theils befeſtigt; die Freyheit, der man in dieſen neuen Anlagen genoſs, die Ordnung und Ruhe, welche durin den allgemeinſten Wohlſtand begünſtigte, die Niedrigkeit der Abgaben, die Gerechtigkeit der Richter und Billigkeit ihrer Urtheile (9), alles zog eine Menge von Bürgern dahin, welche der Herzog ſich gænzlich zu eigen machte. Ieder von ihnen hatte, wenn er wollte, wieder einen ungebundenen Abzug; freye Männer und Leibeigene (10) wählten dieſe Städte daher am liebſten zu ihrem Aufenthaltsort. Nur ihr Haus war für den Herrn das einzige Pfand ihrer Treue.

1179. Eine ſolche Einrichtung erhielt von Berchtold ebenfalls Freyburg im Urchtlande an der Sane, zu einer feſten Burg des niederen Adels beſtimmt. Aber es äuſserte ſich unter vielen der benachbarten Barone darüber ein ſo lauter und thätlicher Widerſpruch, daſs die Bürger, um ſich zu decken, während

rend der Aufrichtung der Mauer Soldaten
miethen mußten. Das Urchtland, angefüllt
mit Lehnsitzern und Gütern, gab diesem Orte
bald eine sehr ansehnliche Bevoelkerung; das
Kloster von Hauterive, geschützt durch
die Stadt, in seinem Inneren Fleiß und
Betriebsamkeit, bereicherte sich durch die
Gaben von reuigen Sündern und Frommen,
durch eigene Handarbeiten, persoenliche Urbarmachung ihrer Aecker, den Anbau mehrerer Korn- und Obstarten (11), und durch
mancherley Anstrengungen einer aufmerksam
gewordenen Industrie. Endlich legte man
auch Manufakturen an (12), die Handwerke
kamen zu einer nützlichen Blüthe (13), und
der Handel trennte eine eigene Volksklasse
von den anderen ab, um einen ganz neuen
Stand zu bilden. Der Adel und die hoeheren
Geschlechter indeß schieden von den untern
daher auch um so sichtbarer, und die Ahnen-
tafel ward unvermerkt ein Stück von nicht
geringem Gewicht.

Die Maxime, sich in dem Besitze einer
erblichen Gewalt durch feste Plätze zu erhalten, war, als aus den Umständen entsprun-
gen,

gen, und durch die Nothwendigkeit gerechtfertigt, der ganzen Zæhringischen Familie eigen. Als Berchtold der Fünfte in das Eigenthum seiner Güter trat, ward er von mehreren eifersüchtigen Baronen bedrængt; er schlug sie zwar, und trieb sie zwischen ihre Eisklippen zurück (14), um sich indessen noch stærker zu waffnen, machte er Burgdorf und Moudon zu Stædten. In diesen Zeitpunkt des Zæhringischen Hauses, fællt die Errichtung der Stadt Bern (15), auf einem reichsfreyen Platz, nahe bey der Burg Rideck, mitten unter seinen Feinden und ihnen allen gleich nahe (16). Cuno von Bubenberg musste diesen kleinen Ort mit Graben und Mauern umgeben, und erweiterte die Grenze der Stadt aus eigner Bewegung. Der benachbarte Adel strœmte hierin zusammen (17), als in einer reichsfreyen Stadt; Einwohner, aus Liebe zur Unabhængigkeit, fanden sich unvermerkt an; die Gerechtigkeit ward einem Schultheissen und Rath übergeben, Gesetze wurden verzeichnet (18), und durch den Zufluss der Gewerbe, und guter wenn gleich weniger Bürger ward der erste Grund ihrer itzigen so grossen Blüthe gelegt.

1191.

Einem

Einem grosen gefæhrlich drohenden Kriege mit dem kaiferlichen Haufe entging der Herzog von Zæhringen glücklich durch die ohngefæhre Ermordung des gegen ihn ausgefchickten Feldherren, Konrads von Schwaben, auf die der Tod Kaifer Heinrichs des Sechften auch bald erfolgte. Der zunehmende Reichthum des Zæhringifchen Haufes machte ihn der Kaiferkrone würdig, welche ihm die Feinde der Hohenftaufen antrugen, aber er zog, vielleicht in dem Gefühl feiner Schwachheit, den friedlichen Genufs eines kleineren Glückes dem ungewiffen Erfolge feiner Aufopferung vor. 1198.

Man wird fich der obenerwæhnten Streitigkeiten des Bifchofs Ardūtius von Genf mit dem Grafen Wilhelm erinneren. Diefe waren noch lange nicht gænzlich beendet. Wilhelm befeftigte zur Sicherheit fein Schlofs in der oberen Gegend der Stadt, man legte den Bann auf diefen Bau, aber da dies ihn nicht unterbrach, verklagte ihn der nachfolgende Bifchof Nantelin fœrmlich beym Kaifer; der Graf entwich vom kaiferlichen Hof, ward hierauf in die Acht erklært, und alle feine

Lehne der Kirche zugesprochen. Doch verzœgerte Saladins Angriff auf den deutschen Monarchen die Ausführung des Urtheils, und es ward indeſs zu Genf mit der Bedingung der Sicherheit der Klerisey und Bürger, ein Friede geschlossen. Die Verænderung der Grundsætze, nach welchen die auf einander folgenden Bischœfe verfuhren, machte ihre Gewalt immer mehr schwankend und unsicher, ihre unregelmæſſige Aufführung entzog ihnen die Achtung der Nachbaren (19), und die Vernachlæſſigung ihrer bischœflichen Pflichten die Liebe des Volkes. Graf Thomas von Savoyen, dem viele Rechte verpfændet waren, würde dies zu ihrer Unterjochung benutzt haben, wenn nicht Berchtóld von Zæhringen seinen Eingriffen Grenzen gesetzt hætte. Die Verwirrungen wurden indeſs von Tage zu Tage bedeutender, die Erpressungen gieriger, die Auflagen unertræglicher, und die Künste des Gelderwerbes niedriger. Ræuberbanden verheerten die Gegenden, und die Schlœsser mancher Adlichen wurden ihr Aufenthalt (20). Man plünderte und zündete Güter an; selbst mitten in Genf raubte man Weiber, und wæhrend daſs das Volk

von

von diesen Unordnungen zu einem Selbstbewustseyn erweckt wurde, blieb die Geistlichkeit, welche alles dies hætte ausgleichen kœnnen, von jenen schrecklichen Lastern nicht unangesteckt. Indeß bewahrte es doch noch von aussen seine Unabhængigkeit, und auch das benachbarte Wallis erkæmpfte sich von dem Herzog von Zæhringen dies unschætzbare Gut. Hochburgund fiel nach Ottos, Sohn Heinrichs Tode, an Otto von Meran aus Tyrol. Graf Thomas von Savoyen hatte sich der grofsen Güter von St. Moritz in Wallis bemæchtigt, und ob er sie gleich nachmals wieder zurückgab, so beunruhigte sein Sohn Humbert doch das Kloster durch mehrere Angriffe (21).

Vorzüglich haben sich in diesem Zeitpunkte die Grafen von Welschneuenburg um die Kultur von Helvetien verdient gemacht. Der Fuſs des Iura, die Ufer des Bielersees, und mehrere andere der benachbarten Landstrecken wurden von ihnen bebauet, und selbst bis hoch in das Gebirg hinauf die Weiden und Wiesen mit Mergel verbessert. Auch Habsburg bereicherte sich durch die Vogtey

über

über Seckingen und die Verwaltung der fonft, im Aargau von Seckingen in Roen verfehenen Graffchaft; und Kyburg erbte die lenzburgifchen Gebirgsgüter, bauete Diefenhofen und Winterthur, und gab ihnen die Gerechtfame der Zæhringifchen Stædte. Auf der Mark Rhætiens wohnte der Graf von Kapperfchwyl, in hæuslicher Eintracht, und im ftillen Genuffe eines freundlichen Glückes (22). An dem Züricherfee bauete er eine Burg und Stadt zur Bewahrung des Landes, welche Neurapperfchwyl hiefs.

Der Abt von St. Gallen hatte die Einfalt des erften Stifters verlaffen. Ganz kriegerifch zog er an der Spitze geharnifchter Mænner feinen Feinden entgegen in eigener Perfon, belagerte Burgen (23), und kümmerte fich um feine Pflichten nur wenig.

Bafel legte unvermerkt zu feiner nachmaligen Freyheit den Grund. Die Zünfte erwarben fich Anfprüche auf Theilnahme an der Regierung, die Bürger rathfchlagten gemeinfchaftlich mit den Rittern, der Senat ward auch mit jenen befetzt (24). Alle Stæn-

Stænde nahmen an der Herrschaft einen gemeinsamen Theil, und durch die abgewogenen Vortheile derselben gegen einander gedieh die Stadt zu einem Wohlstande, der sie damals unter allen Stædten Rhætiens und Helvetiens auszeichnete.

Zürich hatte sich indeß durch seine dem Handel so günstige Lage ebenfalls zu einer beträchtlichen Blühte erhoben (25). Der ununterbrochene Umsatz einer so zahlreichen Menge fremder und einheimischer Waaren, die auflebenden Fabriken, der unabhængige Geist, welcher immer der Kaufmannschaft angehœrt, und der Frohsinn, welcher einer vermehrten Thætigkeit folgt, machten die Stadt zu einem der reizendsten schweizerischen Wohnœrter; und mancher reiche Fremde aus dem Gebirge tauschte hier sich gern einen verfeinerten Luxus gegen die wilde Lebensart rauher Steppen ein. Der Stadtrath, der sich vormals nur auf Polizeysachen hatte beschrænken müssen, dehnte, mit Einwilligung der Gemeinde, izt auch seine Macht auf die Gesetzgebung aus (26). Alle Gegenstænde der menschlichen Erkenntniß wurden vor

den

den Richterstuhl aufgeklærter Begriffe gezogen, und selbst die Religion blieb nicht verschont. Durch Arnold von Brescia ward die Mystik im Lande verbreitet, und legte den ersten Grund zum nachmaligen Umsturz des pæbstlichen Ansehens (27). Die Stadt Zürich hat bald den Muth, gegen den Papst und die rœmische Kirche die Partey Friedrichs des Zweyten zu nehmen, und die Ausschliefsung aus dem kirchlichen Schoofse ruhig zu dulden. Die Priester und Mœnche, welche das Sakrament nicht mehr austheilen wollen, werden fortgejagt, und nur die Minoriten behælt man, welche sich zu den gottesdienstlichen Verrichtungen bequemen.

Man bemerkte diesen Einfluss einer freyeren Denkungsart auch sehr früh in Rücksicht der Klœster. Viele von ihnen, sonst die Herrscher des Landes, wurden izt von ihren Schirmvœgten gedrückt und beraubt, und nur zum Nutzen des Landes errichtete man neue, sonst lediglich Zufluchtsœrter des Gebets und der Andacht. Die Bürger verlangten Leutpriester, und das Ansehen der Mœnche fiel um so tiefer, je weiter sie sich von

ihrer

ihrer uralten Lebensweife entfernten. Berchtold, ein ehrbarer Schufter, zerftœrte in Rüti ein neues Præmonftratenfer Stift (28). Manche erhielten fich nur von der Frœmmigkeit einzelner Grofsen, manche nur als Zufluchtsœrter unverheyratheter Fræuleins (29), und als unverœufserliche Familienerbfchaften. So entftand Kappel, St. Urbans Klofter im Aargau, Yofingen, das Klofter vom heiligen Kreuze zu Trub, und ein vom Freyherrn Etal von Lafaren geftiftetes Præmonftratenferklofter bevœlkerte das Iurathal unglaublich in einem halben Iahrhundert.

Die alten Klœfter verfochten übrigens ihre Legenden und ihren Glauben aufs eifrigfte. Man fieht fie aber darum in ihrem Lebenswandel nicht regelmæffiger und ordentlicher werden. So gebot, fchon im Anfange des dreyzehnten Iahrhunderts der Rath den Prieftern zu Zürich, fich ihrer Konkubinen zu entledigen (30), und im Thurgau war um das Iahr 1215 eine Sekte entftanden, welche unter anderen, jede Ausfchweifung in der Liebe (*omnis Veneris ufum*) verftattete. Hainrich ein herumziehender Schüler Peters von

Bruis

Bruis verbreitete auch hier eine myſtiſche Galanterie (31), und Rather von Verona behauptet, es ſey unter den Prieſtern kein einziger geweſen, der ſich nicht des Ehebruches oder der Knabenſchænderey ſchuldig gemacht habe (32).

Sowol wæhrend der Kreuzzüge, als wæhrend der Streitigkeiten der Kaiſer mit dem rœmiſchen Hofe fingen die Unterthanen an ſich zu erholen. Die herrſchende Geiſtlichkeit wetteiferte mit der weltlichen Obrigkeit ihnen in neuen Vorrechten Erleichterung zu geben: die benachbarten Stædte ſchützten ſie durch die Feſtungswerke in ihrem Beſitz, und ſtreckten ihnen auch Geldſummen vor. Selbſt die Leibeigenen kamen wieder zu Athem; man überließ ihnen Grundſtücke gegen einen ewigen Zins an Vieh oder Früchten; der Fleiſs muſste ſich verdoppeln, indem er hier zu gewinnen oder zu verliehren hatte; und die Familien vermehrten und vergrœſserten ſich vortheilhaft durch den Anbau des Landes. Alle Staatsæmter wurden einem jeden Bürger erœfnet, und an jedem Orte fand der Künſtler Nahrung und Aufnahme.

Selbſt

Selbst auf gebildeten Geschmack und auf feine Lebensart fieng man Ansprüche zu machen an. Die Dichtkunst begann die Herzen zu erwärmen und eine Galanterie, ein Geist des Ritterwesens stellte die Geschlechter in ein anständigeres Verhæltniß. Die unaufhœrliche Bewegung durch Fehden gab dem männlichen Geschlechte einen romanhaften Schwung und in jenen kriegerischen Wallfahrten zum gelobten Lande gewann es eine entschiedene Neigung zu allen Gattungen von Abentheuern. Derselbe Geist der Schwærmerey, welcher die Mænner zur Theilnahme an jenen geheiligten Kriegen verführte, flœste ihnen einen Enthusiasmus für die Unschuld und Zartheit des weiblichen Geschlechtes ein, lehrte sie die Tugenden des Mannes, Muth, Unerschrockenheit, Ehrliebe und Hœflichkeit, und belebte sie mit einem Hange zur Dichtkunst, der alle ihre Gedanken aufklærte und verschœnte. Die mannichfaltige Vermischung ganz verschiedenartiger Nationen, mit welchen sie Krieg führten, entlegene Lænder und fremde Gegenstænde, mit denen sie bekannt werden mußten, bereicherten ihre Einbildungskraft, schærften

alle

alle Seelenkræfte und verfeinerten ihre Empfindungen. Das Weib ward ihnen in der Ferne fchæzbarer und ein Gegenſtand ihrer Gelübde. Die Minneſænger regten ſie zu einer noch hœheren Empfindbarkeit auf. Und ſo entfaltete ſich allmæhlich jene zauberiſche Blühte einer fchœnen Schwærmerey, welche mehrere Jahrhunderte hindurch Thaten erſchuf, und Thaten in holden und freundlichen Liedern aufbewahrte.

Auch die italieniſchen Unruhen, beſonders aber die Zerſtœrung von Mayland, trugen zur Bildung des Landes wahrſcheinlich das Ihrige bey. Die Künſte hatten in dieſer Stadt ſich ſchon einheimiſch niedergelaſſen, und wanderten nun in die Nachbarſchaft aus. Dazumal entſtanden die Zürcher Gewerke, der Handel mit der im J. 1143 aus Sizilien gebrachten Seide fieng an, betræchtlich zu werden; er ward aber ſchon im J. 1240 wieder von Zürich nach Como verlegt (33). Eine Verbindung der Zürcher mit den rheiniſchen Stædten ſicherte ſowol ihren auswærtigen Handel, als auch die ælteſten Stadtſatzungen führen ſehr merkliche Spuren von

der

der obrigkeitlichen Vorsorge für innere Gewerke, Kunst, Handelsfleiss und Kredit.

Die freyen Männer von Schweiz machen sich zum erstenmale in dieser Periode bekannt. Unweit des Waldstättersees waren sie am Fusse des Haken mitten unter schœnen Wiesen, von der reinsten Alpenluft umflossen und erfrischt, den Eingebungen des Frohsinnes unabhængig gefolgt, übertraten niemals den Kreis einer ruhigen Bauernwirthschaft, und schienen nur dem Geiste der Freyheit zu leben.

Aus einem alten nordischen Stamme scheinen sie sich zuerst durch eine Hungersnoth oder andere allgemeine Volksunfælle Familienweis hieher gerettet zu haben (34). Sie zeichneten sich von den Nachbaren durch Stærke, Grœsse und männliche Schœnheit aus; sie hatten zwar ihre eigenthümliche Sprache im Ganzen verlohren, aber auch noch die übriggebliebenen Spuren derselben sonderten sie von den übrigen Vœlkerschaften merklicher ab. Vieles in ihren Gesängen, das mit den gothischen und lombardischen Lie-

Liedern zusammenstimmt, deutet auf ihren skandinavischen Ursprung hin (35). Nachdem ein fraenkischer Graf ihnen einen vergeblichen Widerstand geleistet, liessen sie sich hier nieder, von der Schoenheit und Milde des Landes, von der Fruchtbarkeit seiner Weiden gefesselt.

Sie lebten in voelliger Unabhaengigkeit, erwarben sich den Schirm des Reiches freywillig (36); und zogen ihm zu 300 bis 600 Mann zu Hülfe; das allgemeine Landrecht war das alemannische Gesetzbuch, und der Herzog von Schwaben der vom Kaiser bestellte Richter. Der Graf von Lenzburg ward wegen der Entfernung des Kaisers oft auf einige Iahre zum Schirmvogt erwaehlt, aber immer blieb die Hauptregierung in den Haenden der Gemeinde eines jeglichen Thales. Diese erwaehlte zum Oberhaupt einen Landammann aus den Freyen (37); kleine Zwiste standen unter dem Ausspruche von sieben oder neun Richtern (38), Ehrensachen unter einer doppelten Zahl, groessere unter noch mehreren. Das Blutgericht ward in des Kaisers Namen vom Reichsvogt gehalten. Zuerst lebten sie

in

in einzelnen Hütten zerstreuet, und nur später sammelten sie sich in mehrere Dorfschaften. Einzelne Gegenden, wie Schweiz, Uri und Unterwalden wurden so von einander unabhængig, und allein wieder durch eine abgedrungene Nothwehr oder Vertheidigung des Landes vereinigt (39).

In ungestœrter Freyheit und beynahe dem Namen nach unbekannt, lebten die Bewohner der Waldstætte als der Abt von Einsiedlen, Gero von Froburg, sie beym Kaiser, Heinrich dem Fünften, wegen unrechtmæssiger Abweidung seiner Triften verklagte. Der Abt begriff hierunter alles das, was er nur bauen und nutzen konnte (40). Die Hirten wollten nicht weichen, und wurden von dem Abte vor das Gericht der schwæbischen Grossen gefodert; allein sie behaupteten, unmittelbar unter dem Kaiser zu stehen. Hierauf kam die Sache vor Heinrich dem Fünften, 1114. dieser sprach für den Abt, aber die Hirten wichen nicht von ihrem geerbten Eigenthum. Lange blieben sie in seinem Besitz, aber nach dreissig Iahren erhielten die Mœnche von Konrad ein Gebot an Schweiz, und an seinen 1144.

Schirmvogt, den Grafen von Lenzburg, die Weiden zu raeumen. Auf eine trotzige Antwort, sich bey der Ungerechtigkeit des Monarchen nun selber schirmen zu wollen, fielen sie in Acht und Bann. Aber ihnen folgte Uri und Unterwalden; ohne Furcht gingen sie nunmehr frey ihrem Handel und ihren alten Beschæftigungen nach, ihr Freyheitsgeist steckte die benachbarten Thæler unvermerkt an, und so ward jene merkwürdige Revolution schon hier in einem schwachen Keime vorbereitet. Indeſs foderte sie nachher der Graf von Lenzburg, Ulrich, zu Hülfe seines Kaisers und Freundes, Friedrichs des Ersten auf; sie vergaſsen die Vergangenheit
1155. gænzlich; sechshundert ergriffen die Waffen, und verlieſsen ihn und seinen Nachfolger, Friedrich den Zweyten, nicht, unter allen sie treffenden Unfællen, trotz dem Fluch und dem Reichsbann.

Nach der Erneuerung des Schweizerbundes wælilte Unterwalden den Grafen von Habsburg, Rudolph, zum Schirmvogt; Otto
1209. der Vierte gab ihn den Waltstætten zum Reichsvogt. Man erkannte sein Amt, er hielt das
Blut-

Blutgericht, das Land von Raubern rein, und 1214. als Graf Heinrich von Rapperschwyl die Heerden der Schweizer auf allen Gütern des Kloster Einsiedlen beschædigte, vermittelte er einen Vertrag, in denen man die Berge den Hirten zugeſtand. Der Friede ward hergeſtellt, und die Schweizer genoſſen ihrer Ungebundenheit wieder.

Endlich ſtarb in dem Iahre, als Rudolph 1218. von Habsburg, nachher Kœnig der Deutſchen, gebohren wurde, jener ſo bekanntgewordene Herzog von Zæhringen, Berchtold, und mit ſeinem Tode erœfnet ſich ein neuer Zeitraum, in dem wir ſchon alles einer groſsen Staatsverænderung allmæhlig ſich heineigen ſehen.

Zehntes Kapitel.

Habsburg und Savoyen.
vom I. 1218-1264.

Graf Ulrich von Kyburg, der eine Schwager Berchtolds, war fein Erbe in Burgund, der Herzog von Teck und der andere Schwager der Graf Eger von Hohenaurach in Schwaben, und der Markgraf von Baden im Briesgau. Zürich und Bern erhielten die Reichsfreyheit (1).

In Zürich hielt der Reichsvogt das Blutgericht vor dem verfammelten Volke (2), die Bürgerfchaft arbeitete fich allmæhlig zu einer Gleichheit hervor, und felbft die Bauerhœfe genoffen die Rechte eines gleichen Gerichtes. Die Geiftlichkeit ward immer mehr zu den andern Bürgern gezählt, und mufste die Abgaben tragen helfen (3).

Bafel

Basel strebte darnach, seine Rathswahl von dem Einflusse des Bischofes loszumachen, aber lange vergebens. Sie errichteten übrigens Zünfte und knüpften einen Bund mit vielen Stædten am Rhein (4) zur Sicherheit ihres Handels. Auch in Solothurn (5) und Schaafhausen entwickelte sich eine Art von Freyheitsgeist; ein Rath schlichtete gewœhnliche Hændel, grœssere die Vorsprache der Bürger (6). Die Handwerker drængten sich nachgerade der Staatsregierung mit auf. Schaafhausen (7) stand unter einem kaiserlichen Reichsvogt, der Bischof bestimmte alljæhrlich den Schultheiss; ein Theil des Rathes ward von dem Adel, der andere von den Bürgern besetzt. Iener hatte indess hier schon auf die Staatsverwaltung einen ansehnlichen Einfluss, Reichthum und eine angeerbte Geschlechtsehre gab ihm in der Versammlung über die anderen durch Fleiss emporgekommenen Familien so lange den Vorrang als er selbst nicht die Vorzüge verscherzte, und die Bürger an Vermœgen ihn nicht überragten.

Bern zeichnete sich durch ganz eigenthümliche Grundsætze aus, die, in seiner

Lage (8) und in den Verhæltnissen seiner Erbauung gegründet, ihm nachher eine so auszeichnende Staatsform vorschrieben. Zur Zeit ihrer erhaltenen Reichsfreyheit bestand die Bürgerschaft aus freyen Mænnern, welche sich mit einem Hause für ihre Treue verbürgten, der Stadt beyzustehen, und jedem Mitbürger zu helfen versprachen (9). Die innere Verfassung war indefs noch nicht so weit geordnet, dafs dem Einwohner in gewissen Fællen nicht Selbstrache erlaubt gewesen wære (10). Iæhrlich wæhlte man einen Schultheifsen und Rath, ein Venner besorgte das Kriegswesen und die Steuer; wovon jener nachmals auf sechzehn vermehrt, und zu welchem letzteren noch vier andere hizukamen (11). Der Rath richtete frey, und nur vom kaiserlichen Hofgericht abhængig.

Diese bürgerlichen Einrichtungen und der mit ihnen verknüpfte Wohlstand gab Bern bald eine Volksmenge, welche die von allen anderen Kantonen weit überschritt. Obgleich der Adel die ganze Regierung in den Hænden behielt (12), so wirkte die Bürgergemeinde durch ihre Venner doch immer auf

auf die Rathſchlüſſe derſelben. Ein *begüsterter* Adel war überdem in dem Beſitz dieſer Gewalt, und die unteren Stænde waren noch zu arm, um einen Druck ernſtlich beſorgen zu dürfen.

Aus dieſen Verhæltniſſen, aus dem Reichthume der Vornehmen, und aus der Eintracht der Bürger ſieht man den groſsen Einfluſs zugleich rechtmæſſig gefolgert, welchen Bern ſich auf die Angelegenheiten ſeiner Nachbaren verſchafte. Man ſieht dieſe Stadt bey dem geringſten Anlaſſe fœrmlich gewafnet (13), der Graf von Kyburg ſelbſt fühlt ihre Macht, mehrere Zwiſte werden lediglich durch die Vermittelung derſelben geſchlichtet, und es entſtehet ein Bund zwiſchen ihm, Freyburg, Wallis, Biel und Oberhaſsli.

Die Erbvogtey über Freyburg erhielt von ſeinem Vater Ulrich, der Graf Hartmann von Kyburg zur Morgengabe ſeiner verlobten Gemahlin, Margaretha von Savoyen (14). Er hielt hier im Februar, May und Herbſt, den Gerechtſamen der Bürger gemæſs, ſein Gericht (15); von den Geſetzen waren alle Abgaben

gaben auf das genaueſte beſtimmt (16), die Steuern zu den Kriegen waren feſtgeſetzt und geringe, und nur im Falle eines kœniglichen Auszuges zahlbar. Die Arten des Verkaufes und der Verpfændung, wie der Beerbung (17) waren auf die Angaben berechnet; die obrigkeitlichen Perſonen wurden von der Gemeinde gewæhlt, und nur von dem Grafen beſtætigt. Sonſt waren die Strafen und Geſetze noch grauſam und roh (18).

Nach des Herzogs von Zæhringen Tode verſuchte der Biſchof Berchtold von Wellſchneuburg, das Ioch der kaiſerlichen Schirmvogtey von Lauſanne abzuwerfen (19), und verband ſich, als die Grafen von Kyburg, des Zæhringers Nachkommen, dies Vorrecht wieder foderten; mit dem Grafen Thomas von Savoyen feſter. Auch der ihm nachfolgende Biſchof Wilhelm von Esklübens behauptete dieſe Anmaſsung gegen die Macht Aymons, Freyherrn von Faucigny, welcher Kyburgs Anſprüche erkauft hatte. Dieſe Unruhen wurden ſo grofs, daſs nach ſeinem Tode, Bonifacius, der Nachfolger (20) ſeine Würde niederlegte, weil er alle ſeine Bemühun-

1219.

1220.

-hungen zur Kultur des Stiftes durch die Verwirrung in den Geschæften und Gemüthern vœllig vereitelt sah. Aber dies ward eine neue Veranlassung zum Streite. Das Kapitel war über die neue Wahl uneins. Philipp von Savoyen und Iohannes von Lossenay waren die Mitwerber. Der Freyherr von Faucigny drang hierauf in die Stadt, um die Wahl für Savoyen zu zwingen. Man vermittelte den Frieden; aber als man den Herrn von Lossenay nachmals in die Stadt aufgenommen und dieser die Gegend umher besetzt hatte, kam Faucigny wieder. Die ganze Stadt kam in Aufruhr, einige Grafen verbrannten, es kam für Lossenay ein Zugug von Murten und Bern; und endlich brach Peter von Savoyen mit sechstausend Mann in die Stadt. Indeß ward noch die Wahl des Iohannes vermittelt.

1244.

Ueberhaupt hatten in diesem Iahrhundert verschiedene Geistliche und Priester sich mit List oder Gewalt der besten Lænder Helvetiens bemæchtigt. Die Bischœfe von Konstanz und Lausanne hatten große Strecken in ihrer Gewalt. Diese waren außer ihrem

Bezir-

Bezirke noch Gerichtsherren im Ryſthale und über die Kaſtenvogteyen Lüſſans und Wielisburg. Der Biſchof von Baſel beſaſs die Stadt und das ganze Gebiet der alten Raurachen, und hatte Anſprüche auf die Neuenſtadt, das Erguel, den Deſſenberg und die Gegend um Biel. Glarus gehœrte der klœſterlichen Herrſchaft von Seckingen, Solothurn an St. Urſus (21), Schaafhauſen ſeinem eigenen Kloſter. Der Abt zu St. Gallen beſaſs beynahe das ganze Reinthal und Appenzell; das Kloſter Murbach im Elſaſs die Stadt Luzern, und das Stift von Luzern von Unterwalden ein Theil. Der andere derſelben gehœrte nebſt einem Theil von Schweiz und Uri dem Stifte zu Münſter.

Dagegen war der andere Theil von Helvetien in den Hænden des zahlreichen hohen und niederen Adels. In wenigen Iahrhunderten hatte man an fünfzig græfliche, hundert und funfzig freyherrliche, und an zwœlfhundert ritterliche Familien blühen geſehen. Die Güter der Herren von Regensberg umgaben gænzlich die Stadt Zürich. Das übrige Zürichgau, nebſt den Graffſchaften Baden und

Lenz-

Lenzburg, und dem Yugergebiete gehœrte den Grafen von Kyburg und Landgrafen im Thurgau. Der Graf von Habsburg befaſs ein groſses Stück des Aargau; der Graf von Ferburg und Bucheck die Stædte Yofingen und Aarburg, und das Buchsgau von Olten bis Pipp; die Grafen von Thierſtein und Homberg hatten einen Theil vom Basler Gebiete, die von Rothenburg einen vom Luzerner. Die Barone von Wiſſenburg, Grandſon und Laſſara, die Grafen von Neuenburg und Gieyerz, beſonders die von Savoyen (22) erſtreckten ihre Herrſchaft über groſse Theile Helvetiens. Die Grafen von Toggenburg und Rapperſchwyl befaſsen die Reſte von der Herrſchaft St. Gallen und Konſtanz. Es war daher nicht zu verwundern, daſs die Geiſtlichkeit mit dem Adel ſich unaufhœrlich herumſtritt, und wenige Fehden beyden Theilen die Lænder unbrauchbar machten.

So verſuchten auch in Wallis die Groſsen gegen die biſchœfliche Gewalt ihre Kræfte. Mehrere Burgen entſtanden, und ſie ſelbſt wurden beſtændig durch Raub und Beutemachen in einer raſtloſen Bewegung erhalten,

aber

aber der Bischof behauptete seine Gerechtsame muthig durch hohe Vormauern und unbezwingbare Schloesser.

Man sieht durch diese Zwiste überhaupt aber die Entstehung der Reichslænder und Reichsstædte begünstigt. Mancher Ort rettete sich durch eine solche Unmittelbarkeit aus den Hænden beyder Partheyen, und indem diese vielleicht nur über die Hælfte derselben stritten, entwischte am Ende beyden das Ganze. Die gegenseitige Eifersucht der grosen und kleinen Fürsten gab ihnen dann eine Sicherheit, in der sie sich unvermerkt zu grœsseren Vorrechten ausdehnten, und selbst die Abwechselung ihrer Schicksale, besonders während des Zwischenreichs vom I. 1250 bis 1273, in dem sie bald Freyheiten gewannen, bald wieder einbüſsten, machte sie auf ihren wahren Vortheil um so aufmerksamer. Dem Adel zum Trotz erhielt manche Stadt ihre Unabhængigkeit. So lieſs Berchtold der Fünfte Freyburg und Bern in den Vorrechten der Reichsstædte bekræftigen, und so nahm sich der Graf von Habsburg der Stadt Zürich gegen die Freyherrn von Regensburg an.

Das

Das durch des Herzogs von Zæhringen Tod erledigte Waatland kam bey der Ohnmacht der Kayſer nun unter die Herrſchaft Peters von Savoyen. Seine Richter ſprachen in den Streitigkeiten der niederen Hœfe; er beſaſs die vornehmſten Zœlle (23), nur an wenigen Stellen ward er durch die Rechtsſprache noch anderer Groſsen beſchrænkt (24). Doch baueten mehrere Adliche ſich an, Rolle ward grœſser, ſchœner und volkreicher, und andere, wie Yverdun, erhielten ſich in ihrer Reichsfreyheit einen ſicheren Schatz; andere Stædte freueten ſich noch mancher Vorrechte als Belohnung geleiſteter Dienſte, und die Stifter bekamen in der zunehmenden Ruhe zugleich Gefühl für die Schœnheit ihres Landes, fingen an es regelmæſſig zu bauen, und wurden auch durch ihre Arbeiten reich. Selbſt das geſellſchaftliche Leben ſcheint ſchon damals ſich zu der Eleganz hingeneigt zu haben, welche dieſe Landſtrecke noch izt unter allen benachbarten ſo eigenthümlich gehœrt.

Mit dem Falle des Reiches unter Friedrich dem Zweyten, hœrte jeder einzelne Fürſt auf ein Bürger eines allgemeinen Staates zu feyn, jeder errichtete um fich her einen eigenen Wirkungskreis, und zog soviel von nachbarlichen Kræften hinein, als er nur konnte. Peter von Savoyen ragte durch Muth und Tugenden damals unter allen seinen Zeitgenossen hervor (25). Doch verfuhr er immer, so lange die Herrschaft Friedrichs noch schwankte, mit kluger Mæssigung. Als aber Graf Willhelm von Holland, der neugewæhlte Kaiser, dem Bischofe von Sitten auftrug, alles kaiserlich gesinnte Land wegzunehmen, und man ihn gegen Manzepan von Mœrill zu Hülfe rief, ging er nach Wallis und demüthigte es. In St. Moritz erhielt er des heiligen Mauritius Ring (26), und mit ihm die Schirmvogtey von Wallis. Peter galt am englischen Hofe fast alles (27), und als Richard von Kornwallis um die deutsche Kœnigskrone stritt, so erhielt er, nach dem Absterben Hartmanns des jüngeren Grafen von Kyburg, die Belehnung mit allen seinen erblos hinterlassenen Lehen.

Der Adel sammelte sich bald hierauf, seiner Beherrschung müde, gegen Peter, aber ward von ihm bey der Belagerung von Chillon

lon überrafcht und gefchlagen. Dies gab ihm die Gewalt über die ganze Gegend, er bauete zu feinem Schutze viele Schlœffer und Burgen, und ließ fich vom Kaifer mit der Waat fœrmlich belehnen. Hierauf fetzte er auch Hugo von Palefieux zum erften Landvogt über dies Land. Die Stænde deffelben verfammelten in Moudon fich jæhrlich, und einen begehrten Landtag mufste der Landvogt binnen drey Wochen zufammen berufen. Die Geiftlichen (28), der hohe Adel (29), die Stædte (30) kamen dann zur Berathung zufammen; die Stænde und der Fürft befanden fich in einem angemeffenen Gleichgewicht; nur die favoyifchen Generalftaaten und des Kaifers Obergewalt entfchieden betræchtliche Zwifte.

Kaifer Friedrich der Zweyte hatte fich durch Gnade und Schutz in Schweiz, die 1231. treueften Freunde gemacht. Immer unterftützte ihn der Abt von St. Gallen, ftiftete mehrmals Frieden, und zog mit ihm felbft in den Krieg wider den Herzog von Oeftreich. Diefem Abt Konrad, verdankt St. Gallen überhaupt viele feiner glænzendften Verbeffe-
run-

rungen, und er hinterließ dem Stifte, ungeachtet einer, für jene Zeiten außerordentlichen Verschwendung (31), ansehnliche Summen im Schatze. Auch sein Nachfolger Walther von Trautburg war dem Kaiser so treu und hold, daß er nach der unglücklichen Schlacht von Frankfurth abdankte, und alle seine Güter verließ.

Zürich verwies seine Priester aus der Stadt, weil sie seinen gibellinischen Bürgern, welche mit dem Kaiser zugleich in den Bann verfallen waren, nicht dienen wollten. Man nahm sie nun wieder unter der Bedingung an, den Gottesdienst auch für diese zu halten.

1240. Zu derselben Zeit, als die Schweizer ihre Freyheit vom Kaiser Friedrich erhielten, und sich von der Herrn von Habsburg Schirmung losgemacht hatten, hinterließ Albrecht von Habsburg seinem ältesten Sohn Rudolph seinen Antheil am habsburgischen Hause; indeß sein Oheim zu Laufenburg (32) den anderen besaß. Nur in dem mittelmäßigen Glücke, und mit den bedeutungslosen Ansprüchen eines Landgrafen von Elsaß und Grafen

Grafen von Aargau gebohren, stürzte sich Rudolph, durch einen feurigen Geist der Ungeduld getrieben, in weitaussehende Plane einer grœsseren und unumschrænkteren Gewalt und in die ausserordentlichsten Gefahren.

Der Sohn des Grafen von Lauffenburg (33) ræchte zuerst seine Kühnheit an ihm durch die Abbrennung seiner Stadt Brugk. Auch seinen mütterlichen Oheim, den Grafen von Kyburg, beunruhigte Rudolph, und zwang ihm für die Rechte seiner Mutter eine Geldsumme, und nachher das ganze 1243. Erbgut von Kyburg ab. Als Gibelline war er im Banne, indeß erlaubte man zu Muri, dem Kloster ihres Hauses einigen Gottesdienst; als aber Rudolph nach wenigen Iahren in einer Fehde mit dem Bischof zu Basel St. Marien Magdalenen Kloster verbrahnte, verfiel er in ein pæbstliches Interdikt. Hierauf that er, vielleicht zur vorgeblichen Versöh- 1255. nung der Kirche, einen Kreuzzug wider die Preussen (34).

Der Graf von Lauffenburg söhnte sich hierauf mit Rudolph aus, und bey der Annæherung des Todes vom alten Grafen von Kyburg, suchte dieser den Bischof Walther von Strasburg durch Fürsprache und Dienstleistungen zur Herausgabe der kyburgischen Vererbung zu bewegen (35); aber er erhielt dies nicht eher, als er bis zu seinen Feinden übergetreten war, und ihm grossen Schaden zugefügt hatte (36), von dem folgenden Bischofe. Nach dem Tode des alten Grafen huldigten ihm alle Edeln, Städte und Bürger seiner neuen Besitzung.

1251. Zürich, Uri und Schweiz traten in dieser Zeit zuerst in Verbindung, und sie beschworen in einen dreyjæhrigen Bund einander gegen jedermann zu rathen und helfen, und sich gemeinschaftlich gegen alle Angriffe zu schützen. Indess ward Uri selbst durch die Fehden der Ezelingen und Gruben innerlich zerrüttet, und nur mit Mühe legte Rudolph, ihr Schirmvogt, sie bey.

Rudolph von Habsburg schien sogleich beym ersten Anblick zum Herrscher gebohren. Gross und schlank, war er einer der blassen Gestalten, welche mit einem kalten Schleyer

eine

eine tiefliegende innere Gluth verdecken. Eine Faſſung für die erſchütterndſten Zufælle, eine immer gleiche Stimmung des Geiſtes hielt ihn allenthalben ſich ſelbſt bewuſst, und niemals, unter allen Gefahren ſeiner Kriege, unter allen Arbeiten ſeines mühſeeligen Lebens verließ ihn die heitere Ruhe eines gleichgültigen Gemüths; er ſcherzte gern, liebte die Weiber, aber ſchwelgte nie. Eine Fülle von blühender Kraft und Geſundheit unterſtützte alle ſeine Unternehmungen; Mæſſigkeit ſtærkte jene, und eine Bedürfniſsloſigkeit (37), welche ſich mit den geringſten Kleinigkeiten des Lebens beſchæftigen konnte, erheiterte ſeine unruhigſten Stunden. Im Schooſe des ſtillſten Friedens wachſam auf jedes ihm næher ſchleichende Uebel, kælter bey ſeiner Ankunft, immer über den Ausgang unbekümmert, war ſeine Empfindbarkeit den leidenvollſten Schlægen des Schickſals entwachſen, und von einer beyſpielloſen Leidenſchaftsloſigkeit unterſtützt, vermied er jeden Anſtoſs weit leichter, der ihm ſeine Zukunft hætte verderben kœnnen. Er behandelte im Kriege die Prieſter den Kriegesgeſetzen ge-

R 2 mæſs,

mæſs, aber er hatte gegen die Religion eine ungemeſſene Ehrfurcht (38).

Kœnig Richard lag in England gefangen, und das deutſche Reich ſank, ſich ſelbſt verzehrend, in eine vollkommen aufgelœſste Anarchie. Keiner unter den Fürſten fühlte Kræfte und Muth genug, nach der Krone zu greifen, ſondern jeder ihrer Anſprüche beſchrænkte ſein Geluſt nach Macht auf niedrige Ræubereyen und Plünderungen innerhalb ihres Gebietes. Rudolph beſchloſs die Bürger zu ſchützen. Sie verſammelten ſich gern unter ſeinem Befehle (39); an eine grœſsere Ordnung durch ein geſittetes Leben gewœhnt, von den durch Fleiſs und Handlung erworbenen Reichthümern wirkſam aufrechterhalten, durch geſellſchaftliche Verhæltniſſe mit den Künſten der Verſchlagenheit vertrauter geworden, bildeten ſie ſo einen mæchtigen und hœchſt thætigen Kœrper.

Bald darauf von den Schweizern zum Schirmvogt gewæhlt (40), legte Rudolph die Streitigkeiten zwiſchen dem Biſchof von Chur

und

und den Edeln von Gruba bey, und hielt die Mænner in den Marken am Züricherſee, welcher der Anfang des Gebietes von Rapperſchwyl war, von Angriffen auf ſeine Schwelzer zurück. Rapperſchwyl (41), Toggenburg (42), Regensberg (43), St. Gallen und Baſel waren mit einander im Bündniſs, und kurz auf jene Ereigniſſe, fand ſich Rudolph mit ihnen in eine groſse Fehde verwickelt.

Zürich wandte ſich an Lütold von Regensberg um ſeinen Schutz, aber, ohne ſich hierauf einlaſſen zu wollen, foderte er ſie auf, ſich ihm ganz zu ergeben. Man ſandte darauf zu Rudolph, dieſer nahm ſie freundlicher an, und beſchwor ihren Vertrag. Dies beunruhigte den Herrn von Regensberg; man verwahrte die Schlœſſer, aber Rudolph betrog ſie ſo oft mit verſtellten Angriffen, bis er das Schloſs Wulp unverſehens überraſchte. Als hierauf der Herr von Regensberg mit ſeiner groſsen Mannſchaft die Gegend um Zürich beſetzte, belagerte Rudolph indeſs die Veſte Uzenberg, um die Zeit zu einer neuen Kriegsliſt zu erwarten. Die Belagerung ſollte eben aufgehoben werden, als die Unvorſichtigkeit

tigkeit eines Knechtes die Burg verrieth (44). Mehrere Veſten fielen ſo durch Liſt in die Hænde des Grafen (45); und nur durch die Vermittelung Ulrichs von Regensberg ſchonte Rudolph ſeinen Feind Lütold.

1260. Auch mit St. Gallen kam er in Krieg, und in Baſel hatte man ſeinen Adel beleidigt (46). Er verſoehnte ſich daher mit jenem (47), und hetzte ihn gegen dieſen auf. Die Güter von Baſel wurden ſo grimmig verheert, daſs ſie froh waren, den Frieden mit einigen Opfern erhalten zu koennen; und nur für eine gute Summe konnte ihn der Biſchof erkaufen.

1273. Einige adliche Geſchlechter wurden von einigen der Bürgerſchaft aus Baſel vertrieben, und Rudolph legte ſich dies zu ræchen, vor die groeſsere Stadt. Der Bürgermeiſter Hugo Marſchall wagte hierauf einen Ausfall, blieb zwar darin, aber Rudolph ward ſelbſt nur von ſeinem ſchnellen Pferde vor Gefangennehmung gerettet. Baſel wurde hierauf foermlich belagert, und die Gegend herum faſt gænzlich zerſtœrt.

Indeſs

Indeſs kam von Frankfurth die Nachricht, Rudolph ſey zum deutſchen Kœnig erwæhlt. Dies überraſchte dieſen mit unbeſchreiblicher Freude, er ward von den Baſeler Bürgern in ihre Stadt freywillig geladen, vergab ihnen alles, ließ einen allgemeinen Landfrieden ausrufen, und eilte nach Kœlln, von den Glückwünſchen des ganzen Volkes begleitet, um die Kaiſerkrone daſelbſt zu empfangen.

1273.

Dieſe Wahl, bloſs durch ſeine Tapferkeit und Güte veranlaſst, gab, ſo wie der deutſchen, auch der helvetiſchen Kultur eine ganz andere Geſtalt. Der allgemeine Landfriede beſænftigte wieder die erhitzten Gemüther; ein guter Vater mitten unter ſeinem Volke (48), war Rudolph an ſeiner Spitze der gefæhrlichſte Feind; in ſeiner Familie herrſchte zugleich ein hæusliches Glück, das alle ſeine Anſtrengungen nicht nur erheiterte und ſeine Sorgen verkürzte, ſondern ſeinen Unterthanen auch ein frœhliches, anlockendes Beyſpiel war.

Seine Verdienste um Helvetien allein machen ihn daher, der Unsterblichkeit werth. In Zürich setzte er die Einrichtung fest, alle zwey Iahre den Reichsvogt zu ændern, und ließ die Zwiste, unabhængig von anderen Ansprüchen, allein nach ihren Gesetzen entscheiden; er ehrte selbst den einzelnen Bürger der Stadt (49), und eroefnete sich durch Huld und Menschenfreundschaft ihre Herzen zur liebevollsten Anhænglichkeit (50). Auch Bern erwarb er sich so gænzlich zugethan, durch Bestætigung ihrer Rechte und Freyheiten; den Luzernern erwies er nicht nur die nemliche Gnade, sondern machte sie auch reichslehensmæssig. Biel erhielt die Freyheiten von Basel, und andere Stædte, wie Solothurn und Schaafhausen, wurden von der auswærtigen Gerichtsbarkeit gænzlich befreyet. Die Schweizer versicherte er, immer in ihrer Freyheit zu schützen (51). Mühlhausen, das er erobert hatte, gab er mit vermehrten Freyheiten an das Reich zurück, und Winterthur verlieh er das Recht einer freyen Schultheissenwahl und gemilderter Steuern. Mehrere andere Anstalten befestigten noch in anderen Gegenden Frieden und Freyheit.

Wenig

Wenig Fürsten waren dem Adel so freundlich und hold als Rudolph. Er begünstigte ihn immer im Frieden und Kriege, und unterstützte nach allen Kræften den Glanz der alten Geschlechter. So machte er den Freyherrn Hermann von Borstetten zum Reichsvogt von Zürich, und zum Landrichter des ganzen Thurgau.

Auch die Geistlichkeit ließ er, ungeachtet er sie im Nothfall bekriegte, ungestœrt im Besitz ihrer Güter und des erworbenen Vermœgens. Er wünschte diesen Stand mœglichst geehrt, aber er verstattete darum doch niemals einen Druck derselben aufs Landvolk. Er erhob mehrere Aebte zu Reichsfürsten (52), und hielt mit dem Papste Gregorius dem Neunten, zur Bestærkung eines angesponnenen freundschaftlichen Verständnisses eine feyerliche und kostbare Zusammenkunft (53). Aber alle Klœster mußten steuern, gleich den anderen Unterthanen; seine Wachsamkeit ließ nie den Priesterstand aus den Augen, und litt keine Ausschweifung über irgend eins der sittlichen Verhæltnisse.

Manche seiner Anstalten scheinen überhaupt den Zweck einer Wiederherstellung des burgundischen Reiches für seinen Sohn Hartmann gehabt zu haben (54). Er nahm dem Abte von St. Gallen das Gruninger Amt mit List, und die Herrschaft von Ittingen mit Gewalt (55); er kaufte von den Kyburgischen Grafen ihre Rechte auf Fryburg in Urchtlande für dreytausend Gulden (56). Aber ein Krieg mit Savoyen veränderte seine Aussichten und Plane. Graf Peter hatte seinem Bruder Philipp die Landeshoheit hinterlassen, diesem schwuren die Berner Gehorsam; auch nœthigte er den Iohannes von Lossonay, ihm Beystand zu versprechen (57), und er selbst war durch seine Gemahlin Graf zu Hochburgund. Die Berner traten aber nach Rudolphs Regierungsantritt unter den Schutz des Reiches zurück (58), und kaum vermittelte schon damals der Papst und England einen Frieden zwischen Philipp und Rudolph.

Doch nicht lange darauf brach der Krieg dessenungeachtet bey einer neuen Veranlassung aus. Der Graf von Pfirt und Mümpelgard hatten an die Schirmvogtey von Bruntrut gemein-

gemeinfame Anfprüche. Iener huldigte deshalb dem Stieffohne des Grafen von Savoyen, Otto. Der Bifchof von Bafel, an den Bruntrut gefallen war, Rudolphs Freund, ward von Diebold, Grafen von Pfirt gefchlagen; aber der Kœnig nahm Mümpelgard weg, und unterwarf fich den Grafen.

1271.

Die Schwefter des Grafen Philipps von Savoyen glaubte fich überdem noch durch den Verkauf Eberhards feiner Rechte über Freyburg an ihren Einkünften gefchmælert, und Philipp befchwerte deshalb Freyburg mit neuen Zœllen. Der Kœnig fuchte es zwar zu vermitteln, aber nach einer trotzigen Antwort, kam der Kœnig felbft mit Truppen in das welfche Helvetien. Sein Sohn Hartmann zeichnete fich in diefem Feldzuge vorzüglich aus; er war es der am meiften den Grafen zum Frieden zwang (59), aber er erfoff unter Breifach bey dem Ort Rheinau mit feinem ganzen Gefolge.

Die letzte Demüthigung durch Rudolph war dem Grafen von Savoyen noch vorbehalten, als er zu Laufanne den Bifchof und Adel

aus

aus feinen Häufern vertrieben hatte. Das von des Grafen Truppen befetzte Murten ward verbannt (60), und Philipp genœthigt auf diefe Stadt und Peterlingen Verzicht zu thun, wogegen er darüber den lebenslänglichen Schirm erhielt. Alle diefe Kriege gewannen den Grafen von Savoyen, die an fich gebrachten Reichsgüter wieder ab, führten fie in die befcheidenen Schranken einer alten, unverdæchtigen Gewalt zurück, und liefsen ihnen nur den Genufs angeerbter Herrfchaften.

1284. Endlich ftarb das Haus Rapperfchwyl aus, und vererbte feine Güter auf Iohann von Habsburg, Herrn zu Lauffenburg. Auch
1285. Zofingen ergab fich bald darauf, mit Vorbehalt feiner Rechte, freywillig an das kaiferliche Haus.

Schon mehrmals hat die Gefchichte des Zwiftes erwænt, welcher in Genf zwey Partheyen, die des Bifchofes und die des Grafen gegen einander erbitterte. Immer gingen fie von den Verfuchen des letzteren aus, in irgend ein Vorrecht des erftern fich einzudræn- gen,

gen, und immer endigten sie sich nicht nur mit dem Verlust aller Ansprüche, sondern die Grafen büfsten auch beyläufig, und nachgerade einige Rechte ein, welche sie zur Ausdehnung ihrer Gewalt verführen konnten. Auch dieser Zeitpunkt ist mit den Eingriffen Aymons, Grafen von Genf bezeichnet, und man berief, bey dem geringen Widerstande des Bischofs, den Grafen Amadeus. Aber die Genfer hatten sich in ihm einen gefæhrlicheren habsüchtigeren Feind auf den Hals geladen, als sie durch ihn verdrængen wollten. Er weigerte sich, nach beygelegtem Streite, vor Erstattung der Kriegskosten, die vorher besessenen Güter (61) zu verlassen; nur mit Mühe schlofs man einen Vertrag, und selbst in diesem behielt er die wichtigsten Rechte (62), welche er nachher mit grofser Kunst zu erweitern verstand (63). Indefs hatte sich der Graf von Genf an die Erbfrau von Gex und Faucigny, Beatrix, gewandt, und vereint fielen sie über die Stadt her. Man trieb sie zwar wieder zurück, aber des Hochstiftes Besitzungen in Faucigny gingen verlohren, und Genf selbst fand sich von inneren Aufruhren zerrüttet. Endlich kam es zu einem

Ver-

Vergleiche, in dem man feſtſetzte, daſs der Graf von Savoyen die Burg von Genf behalten, und der von Genf ihm huldigen ſolle. Dieſer Verſuch ſeiner Feinde hatte jenen in dem Beſitze der Macht nur noch feſter geſtellt, und er benutzte klüglich errungene Rechte, um ſie vielleicht nach Iahren zur Unbeſchrænktheit zu machen.

1286. Kurz darauf gerieth Bern mit dem deutſchen Kœnig im Streit. Man hatte die Iuden eines Kindermords (64) wegen aus der Stadt verjagt; dieſe wandten ſich an den Kœnig, und er nahm ſich ihrer an. Es ergingen ihrentwegen Befehle an den Senat, dieſer erklærte aber, ihm lieber ungehorſam zu ſeyn, als jenes Verbot zu widerrufen. Funfzehntauſend (65) Mann rückten alſo gen Bern, aber alle Kriegsliſten des Kœnigs vermochten nichts gegen die wohlbefeſtigte Stadt (66). Durch die Verrætherey des Pfalzgrafen Ottos von Hochburgund, der ſich mit Frankreich vereinigen wollte, und den er darauf ſeine Pfalzgraffchaft von ihm zum Lehen zu nehmen nœthigte, in die Gebirge des Iura abgerufen, übergab er den Krieg wider Bern ſeinem

nem Adel. Aber die Berner fielen nun heraus, um Rache zu nehmen, der Adel ward 1288. aus feinen Schloefsern getrieben, und fiegreich fchlugen fie fich felbft durch die gefæhrlichften Pæffe hindurch. Herzog Rudolph, Sohn des Kœnigs, verfuchte hierauf einen plœtzlichen Ueberfall der Stadt, aber Brugger, ein Venner von Bern, vertheidigte fie, bis die anderen Bürger fich gewafnet hatten. Diefe fielen dann wieder heraus, der tapfere Walo von Greyerz erkæmpfte das blutige verlohrene Pannier wieder (67), die Kœniglichen wurden gefchlagen, und gaben die Belagerung auf. Ein Vergleich endigte die Fehde (68).

Der Kœnig fing nun an, mit Nachdruck fremde Herrfchaften an fich zu ziehen, und foderte grofse Beyfteuern von den Stædten, um feine Ausgaben beftreiten zu kœnnen (69). Den Abt von St. Gallen, Wilhelm, traf hierauf die Ungnade des Kœnigs. Er ging von feinem Hofe ohne Entfchuldigung weg, und erbitterte dadurch den Monarchen; er kraenkte feine Unterthanen, man klagte ihn an und die Befchwerden fanden ein geneigtes Gehœr. Man thät ihn in den Bann, aber

die

die Großen des Reiches verließen ihn darum noch nicht. Hierdurch noch ærger aufgebracht, fiel der Kœnig in Würtenberg, Zollern und Nellenburg ein, und bot die Schwarzenbacher gegen die Wyler auf. Der Bischof von St. Gallen verbrannte hierauf Schwarzenbach, und behauptete fünf Wochen lang Wyl; aber von allen verlaßen, war er genœthigt Frieden zu suchen. Er ging an den Hof, man begegnete ihm klein und demüthigend, und foderte Iberg in Toggenburg zum Ersatz. Der Abt weigerte sich deßen; und fiel hierauf in die Reichsacht. Der Kœnig kam selbst nach Gallen, um seinen Nachfolger zu weihen; alle Freunde des Abts wurden geschlagen (70) oder gefangen, er selbst irrte hülflos umher, von Land zu Land, immer verrathen, von niemanden mehr unterstützt (71), und nur des Kœnigs Tod machte seinem Elend ein Ende.

Rudolph starb im achtzehnten Jahre seiner Regierung, und im vier und siebzigsten seines Lebens zu Germersheim. Er hatte durch Kyburg, Baden, Lenzburg, Gosingen, Freyburg, Luzern und Grüningen seine Erb-
güter

güter erweitert, und gab seinen Soehnen, mit Bewilligung der Churfürsten das Land Oestreich, Steuer- und Windischmark, Krain und Burgau. Dies war die Grundlage einer künftigen Herrschaft, welche über alle Welttheile ihre Arme erstreckte. Durch eine kluge Mæssigung hatte er aber auch noch in der Freundschaft der Fürsten sich eine Sanction dieser Besitzungen erworben, welche einen ungestœrten Genuss derselben erhielten. Die Politik war ein Band neuerworbener Glieder in einer grossen Kette.

Der Geist seiner helvetischen Lænder aber scheint sich nur wenig geændert zu haben. Die Milde der Herrschaft war noch auf einen zu engen Zeitraum begrænzt gewesen, um durch die Barone auch den niedrigeren Volksstænden wohlthætig zu werden. Rhætien seufzete noch immer unter seiner eigenen Barbarey, unter den Gerechtsamen streitsüchtiger Freyherrn (72), unter den Anmassungen habsüchtiger Kirchen und Stifter. Die Nachbarschaft der unablæssigen italienischen Zwiste beunruhigte das Land durch eine gezwungene Theilnahme ihrer Fürsten, und was diese nicht

nicht verheerte, fiel unter den willkührlichen Fehden der Bürger.

Es konnte nicht fehlen, daß an manchen Orten die Landleute ihre Herren nachdrücklich an ihre verlohrenen und gepreßten Freyheiten mahnten. Das Gebirge der Waldstætte hat mehrere Beyspiele davon; daß sich die Bürger verbündeten, und Unabhängigkeit errangen. Aber in den meisten Ländern beschæftigten die Freyherren sie mit der Vertheidigung ihres Heerdes gegen andere Fürsten. Besonders verbarg der Iura eine Menge solcher räuberischen Herren; halbe Länder wurden weggegeben, um die andere Hælfte ruhig besitzen zu kœnnen (73); kein Recht war mit Genauigkeit ausgedrückt, kein Vertrag wurde gehalten, und die Gesetze, statt die Zwiste zu enden, waren die ersten Anlæsse derselben.

Nur die Republiken ordneten sich besser. Hier ward die Gerichtsverfassung, und der Bürgerverein um so feiner und enger geknüpft, je mehr außerhalb der Mauren die Gesetze sich auflœsten, eine zügellose Freyheit

heit den Adel auseinander zog, und Verschwendung seine Güter zerstreuete. Manche Stadt ward lediglich durch das Ansehen eines Geistlichen geschirmt. Luzern erfreuete sich vorzüglich dieses Glücks, und die ganze Gemeinde berathete hier die Hauptangelegenheiten, welche dem Senate vorgetragen werden sollten. Ein Schultheiſs hatte über alles die Aufsicht (74). Zürich ehrte seine Gewerke durch Errichtung seiner Innungen, welche sich auf den allgemeinen Rathschlag einen groſsen Einfluſs erwarben. Uri, Schweiz und Unterwalden waren vom Kaiser wiederholt in ihrer Freyheit bestätigt. 1291.

Die eigenthümlichen Güter des Kœnigs selbst litten hingegen unter einer Verdoppelung der Abgaben, die indeſs zum Glück noch mit Güte und Billigkeit eingehoben wurden, so nothwendig sie auch die kostbaren Unternehmungen des Monarchen gemacht hatten.

Eilftes Kapitel.

Albrecht von Oestreich, vom I. 1292-1307.

Das habsburgische Haus hatte nun unter Rudolph schon einen so raschen Schwung erhalten, daß eine gleichmæssig kluge Verwaltung allein schon hinreichend gewesen wære, es seinen angefangenen Gang bis zum hœchsten Gipfel verfolgen zu lassen. Die rastlose Thætigkeit, Albrechts von Oestreich, Rudolphs Sohnes, seine unermüdliche Standhaftigkeit, sein Scharfsinn und Muth, seine Ordnungsliebe und Selbstbeherrschung (1) auf der einen Seite, und auf der anderen, seine schrankenlose Habsucht, die Verachtung der gerechtesten Grenzen, machten ihn zu dem gefæhrlichsten Menschen, welche eine solche Periode nur antreffen konnte, um mit ihm alle benachbarten Lænder in einer einzigen Geschichte zu verschlingen. Aber indem er

den

den Ansprüchen seines Vermœgens nachgab, und seine Eroberungen erpreſste, ging er die Herzen vorbey, deren Sympathie ihm allein eine heilige Sanction derſelben hætte ſeyn kœnnen.

Das Gefühl ſeiner inneren überwiegenden Kraft, ein geordnetes Heer ganz neuer, vordem noch unbekannter Truppen (2), gaben ſeinem Geiſte und ſeiner Handlungsart einen eigenen und geraden Gang, der nicht nur alle ſeine Unterthanen und Nachbaren, ſondern ſelbſt ſeine Verwandten erbitterte. Die vornehmſten Lehne gab er überdem Leuten, welche man allgemein haſste (3). Seine Verweiſe waren bitter und beleidigend, ſeine Strafen ſtrenge, und ſeine Rache grauſam (4). Er fiel mit einer zügelloſen Wuth über ſeinen Feind her, und ſchlug ihn mehrentheils nicht allein, ſondern verderbte ihn gænzlich. Der Haſs gegen ihn war ſo allgemein, daſs viele ſeiner Bemühungen zur Erwerbung anderer Lænder fehlſchlugen (5), und Deutſchland ſeinem Stamme bis auf vier Geſchlechter die Kœnigskrone verſagte. Mit dieſem Fluch der allgemeinen Erbitterung beladen, kam er dann nach seines Vaters Tode in den vœlligen Besitz seiner Erblænder.

Die Schweizer erneuerten hierauf ihren alten Bund (6). Rudolph, Bischof von Konstanz vereinigte sich zu Kerzers bey Laupen mit dem Grafen Amadeus von Savoyen zur Wiedererhaltung der dem savoyischen Hause entrissenen Güter, und zur Schirmung von Bern. Auch schloß er ein Bündniß mit Neffenburg, Montfort und Scheer, mit Wilhelm, dem Abt von St. Gallen und Zürich. Er hatte sich überdieß schon mit den Bürgern von Rapperschwyl auf drey Jahre gegen den Herzog verbunden, und auch die Baseler wurden ihm abhold. Dieser allgemeine Haß äusserte sich zuerst, als der Graf von Nassau die Kœnigswürde erhielt.

Indeß schlugen die Zürcher in einer Fehde die Bürger von Winterthur. Graf Hugo von Werdenberg, des Herzoges Hauptmann, zu ihrem Schutze herbeyeilend, aber machte die Zürcher durch eine Kriegeslist 1292. sicher (7), überfiel, schlug und zwang sie zum Frieden (8). Albrecht selbst brach in

das

das Hochſtift von Konſtanz, die Nellenburg ward erobert, Landsberg weggenommen, Wyl muſte ſich ergeben, ward voellig verbrannt, und der vom neuen Koenige ausgerufene allgemeine Landfriede ſetzte dieſen Szenen der Verwüſtung und des Blutvergießens ein Ziel. Wohin nun Albrecht ſeine Hænde ſtreckte, wurde der Gang ſeiner Verſuche durch eine barbariſche Hærte der Ausführung kenntlich bezeichnet.

Kœnig Adolph hingegen ſchien das Land wieder mit dieſem Zeitpunkt verſoehnen zu wollen. Der Stædte Freyheiten wurden beſtætigt und vermehrt. Zürich und Bern erhielten das Recht eines Blutgerichts bey erledigtem Throne; Laupen die Beſtætigung ſeiner Verfaſſung; Mühlhauſen, Zollfreyheit und ein beſtimmtes Wahlrecht ſeiner Schultheiſſen.

Zürich trat hierauf noch mit ſeinem alten Feinde, dem Freyherrn Lütold von Regensberg, in eine zweyjæhrige Verbindung; Solothurn in das groſſe Bündniſs durch Bern, und in das von dieſer Stadt mit Amadeus geſchloſſchloſſene, und auf zehn Iahre Ludwig ſein Bruder, im romaniſchen Lande. Bern zeichnete überhaupt ſich ſchon durch die Menge, den Reichthum und Muth ſeiner Bürger hervorſtechend aus, durch die Ordnung ſeiner Verwaltung, und durch immer wachſende Verbeſſerungen ſeiner Maximen (9). Die reichsfreyen Bürger hingen immer gegen Albrecht getreulich an ihm; und Wilhelm von St. Gallen verließ den Kœnig bis auf den letzten Augenblick jener entſcheidenden Schlacht nicht, in der er das Leben verlohr. Selbſt als man gegen Bern nun anrückte, und dies dem Feinde nur einen kleinen Haufen entgegenzuſtellen vermochte, baten die Bürger nicht um Frieden. Unter Ulrich von Erlach zogen ſie dem Feinde bey Oberwangen am Donnerbühel entgegen, und ſtürzten mit einem entſetzlichen Feldgeſchrey auf die Schaaren; die Pferde derſelben wurden ſcheu, und riſſen mit ihren Reutern aus; was nicht floh, ward ohne Widerſtand erſchlagen, und das Fußvolk auch gänzlich beſiegt. Sie erlegten aus ihnen über vierhundert, nahmen dreyhundert gefangen, und erbeuteten zehn Fahnen (10). Dies Glück befeſtigte den Muth

1298.

von

von Bern, und sie konnten nun darauf denken, ihre Rechte nachgerade zu erweitern (11).

Der neue Kœnig Albrecht suchte nun die Wiederherstellung des Friedens im Lande. Verträge kamen zwischen Bern und Savoyen zu Stande, zwischen Bern und Laupen. Mehrere Freyherren suchten die Freundschaft der tapferen Berner. Kœnig Albrecht ward auch von Zürich, das er demüthigen wollte, be- 1298. gütigt (12). Er versœhnte sich mit Bischof Wilhelm von St. Gallen, und schenkte ihm Schwarzenberg.

Albrecht nœthigte hierauf den Abt Hans von Schwanden (13) in Einsiedlen, ihm die Kastenvogtey über Einsiedlen zu geben. Er nahm den Aebten zu Murbach, Interlaken, Dissentis und dem Stifte zu Luzern, ihre Gerechtsamen in Glarus, Luzern, Schweiz, Unterwalden und das Land Oberhofen bis an den Brüniberg. Er kaufte überdem allenthalben in den vorderen Lændern Güter und Leute. Hierauf trug er den Schweizern an, 1305. sich seiner Schirmvogtey zu ergeben; diese

wünſchten hingegen ihre alte Freyheit beſtä-
tigt (14). Aber er ward aufgebracht (15),
und befahl ſeinen Vœgten zu Rothenburg und
Luzern, ſie ſollten in ſeinem Namen, und
zwar nicht als des Kaiſers, ſondern als des
Herzogs von Oeſterreich, in den Waltſtætten
den Blutbann behaupten. Die Schweizer
machten daher einen zehnjæhrigen Bund mit
dem Grafen zu Horberg, und unterſtützten
ihn in des Kœniges Lande. Man ſandte hierauf
zu ihm um einen Vogt, und erhielt den Hermann Geſsler von Brunegk (16), und Berin-
ger von Landenberg, zwey verhaſste und
kühne Landesbedrücker. Dieſe beſchloſſen,
in den Waltſtetten zu wohnen; Landenberg
zu Unterwalden und Geſsler bauete einen
Herrenhof bey Alsdorf (17).

Indeſſen zeichneten in der Schweiz
mehrere Mænner durch beſondere Gaben ſich
aus; der Herr von Attingshauſen, welcher Geſandter der Schweizer bey Albrecht geweſen
war, die Herren von Biberen, Beroldin-
gen (18), Winkelried, Stauffachen. An dieſen
hing mit ganzer Seele das Volk. Alte un-
auflœsliche Grundſætze hingen ihre Herzen
zu einem ſtandhaften Bunde zuſammen. Die
Ruhe

Ruhe ihrer Einfalt und Einsamkeit gab jedem Gedanken, und den Entschlüssen einer kühlen Ueberlegung die Sanction des Ernstes und der Standhaftigkeit.

Die Reichsvoegte preßten indeß das Volk mit Strafen (19), Zœllen und Abgaben. Alle Klagen bey dem Koenig waren umsonst (20). Mit einer unertræglichen Verachtung wurden die Schweizer behandelt (21). Die Burgvœgte schændeten ihre Tœchter, und Wolfenschieß, einer von ihnen, tastete das schœne Weib eines Bauern, Konrads von Baumgarten an, ward aber von ihm erschlagen, als sein Weib schlau dem Buhler entschlüpfte, und ihn um Hülfe rief (22).

Der erste, der den Gedanken zur Freyheit gefaßt hatte, war Werner von Stauffachen zu Steinen in Schweiz. Da er reich und vornehm war, hatte er einen Theil seines Vermœgens zum Aufbaue eines Hauses verwandt, welches dem Landvogt Geßler sehr in die Augen fiel. Dieser machte ihm daher Vorwürfe, mit dem Zusatz: „es stehe Bauern „nicht an, ohne hœhere Bewilligung derglei„chen Hæuser zu bauen." Dies schmerzte dem Stauffachen um so mehr, da er aus einem

nem der edelsten Geschlechter herstammte, und sein Vater Landammann gewesen war.

Um den Folgen jenes Vorfalles daher thætlich zuvorzukommen, ging Werner von Stauffachen über den See nach Uri zu Walther, Fürst von Attingshausen, wo er den jungen Arnold von Melchthal, einen vom Landenberg gekrænkten Landmann (23), verborgen fand. Sie beschlossen hier, ihre Verwandte zu erforschen. Auf dem Rütli am Ufer des Waldstætterseeʼs (24), berathschlagten sie sich am 23sten November, brachten mehrere Freunde mit, und schlossen den Bund. Drey und dreissig herzhafte Leute vereinigten sich (25). Der næchstfolgende Neujahrstag ward zum Angriff bestimmt. Ein feyerlicher, schwærmerischer Schwur, im stillsten Schoosse der Nacht knüpfte ihre Herzen zu einer ewigen Eintracht zusammen, jeder hœrte auf sein eigen zu seyn, und eignete sich dem grossen Vorhaben an.

Der Vogt, Herrmann Gesaler, stellte hierauf durch einen auf dem Markte zu Altorf aufgesteckten Hut, den jeder Vorbeygehende grüßen sollte, die Ehrerbietung seines Volks auf die Probe. Willhelm Tell, ein Urner

Urner aus Bürglen versagte ihm diese Ehrenbezeigung; und ging voll Verachtung mit bedecktem Haupte vor dem Pfahle vorüber. Der Vogt verurtheilte ihn daher, vom Haupte seines einzigen Sohnes einen Apfel zu schiefsen. Das Wagstück glückte, da aber der Landvogt noch einen Pfeil bey ihm bemerkte, so fragte er ihn nach der Bestimmung desselben. Hierauf antwortete ihm Tell: „Niemand anderem als dir war er zugedacht, „wenn ich unglücklich schofs." Der Vogt getrauete sich aber doch nicht, ihn in seinem eigenen Land gefangen zu setzen, sondern führte ihn über den Waltstætterfee, um ihn in Küfsnacht zu verschliefsen. Ein Sturmwind erhob sich auf dieser Reife, und man gerieth in Lebensgefahr. Tell war als ein guter Rudrer bekannt, man fesselte ihn los, er ruderte bis an den Axenberg, hier sprang er aber ans Ufer, entfloh in einer Hohlung, und als der Landvogt ihm nachkam, erschofs er ihn mit einem Pfeile zwischen Küfsnacht und Brunnen (25). Ohne Theilnahme an der grœfseren Verbindung vermehrte er doch ihren Muth, und trug daher zur Entstehung der Freyheit nicht wenig bey.

Hier

Hier ſtehe man einen Augenblick ſtill, um ſein Gemüth auf die Erſchütterung durch eine Reihe ſeelenerhebender Auftritte vorzubereiten. Ein geheimer Entſchluſs, im Buſen der Erbitterung gebohren, wirbt ſich in dem Elend und der Nothwendigkeit tauſende von Anhängern. Dies iſt ein natürliches Ereigniſs in der Reihe der Dinge. Ein kleines abgehærtetes Hirtenvolk ſetzt das Wenige, was es beſitzt, langgenæhrten Ideen zu Liebe, gegen einen geübten Feind auf ein gefæhrliches Spiel. Die Weltgeſchichte kann davon mehrere Beyſpiele aufweiſen. Aber die bewunderungswürdige Schnelligkeit, womit die Empœrung um ſich greift, der raſche Eifer eines ſchwachen Haufens, und die ſtürmiſche Bewegung deſſelben, ohne einen einzigen Rückhalt zu kennen, als den allgemeinen Haſs gegen ihren Feind, ohne ſich eines einzigen anderen Bundsgenoſſen, als die, welche die Güte der Sache erwirbt, erfreuen zu kœnnen, iſt ein æchtes Gepræge, womit der kühle Schoofs jener rauhen Wüſteneyen eine jede ſeiner Geburten ausſtattet.

Anmerkungen.

Erstes Kapitel.

(1) *Geogr. Lib. III.* Man schrieb überdieß die alten im oberen Italien mit ganz fremden Karäkteren bezeichnet gefundenen Stücke den cisalpinischen Galliern zu. (*Sartorius Ursatus* in Monum. Patav. Fol. 65. 131. 211).

(2) *Cæsar* de bello Gallico. Lib. I. cap. 29. *Tacitus* erwæhnt (de mor. Germ. cap. 3) einiger auf den Grenzen von Rhætien und Germanien gefundenen Denkmæler, welche griechische Buchstaben enthielten. Diese griechische Sprachkenntniß war aber wol nur in den Hænden weniger, denn die Mænner gebrauchten sie, um Geheimnisse vor ihren Feinden zu verbergen. Cæsar schrieb deshalb an den Cicero griechisch, damit die Feinde, wenn sein Brief in ihre Hænde geriethe, über seinen Inhalt ungewiß blieben (de B. G. lib. V. cap. 48.). Er bedurfte immer Dolmetscher zu seinen Unterhandlungen (lib. I. cap. 31.). Und vielleicht lag diese vorgebliche Kenntniß allein nur in einer ohngefæhren Aehnlichkeit der *Buchstaben* mit einander, welche mehreren Vœlkern, ohne Einfluß auf Sprachgleichheit, gemein seyn konnte.

(3) Car-

(3) Carmina antiqua unum apud illos memoriae et annalium genus. *de mor. Germ.* cap. 2. — Was wir daher etwa aus dem Zeitpunkte, vor dem cimbrischen Kriege, der die Scheidewand zwischen Rom und dem Norden niederwarf, aus dem Plutarch (de virtutibus mulierum cap. 6.) wissen, ist hœchst unvollständig. „Die transalpinischen Celten," erzæhlt er, „waren einmal so sehr im Streite, daß „ihre Armeen sich schon zum Schlagen fertig ge-„macht hatten. Aber es stellten sich zwischen den „beyden Treffen weise Weiber, und brachten sie „durch Vorstellungen und Bitten wieder zum Frie-„den." — Von einem Feldzuge der Helvetier über den Rein hat Tacitus eine dunkele Nachricht (de M. G. cap. 28.).

(4) Ueber den gallischen Ursprung der Helvetier sehe man: *Cæsar* de Bell. gall. lib. I. cap. I. 7. 13. — *Livius* Epitome. lib. LXV. — *Plinius* H. N. lib. XIII. cap. I. — *Tacitus* Hist. lib. I. cap. 67. und de Mor. Germ. cap. 28. — *Florus* lib. III. cap. 10. und endlich *Orosius* Hist. lib. VI. cap. I.

(5) Von Abend her rückten vermuthlich Gallier in die südwestlichen Gegenden des Landes ein, von Mitternacht germanische Stæmme in die nordœstlichen Theile. Schon *Livius* sagt von Hannibals Zeiten: die penninischen Alpenpæsse seyen von halbdeutschen Vœlkern besezt gewesen, (Hist. Lib. XXI. cap. 38.

cap. 38. Dies glaubt auch *El. Bertrand* in f. Recherches fur les langues anciennes et modernes de la Suiſſe. Ch. 2. p. 8.

(6) Vergl. *Iuſtinus*. Hiſt. Lib. XX. cap. 5.

(7) *Strabo* Georg. lib. IV. Die anderen in Italien ſichtbar gewordenen Kolonien von Galliern ſcheinen nicht durch Helvetien gekommen zu ſeyn. Denn die anderen Wege, auf den ſie ankamen, waren dem Hetruſciſchen Meere nach durch Ligurien, durch das Tauriner Gebiet, und durch Rhætien, (wodurch ſie auch aus Vindelicien gekommen ſeyn kœnnen).

(8) *Polybius* Lib. IIL c. 47. — Alpibus coërcitus et tum *inexſuperabili munimento* gallias. *Plinius* Hiſt. nat. lib. XII. cap. 1. — *Ptolomæus* Geogr. lib. II. c. 11. ſpricht vom eremo Helvetiorum.

(9) *Polyb.* lib. II. cap. 17. — Livius lib. V. cap. 35.

(10) *Polybius* und *Livius* a. a. O.

(11) *Livius* und *Polybius* a. a. O. — auch *Strabo* Geogr. lib. V. pag. 325. 330. Dieſer macht es wahrſcheinlich, daſs die Sennonen Gæſaten geweſen ſind, unter welchem Namen man alle Bewohner Helvetiens und der Alpen begriff, da dieſe hingegen *Polybius* transalpiniſche Gallier nennt (lib. II. cap. 15).

(12) *Livius* Hift. lib. V. cap. 35—48. *Polybius* (Hift. Lib. II. cap. 18. und 22.) beendet diefe Begebenheit hingegen mit einem freywilligen Abzuge der Gallier, bey einem erfolgenden Einbruche der Veneter in ihr eigenes Land. Dies Unglück der Rœmer ift noch durch eine feltene Aufopferung der Maffilier merkwürdig geworden, welche bey der Nachricht davon œffentliche Trauer anlegten, und auch das Lœfegeld vorfchoffen. *Juftini* Hift. lib. XLIII. cap. 5.

(13) *Florus* H. R. lib. I. cap. 13.

(14) Sie hatten über die Rœmer vorher betræchtliche Vortheile erhalten, da fie den Konful Cæcilius Metellus, fieben Tribunen, den Kern der rœmifchen Reuterey, und 13000 gemeine Soldaten erfchlugen (Livius Epitome. lib. XII.). — Ueber ihre Niederlage und Flucht, f. *Polybius* lib. II. cap. 19.

(15) Ihre Fürften, *Aber* und *Galates*, wurden auch Opfer diefes eigenmæchtigen Rufes, den fie, um von den Rœmern *Ariminum* wieder zu erhalten, gethan hatten (Polybius lib. II. cap. 21.).

(16) Dies gefchah vorzüglich durch die Theilung, des den Sennonen abgenommenen picenifchen Gebietes.

(17) Die Gæfaten wurden von den Bogern und Infubriern gemeinfchaftlich durch grofse Vorfpie-

spiegelungen, und durch die Erinnerung an die Thaten ihrer Voreltern gewonnen. (*Polybius* Lib. II. cap. 22.).

(18) Diefer Prætor hatte 50000 Mann zu Fufs und 4000 Mann zu Pferde.

(19) *Polybius* lib. II. cap. 22 — 32. Von den Galliern blieben 40000 Mann auf dem Platze, und 10000 wurden gefangen genommen.

(20) *Friedmar* fcheint Vœlker angeführt zu haben, welche nicht lange vorher erft vom Rhein aus das œde Helvetien befezt hatten. S. *Livius* lib. XXI. cap. 38. und *Propertius* lib. IV. ekg. X. v. 40.

(21) *Livius* Epitome Lib. LXII.

(22) *Polyb.* erwæhnt der Allobrogen, und Aeduer als ihrer næchften Nachbaren. S. hierüber; *Füfsli* und *Leuw* Einl. zu Simmlers Regiment der Eydgenoffenfchaft.

(23) *Polybius* lib. II. cap. 18.

(24) *Virgil* nennt diefe Waffen, daher alpinæ gaefa. Aeneas lib. VI.

(25) *Florus* lib. II. cap. 4. Diefer erzæhlt noch von einem Gelübde der Infubrier, ihre Degengehænge nicht eher, als nach der Eroberung des Kapitols abzuthun.

(26) *Cæsar* de Bell. gall. lib. 1. cap. 16. und lib. VII. cap. 30 spricht er von dem Grundgesetz der Regierung.

(27) Irgend ein Fremdling mochte sich hieher verirrt haben, und dieser ward zu ihrem Merkurius und Herkules. Das Bild des gallischen Herkules stellt einen Kaufmann vor. (*Martin* religion des Gaules.

(28) *Helickon* ein Zimmermann, zog von Gallien zur Vervollkommnung seiner Kunstkenntnisse durch viele hetruskische und ligustische Vœlker bis nach Rom. Von seinen Ideen der blossen Nothdurft beherrscht, kümmerte ihn die damals zunehmende Vollkommenheit der rœmischen Gesetzgebung, der Künste und Wissenschaften, des Gottesdienstes weit weniger, als Trauben, Feigen und Oel. Diese brachte er in seine Heimath zurück.

(29) *Livius* lib. V. cap. 33. — *Florus* L. l. cap. 13. — *Iustinus* L. XXIV. cap. 4.

(30) *Cyrus* bekriegte, nach der Besiegung des Monarchen von Babylon und aller seiner Verbündeten, auf der ionischen Küste die griechischen Stædte. Die in Marseille nachher sich niederlassenden waren vorzüglich von *Phocæa*. S. *Herodot*. L. l.

(31) *Iustinus* lib. XLIII. cap. 4. — „Ab his „(Massiliensibus) Galli et usum vitæ cultioris, de„posita et mansuefacta barbarie, et agrorum cultus, „et

„et urbes moenibus cingere didicerunt: tunc et le-
„gibus, non armis, videre, tunc et vitem putare,
„tunc olivam serere consueverunt: adeoque magnus
„et hominibus et rebus impositus est nitor, ut non
„Graecia in Galliam emigrasse, sed Gallia in Grae-
„ciam translata videretur."

(32) In ganz Gallien wurden sehr viele Stædte gebauet, welche sich in der *Gesetzgebung* (*Strabo.* L. LIV. pag. 270. — *Valerius Maximus* Lib. II. cap. 6.) und in der *Geschæftsverwaltung* durch die vornehmsten Bürger (*Strabo*) nach Massilia bildeten. Sie erhielten von seinen Einwohnern auch die Lehre vom ewigen Leben (*Cicero* Quaest. Tuscul. I. 2.) und die griechischen Buchstaben. (*Cæsar* Lib. I. cap. 29. — *Strabo*).

(33) Die Rhone scheint sie zuerst auf einige Begriffe von diesem Lande geleitet zu haben. Der Iura, aus dem sie hervorfloss, scheint der æusserste Grenzpunkt dieser Entdecker gewesen zu seyn. Man nennte die Eisgebirge unter denen man die Quelle der Rhone vermuthete, ihrer langen Erleuchtung wegen, die *Sonneusænlen* (S. *Festus*). Ueberhaupt aber sind die Begriffe davon æusserst verwirrt, (*Strabo* L. II.). Selbst *Polybius* kannte nur wenig Seen an der italienischen Seite Helvetiens.

(34) *Tacitus* German. cap. 28.

(35) *Cæsar* de B. G. cap. 29.

(36) Hier-

(36) Hierüber sehe man: Ioh. *Müller* Bellum Cimbricum. Tig. 1772. und Gesch. Schweiz Eidgenossenschaft. Th. I. S. 15.

(37) Ueber wenig Vœlker ist man in Hinsicht auf den Ursprung so ungewiß gewesen, als über die Cimbern. Einige Ueberbleibsel dieses Volkes aber, welche die Rœmer bey ihrem Vordringen bis zur Elbe auf der Halbinsel beym Ausfluß derselben antrafen, (*Tacitus* de moribus Germ. cap. 37.) scheinen, ihren vaterlændischen Aufenthalt nach Schleswig und Jütland zu verlegen. Ihre Sitten blieben aber deshalb nicht weniger unbekannt. Krieg war das einzige Handwerk, welches sie trieben, und ihre Staatsverfassung war allein Befœrderungsmittel dieser Kunst. Der Mutterstamm schickte den Ueberfluß ihrer Kinder, wenn er ihr lästig ward, in die Fremde, und diese pflanzten sich wieder in andere Lænder fort, (*Cæsar* de B. G. lib. IV. cap. 14.). Waffen und Kampf war ihre Lieblingsbeschæftigung, so wie der einzige Weg zur Unsterblichkeit. In dieser natürlichen Unruhe, auf einem beengten Wohnplätze, und in ihrem Nationalhang zu Abendtheueren liegt auch sicherlich der Hauptbeweggrund des großen allgemeinen Abzuges der ganzen Nation, welcher auf einmal zwischen dem Süden und Norden alle Grenzen umstieß, und beyder Eigenheiten mit einander innig vermischte. Ein rauhes, mit seinem Boden niemals zufriedenes Volk wird leicht

durch

durch eine heitere Ferne fortgezogen, oder durch eine kleine Unbequemlichkeit nach ihr zugepreſst; wenn ein friedliches Volk, von ſeinem durch irgend eine Revolution unbrauchbar oder läſtig gewordenen Boden ſich nur wenig entfernt. Religionsbegriffe beredeten auſserdem jene Vœlker noch leicht zur Ueberwindung des geringen Hanges zur Stætigkeit, die ihnen die natürliche Trægheit anfangender Bildung hætte noch einflœſsen kœnnen.

(38) Alle Bewohner Helvetiens waren in drey Gaue getheilt, wovon einer unter dem Namen der *Tiguriner* in der Gegend des Rheins und Bodenſees wohnte, ein anderer (die *Tugener*) die ſüdœſtlichen Alpen und ein dritter die ſüdweſtlichen Gegenden von der Emmat bis an die Rhone und den Iura (unter der Benennung der *Amroner*) bevœlkerte. Die Beſchaffenheit des Landes ſchied dieſe Stæmme damals ſchon von einander, und in der Strœmung der Flüſſe, der Erhebung von Gebirgen, dem Streichen groſser Wælder hatten ſie natürliche Grenzen.

(39) L. Papirius Carbo war zur Beobachtung der Cimberer mit einer Armee nach den nœrdlichen Grenzen Illiriens geſchickt; um zugleich die italieniſchen Pæſſe zu decken. Er ſuchte ſie bey Noveja in eine Falle durch Beſtechung ihrer Wegweiſer zu locken, aber ward von ihnen gænzlich geſchlagen. (*Livius* Epitome lib. LXIII. und *Strabo* Geogr. lib. V.).

Geſch. d. Schw.   V   (40) Die

(40) Die Tiguriner brachen unter den Gauen zwar zuerst auf (Cæsar de B. G. lib. VII. cap. 71.) aber sie scheinen sich nur erst nach einiger Zeit an den cimberschen Zug eigentlich angeschlossen zu haben.

(41) *Livius* Epit. lib. LXV. Die Cimbrer hatten erst die Absicht, sich bey den Rœmern freundschaftlich niederzulassen, und für ein abgetretenes Stück Landes ihnen Kriegesdienste zu thun.

(42) *Cæsar* de B. G. lib. I. cap. 12. — *Appianus* de B. G.

(43) S. *Cæsar* a. a. O. und *Livius* Epitome lib. LXV. Der Legat ward, sobald er nach Rom kam, vom Volkstribun Cœlius zur Rechenschaft gezogen; begab sich aber, ohne seines Prozesses Ausgang abzuwarten, von selbst ins Exilium. — Man bezweifelt übrigens mit Recht den Umstand in der Nachricht des Iul. Cæsar, dass die Rœmer unter das Ioch gingen. Auch kommt in des Poppilius Verantwortung (Rhet. ad Herennium l. I. und II.) kein Wort davon vor.

(44) *Livius* Epitome lib. LXVII. und *Eutropius* lib. V. cap. 1. Nach dem *Plutarch* waren die südwestlichen Helvetier die streitbarsten. Im Leben des *Marius*.

(45) *Orosius* lib. V. cap. 10.

(46) *Plutarchus* im Leben Luculls.

(47) *Li-*

(47) *Livius* Epitome lib. LXVII. — Die Cimbrer führten nemlich gerade zu der Zeit auch den beschwerlichen pyrenæischen Krieg.

(48) Das blutige Treffen fiel bey Aix vor, indem Marius sich in seinem Lager verschanzen wollte. Die *Amrouer*, dreißig tausend Mann stark, rückten unter einem Gesange, wozu sie auf ihren Schilden den Takt schlugen, heran, stiessen die sich ihnen entgegenstellenden Ligurier über den Haufen, wurden aber bald von den roemischen Legionen, welche von den Anhœhen herabstürzten, über den Fluss bis in ihre Wagenburg zurückgetrieben. Hier wurden sie von ihren wütenden Weibern empfangen, welche sie wie Feinde behandelten, dann auf die Rœmer lossstürmten, und als ihnen diese nicht Schonung ihrer Keuschheit versprechen wollten, sich und ihre Kinder ermordeten. (*Plutarch* im Leben d. Marius). Die Tugener scheinen mit ihnen dies Schicksal getheilt zu haben. Nur die Tiguriner retteten sich aus dieser Gefahr (Cæsar de b. gall. lib. I. cap. 7.). Und auch die Teutonen, welche sich vom Schauplatz dieses Treffens etwas entfernt gehalten hatten, wurden am vierten Tage darauf gænzlich geschlagen und verlohren hunderttausend Mann nebst ihrem Kœnig *Teuto - Bachus* (*Müller* Bellum Cimbricum cap. VI. pag. 32.).

(49) *Florus* lib. III. cap. 3.

(50) *Plutarch* im Leben des Marius.

(51) Die

(51) Die Tiguriner ſtanden dieſer Abſicht wegen in den noriſchen Alpen.

(52) *Florus* a. a. O.

(53) Sie hatten auf den Sturmhauben Kœpfe von wilden Thieren, auf denen hohe Federbüſche befeſtigt waren.

(54) Die Gefangenen ſagten nach der Schlacht aus, der Himmel habe geſchienen in Feuer zu ſtehen. Florus a. a. O.

(55) *Plutarch* im Leben des Marius und Florus a. a. O.

(56) Dies war bey mehreren wilden Vœlkern der Zeit im Gebrauch. *Plinius* Hiſt. nat. lib. VIII. cap. 40.

(57) Die Bevœlkerung des Landes nach dieſem Kriege war, gegen die vor ihm, aufserordentlich gering. (*Livius* L. XXXIX cap 22). Wenig izt ſehr bevœlkerte Striche, (und nur etwa Elrichsfried bey Schwarzenburg) S. *Müllers* Geſch. Th. I. S. 20.) zeigen von jener alten Bevœlkerung.

(58) Der Oberprieſter ſchüttete junge, mit Karakteren bezeichnete Sprœſslinge über ein weiſses Kleid aus, nahm dann jedes einzelne auf, und verkündete ſeine Bedeutung. (*Tacitus* de mor. Germ. cap. 15.). Wahrſcheinlich hatte dieſe Kunſt einige Regeln; ſie konnten ſo beſtimmt aber nicht ange-

angegeben feyn, um nicht den Prieſtern ein offenes Spiel zu erlauben.

(59) Dies waren oft Gefangene und Verbrecher, nicht ſelten aber auch Unſchuldige und Freye. (*Diodorus Sic.* lib. VI. cap. 9.). Vornehme ſelbſt opferten ſich, oder ihre Kinder bey ſolchen Gelegenheiten.

(60) *Strabo* Geogr. lib. VII. pag. 451.

(61) Die Cimbrer führten einen heiligen ehernen Stier mit ſich (*Plutarchus* in dem L. des Marius).

(62) Cæſar ſagt: Apud Helvetios longe nobiliſſimus atque ditiſſimus fuit Orgetorix. Eben durch ſeine aufserordentlichen Reichthümer hatte er ſich einen ſo ſtarken und lebhaften Anhang erworben. Er hatte allein zehntauſend Mann aus dem cimbriſchen Streifzug geerbt, und zog die Armen überdem durch ſeinen Geldvorſchuſs an ſich (*Cæſar* de B. G. L. VI. cap. 13 — cap. 32.) der ſie nachmals zu ſeinen Dienſten verbindlich machte.

(63) *Cæſar* de B. G. Lib. I. cap. 2. Regni cupiditate inductus coniurationem nobilitatis facit.

(64) *Cæſar* lib. I. cap. 3.

(65) *Cæſar* erzæhlt von den Verrichtungen des Orgetorix Lib. I. cap. 3.

(66) Nach dem cimbriſchen Kriege. Sie hielten dieſe Vœlker nicht allein von ihren Grenzen ab,

sondern verfolgten sie auch bis in ihr eigenes Land. (*Cæsar* de B. G. L. I. cap. 1. und 40.).

(67) Er hatte durch die Verheyrathung seiner Tœchter mit den benachbarten Fürsten seine Parthey zu verstærken gesucht. Der nachmals sich berühmt machende Fürst der Heduer, Dumnorix, hatte die eine.

(68) Ea res, ut est Helvetiis per indicium enunciata, moribus suis Orgetricem ex vinculis causam dicere coegerunt. *Cæsar* lib. I. cap. 4.

(69) Besonders über Verbrechen richteten die Druiden, (*Tacitus* de mor. Germ. cap. 7.), und opferten gewœhnlich den überwiesenen Verbrecher für die Wohlfarth des Staates den Gœttern, und verbrannten ihn. Orgetorix war aber klug genug, gegen diese Strafe durch die Grœsse seines Anhanges, der am Tage der Entscheidung an 10000 Mann stark, vor Gericht erschien, zu entgehen. Aber die Druiden ræchten diesen ihnen angethanen Zwang dadurch, dass sie ihn als einen Gottesveræchter fœrmlich in Bann thaten, alle seine Vasallen von ihren Pflichten lœsten, seinen Umgang dem ganzen Volke untersagten, und ihn dadurch aller menschlichen Hülfe beraubten. (*Cæsar* lib. VI. cap. 13.).

(70) Iul. Celsus im Leben Cæsars lib. I. sagt: Orgetricem affectatae tyrannidis suspectum in carcerem

cerem diem obiisse. — Auch *Orosius* Lib. VI. cap. 7. —

(71) *Diod.* lib. XXXVIII. cap. 1. und *Florus.* lib. III. cap. 10. Die Summe aller war 368000, unter welchen sich 263 Helvetier, 32000 Bojer, 23000 Raurachen, 14000 Katobriger, und 36000 Tulinger befanden. Dies war aber jeden Kopf in der Familie mitgerechnet, denn streitbar waren in allem nur, nach dem Musterverzeichnisse, welches Cæsar in ihrem Lager vorfand, 92000 Mænner. Die Raurachen waren im Kanton Basel und dem benachbarten Schwaben (*Plinius* Lib. IV. cap. 12. — , *Ptolomæus.* Lib. II. cap. 9.) und die Bojen am Bodensee zu Hause.

(72) *Cæsar* lib. I. cap. 6. Omnibus rebus ad profectionem comparatis diem dicunt, qua die ad ripam Rhodani omnes conveniant: is dies erat a. d. V. Kal. April.

(73) *Cæsar* cap. 1. und *Diod.* lib. XXXVIII. cap. 31.

(74) Es waren der Dœrfer beynahe 400. Die Stædte entstanden, nachdem die Bedürfnisse der Nationalversammlung, welche die vereinzelten Trups eines jeden Gaues hielten, es foderten. Man legte sie dann an Oertern an, wo schon eine günstige Lage sie schützte, befestigte sie durch Mauer und Graben gallischer Art (*Cæsar* l. VI. cap. 23.)
und

und füllte fie mit hœlzernen Gebæuden aus, welche mit den Kœpfen und Waffen befiegter Feinde an der Auſſenſeite geſchmückt wurden.

(75) *Cæſar* cap. 7. — *Florus* lib. III. cap. 10. —

(76) Sie war 16 Fuſs hoch, und 9000 Schritt weit. (150 Stadien. S. *Appianus*).

(77) Die Sequaner wohnten an den Quellen der Seine (Sequana) bis an den Rhein, im Iura und an der Saone.

(78) In der Vocontier und Allobroger Gebiete ſuchten ihm mehrere Alpvœlker zu ſchaden, er überwand ſie aber alle in verſchiedenen Treffen. (*Cæſar* lib. I. cap. 10.). Dies waren die Centronen, Grajocelen, und Laturigier.

(79) Die *Hedner* wohnten von der Doux bis an die Saone und im ſüdlichen Burgund. (*Tacitus* Annal. L. XI.)

(80) Aedui Ambarri, neceſſarii et conſanguinei Aeduorum. *Cæſar* lib. I. cap. 11.

(81) *Cæſar* Lib. I. cap. 12. ſchreibt ſich dieſen Sieg ſelbſt zu, Plutarch hingegen ſeinem Legaten *Labienus*. Dies war eben derſelbe Gau, welcher im cimberſchen Kriege den Kaſſius geſchlagen hatte.

(82) Diviko, izt ein Greis, verſicherte den Cæſar: „Wenn die Rœmer mit den Hlvetiern izt „Friede machten, ſo wollten dieſe ganz ihrem Wil-
„len

„len gemæſs ſich niederlaſſen. Wolle er ſie aber
„ferner bekriegen, ſo ſolle er an die vormaligen
„Niederlagen der Rœmer, und an der Helvetier alte
„Tapferkeit denken; daſs er unverſehens einen ih-
„rer Gauen überfallen, dem die übrigen nicht hæt-
„ten kœnnen zu Hülfe kommen, ſey kein Beweis
„ſeines Muthes oder der Schwæche der Helvetier.
„Dieſe hætten von ihren Vorfahren mehr mit Ta-
„pferkeit zu fechten, als mit Liſt zu überwinden
„gelernt. Deswegen ſolle er nicht dieſen Ort zum
„Denkmahl einer rœmiſchen Niederlage machen."

(83) Diviko antwortete auf dieſe Foderung:
„die Helvetier lernten von ihren Ahnen nicht Grif-
„fel geben, ſondern Griffel empfangen. Dies müſ-
„ten ſelbſt die Rœmer bezeugen."

(84) Cæſar warf es ihnen um ſo bitterer vor,
„da er doch dieſen wichtigen Krieg hauptſæchlich
auf ihr Anhalten übernommen habe, und in dieſer
dringenden Noth nun von ihnen verlaſſen werde."
Dies machte auf die Heduer in Cæſars Lager um ſo
ſtærkeren Eindruck, da ſie in ſeiner Gewalt ſich befanden. Liskus geſtand daher nach auseinander
gegangener Verſammlung dem Cæſar allein: „daſs
Dumnorix ſich durch Freygebigkeit bey dem Volke
in eine vorzügliche Gunſt geſezt, alle Zœlle des
Landes um eine Kleinigkeit verpachtet, und ſich dadurch in den Stand geſezt habe, immer eine zahl-

reiche

reiche Reuterey zu seinem Dienste zu halten; daſs sein Einfluſs sich auch über andere Staaten erstrecke, daſs er durch die Vermæhlung mit einer helvetischen Prinzeſſin diesem Volke günstig seyn müſſe, und durch daſſelbe die Oberherrschaft zu erlangen gedenke; daſs er es endlich gewesen sey, der im lezten Treffen mit den Helvetiern, zuerſt mit seiner Reuterey die Flucht genommen habe." — Kurz er brachte alles hervor, was Neid und Partheysucht nur eingeben kœnnen; und diese Eifersucht leistete dem Cæsar so wesentliche Dienste, als noch eine starke Armee, da sie die muthigsten Fürsten, die verbunden kaum zu beherrschen gewesen seyn würden, durch Aufdeckung ihrer Geheimniſſe, einzeln ihm in die Hænde lieferte. Er opferte nach einigen Jahren auch den Dumnorix seiner Politik auf. (Cæsar Lib. V. cap. 6. 7.).

(85) Dumnorix war ein entschiedener Feind des rœmischen Reiches. Er vereitelte alle Anstalten, die man in seinem Volke zum besten Cæsars vorhatte. Sein Reichthum verschafte ihm das Uebergewicht der Stimmen.

(86) *Cæsar* Lib. I. cap. 22.

(87) Dies war die volkreichste Stadt der Heduer. *Cæsar* (cap. 23.) nennt sie Oppidum Aeduorum longe maximum ac copiosissimum.

(88) S. *Dio.* Lib. XXXVIII. cap. 33. Cæsar suchte bald nachdem sie seinen Nachtrab angegriffen.

fen hatten, diese Anhœhen zu gewinnen; schickte hierauf seine Reuterey ab, um die Schlachtordnung von hinten zu decken; seine vier alten Legionen stellte er mitten auf den Hügel, oben die beyden neuen in Italien kürzlich errichteten, und alle Hülfstruppen; das Gepæcke liefs er endlich auch zusammenziehen, und befestigen.

(89) Helvetii confertissimi acie — sub primam nostram aciem successerunt. *Cæsar* cap. 26.

(90) Die Festigkeit der rœmischen Glieder hatte dadurch auserordentlich gewonnen, dafs, seit des *Marius* Zeiten, die Centurien in Cohorten verwandelt waren, da jene 3 Manipulos, diese nur 2 hatten, wodurch der Lücken in der Linie folglich viel weniger wurden.

(91) Ueber diesen Krieg s. *Cæsar* selbst de Bello gall. L. I. cap. 1—29. — Von der Schlacht bey der Wagenburg: *Plutarch. Cæsar.*

(92) Die Lingonen wohnten um Langres in Champagne.

(93) Dies macht die spæteren Nachrichten von der geographischen Lage der helvetischen Oerter im rœmischen Zeitpunkte, auch für die der ælteren im celtischen brauchbar.

(94) Aber nicht zu Bürgern. *Cicero* pro Balbo. S. hierüber: *Walters* Versuch über die ælteste Geschichte Helvetiens. §. 60.

(95) Diese

(95) Diese Gelindigkeit war mehr noch Staatsklugheit und der Entschluſs eines ungemeſſenen Ehrgeizes. Er fürchtete, die Germanier mœchten über den Rhein kommen, und sich des leeren Landes bemæchtigen. Mehrere Landschaften Galliens waren noch frey, und haſsten die rœmische Herrschaft. Er wünschte Krieg mit den Heduern und Sequanern, und es war ihm daher nichts nœthiger, als das Zutrauen und der Beyſtand der gallischen Vœlker.

(96) Die Pæſſe durch Genf und im Iura beſezte er mit einer neuen Kolonie (C. Iulia equeſtris) am lemannischen See. (*Lucanus* L. I. v. 396.

(97) *Polybius* L. III. cap. 47.

(98) Cæsar beschreibt es: vicus Veragrorum, positus in valle, non magna adjecta planitie, altiſſimis montibus undique cinctus. Man hælt es für das heutige Martinach.

(99) Oktodurus ward durch die Dranse getheilt; weſtwærts diesem Fluſſe befeſtigte Galba sein Lager, und auf der anderen Seite wohnte das Volk. S. über diese ganze Begebenheit: *Cæsar* de bell. Gall. L. III. — *Strabo* L. IV. — *Orosius* L. VII. cap. 8.

(100) Cæsar nennt hier nicht alle Stæmme, welche den Angriff thaten. *Plinius* (H. N. Lib. III. cap. 20.) gedenkt ihrer viere in Wallis: der Antuaten, Veragrer, Seduner und Viberer, wovon oben

oben schon einige angeführt sind. Iene Angreifer waren durch fremden Zuzug auf 30000 Mann angewachsen.

(101) *Strabo* L. IV. die Viberer waren ebenfalls Lepontiner.

(102) *Plinius.*

(103) *Rhætier* mag ihr Hauptname gewesen seyn, wie dies *Dyonys. Halicarnass.* glaublich macht.

(104) Sie nannten ihn venetisches Wasser. (Lacus Venetus).

(105) Dies waren die Städte der Gallier, da die Lombardey Gallia cisalpina war.

(106) Sie erwürgten alle schwangeren Weiber, welche die Wahrsager als Knabengebæhrend angaben. *Dio.* Lib. LIV.

(107) Sie waren am Lech wohnhaft. *Ptolomæus* L. VIII. cap. 12.

(108) *Straba* L. IV. — *Florus* L. IV. cap. 12. und vorzüglich: *Müllers* Gesch. Th. I. S. 44.

Zweytes

Zweytes Kapitel.

(1) *Vellejus Paterc.* Lib. II. cap. 83.

(2) *Augſt.* Colonia Augufta Rauracorum. *Plinius* Lib. IV. cap. 17. Sie lag in der Gegend, wo nun *Baſel* ſteht. S. auch *Florus* Lib. IV. cap. 12. Aufserdem kennt man noch mehrere Stædte und Feſtungen als von den Rœmern erbauet. Z. B. Arbor Felix; (die Rheinau); Tribunal Caeſaris; (Kaiſerſtuhl); Confluentia, (Coblenz); Prima guardia, (Bremgarten); Forum Tiberii (Zurzach).

(3) *Tacitus* German. cap. I.

(4) Man fürchtete beſonders eine Rebellion der Gallier. S. *Ciceron.* Epiſtolae ad Atticum. Lib. XIV. cap. 1 et 4.

(5) Sie hatte aufser-betræchtlichen Ausnahmen von den gewœhnlichen Abgaben der rœmiſchen Unterthanen, um Bürger ſich zu erhalten, mehrere Anſtalten zu œffentlichen Luſtbarkeiten, um dergleichen dahin zu locken. Z. B. einen Circus, der mehr als zwœlftauſend Zuſchauer zu faſſen im Stande war. Hiervon ſtehen noch auf dem Hügel neun halbe Thürme (S. Amerbach und Patins Nachrichten), und von der Waſſerleitung iſt noch ein unterirrdiſcher

zur Geschichte d. Schweiz. Kap. 2. 311

scher Gang vorhanden. Da Basel græstentheils aus den Trümmern von Augusta Rauracorum entstanden seyn soll, so fiel es dem Rathe zu Basel im J. 1528 ein, dem Muratius Plancus eine Statue zu setzen, welche noch izt wohlerhalten und schœn angemalt in Basel zu sehen ist.

(6) *Strabo* Geogr. Lib. IV. vom Anfange.

(7) Das. pag. 268. Ὁ δὲ Σεβαστὸς Καῖσαρ τετραχῆ διεχὼν, τοὺς μὲν Κέλτας τῆς Ναρβωνίτιδος ἐπαρχίας ἀπέφηνεν· Ἀκυιτανὸς δὲ ὥσπερ κἀκεῖνος (ὁ θεὸς Καῖσαρ) προσέθηκε δὲ ἑκάτας καὶ δέκα ἔθνη τῶν μεταξὺ τὸ Γαρύνα, καὶ τῦ Λίγυρος ποταμῦ νεμομένων τὴν δὲ λοιπὴν διεχὼν δίχα τὴν μὲν Λυγδύνῳ προσώρισε μέχρι τῶν ἄνω μερῶν τῦ Ῥήνυ, τὴν δὲ τοῖς Βέλγαυ. Hiemit kœmmt noch eine andere Stelle überein pag. 292. Μετὰ δὲ τὴν Ἀκυιτανὴν μερίδα, καὶ τὴν Ναρβώνιτεν, ἡ ἐφηξῆς ἐσὶ, μέχρι τῦ Ῥήνυ παντος, ἀπὸ τῦ Λείγηρος ποταμῦ καὶ τῦ Ῥοδανῦ, καθ' ὃ συνάπτει πρὸς τὸ Λυγδύνον ἀπὸ τῆς πηγῆς Κατενεχθεὶς ὁ Ῥοδανὸς· ταύτης δὲ τῆς χώρας τὰ μὲν ἄνω μέρη τὰ πρὸς ταῖς πηγαῖς τῶν ποταμῶν, τῦ τε Ῥήνυ καὶ τῦ Ῥοδανῦ, μέχρι μέσων σχεδόντι τῶν πεδίων ὑπὸ τῷ Λυγδύνῳ τετάκω.

(8) *Cice-*

(8) *Cicero* pro Balbo. XIV.

(9) Izt *Zürich*, *Zug*, *Oberwinterthur*, *Windifch*, *Zofingen*, *Solothurn*, *Laufanne* (oder vielmehr das nahegelegene Dorf *Vidi*) *Wiflisburg* (Avcrche), *Ifferten* (Yverdun) *Oebe*, *Vivis* (Vevay) *Milden* (Mondon), *Ruchat*. 45. Lib. III. pag. 9.

(10) *Bochat*. Tom. III. pag. 534.

(11) Zum Beweife eines fchon ziemlich ausgebreiteten Verkehrs dient die Anlegung eines Zöllftocks (ftatio quadragefima Galliorum) in Turikum (Zürich), wo von allen durchgehenden Waaren dem Kaifer drittehalb Prozent bezahlt werden mufste. S. *Hagenbachs* Epift. epigraph. Schellhorns Amoenitat. Litterar. Tom. VII. — Dies fcheint indefs nur Tranfitohandel gewefen zu feyn, da der innlændifche noch zu fehr befchrænkt war. Ein vorzügliches Verkehr ward indefs mit den Tannen des *Iura* geführt, welche von *Yverdun* und *Nion* den Rhein und die Rhone hinabgingen. S. *Plinius* Lib. XVI. cap. 39. und *Spon* Hiftoire de Geneve. Tom. IV.

(12) Sie hatten auf der Seite nach Deutfchland zu ein Kaftel mit eignen Leuten befezt (*Tacitus* Hift. L. I.). Diefer Freyheit wegen erhoben fie den Oktavius zum Range der Gœtter, und ftifteten ihm in mehreren Stædten eine eigene Priefterfchaft. (*Spon* recherches pag. 262.). Die Verbindung mit Rom

Rom scheint hier schon so enge zu werden, daß man mehrere Vornehme des Landes rœmische Namen annehmen siehet. (*Spon.* Histoire de Geneve Tom. IV. pag. 71. der kleine Ausz.). In Luilli ward überdem der Bachus verehrt. (*Bochat.* Tom. II. pag. 430.

(13) Sonst ward das Land, welches eine rœmische Provinz wurde seiner Gesetze und Obrigkeiten beraubt, und erhielt zugleich neue rœmische Beamte und Gesetze. Dies hieß die *Form* der Provinz. S. *Sigonius* de antiquo ære provinciarum. Lib. II. cap. 5. und *Isidorus* Origin. lib. XIX. cap. 5. Provintiae ex causa vocabulum acceperunt (Helvetii). Principatus namque gentium, qui ad alios reges pertinebant, quum in ius suum romani vincendo redigerent, procul positas regiones provincias appellarunt.

(14) Die neue Rechtspflege hing sonst von den Verordnungen ab, welche jeder neue Stadthalter gleich bey seinem Eintritte ins Land bekannt machte, (edicta). S. Dio Cass. lib. XXXVI. cap. 23. Trajan führte nachher festtstehende ein. Vergl. *Eutropii* Rer. rom. Lib. VIII. cap. 9.

(15) Einen solchen Fall trift man in der Kolonie Noviodunum an, wo *Iulius Brachus* Aufseher der Zimmerleute, Vorsteher des Bauwesens, einer der zwey obersten Richter, Soldatentribun, Augur,

Pontifex und Priester war. (*Spon.* Tom. IV. pag. 51. 170.).

(16) Hiervon sind Beyspiele im *Bochat.* Tom. II. pag. 464. 497. u. s. w. Diese Schmeicheley ward durch die Gegenstände noch niedriger, denen man sie zu widmen begann. Viele der Sklaven, welche am rœmischen Hofe durch Schœnheit oder Laster herrschten, und die Abgaben bey den Helvetiern erhöben, erhielten von den Städten dergleichen Ehrensäulen. S. *Spon.* Tom. IV. pag. 93. Auch *Tatiani* hat ein solches Beyspiel, Lib. I. cap. 59.

(17) Von der Art, den Tribut aufzulegen, giebt in Rücksicht ganz Galliens *Suetonius* im Leben Cæsars cap. 13. folgende Nachricht: omnem Galliam, quae a saltu pyrenaeo Alpibusque, et monte Gebenna, Fluminibusque Rheno et Rhodano continetur, patetque circuitu ad bis tricies centum millia passuum, praeter socias et bene meritas civitates, in provinciae formam redegit eique quadringenties in singulos annos stipendii nomine imposuit.

(18) *Sinner* in s. Voyage dans la suisse occidentale, hat sehr viel gutes über den Strassenbau der Alten. *Bochat* t. I. hat mehrere Aufschriften gesammelt. Zur Sicherheit derselben waren förmliche Aufseher bestellt, (C. Lucco arcendis latronib. praefectus. Muraton. Thes. inscri. pag. 167.). S. *Müllers* Gesch. Th. I. S. 49.

(19) *Taci-*

(19) *Tacitus* Histor. Lib. I. cap. 11. 12. 51. 59. — Salvius Otho hatte im Anfange einen grosen Theil seiner Unterthanen für sich, weil unter allen Lastern, die ihn aus Neros Umgang und Beyspiel noch anhingen, doch oft Græse des Karakters und Geist s hervorblickte. Vitellius hingegen war dem schændlicheren und raubsüchtigen Theile der Rœmer weit angenehmer, weil sein Geiz die Plünderung der Provinzen weit mehr begünstigen zu wollen schien. Dies war ein Hauptgrund, warum die ein und zwanzigste Legion, in Helvetien ihn so nachdrücklich unterstüzte, da aus ihr die Steuereinnehmer gewæhlt wurden, und sie im Bewustseyn ihrer Würde sich selbst den Namen der Raublegion (Rapax.) gegeben hatte. S. *Tacitus* Lib. II. cap. 43 und 61. Sie stand im Lager zu Vindonissa beym Zusammenfluss der Aar und Limmat.

(20) *Tacitus* Lib. I. cap. 53.

(21) Dieser stand in Baden, einem schon damals seiner Wasser berühmten und hæufig besuchten Orte. Museum Helveticum. Tom. VII. pag. 344. — S. über den Tempel der Isis. *Bochat*. Tom. II. pag. 390.

(22) Sie lag bey einem schœnen See in einer sehr fruchtbaren Gegend. Iulius Alpinus selbst war einer der reichsten Helvetier, und mit den Vornehmsten des Landes verwandt.

(23) Man

(23) Man fand nach anderthalbtaufend Iahre an diefem Orte einen Grabftein mit folgender Infchrift: *Iulia Alpinula* hic iaceo, infelicis patris infelix proles, Deae Aventiae Sacerdos; exorare patris necem non potui, male mori in fatis illi erat; vixi annos XXIII. (Hier liege ich, *Iulia Alpinula*, begraben, die unglückliche Tochter eines unglücklichen Vaters, der Gœttin Aventina Prieſterin, vergebens fuchte ich meinem Vater durch Bitten das Leben zu retten, ein kläglicher Tod war feine Beſtimmung; drey und zwanzig Iahre habe ich gelebt). *Gruter.* Infcr. 319. *Müller* (a. a. O. S. 54.) behauptet, man wiſſe nicht, wo diefe Infchrift geblieben fey.

(24) *Tacitus* Hift. Lib. 1.

(25) Sein Vater hatte fich in Helvetien durch Taufchhandel bereichert. (*Svetonius* in f. Leben).

(26) Sie foll felbft den Namen *Galilea* erhalten haben, und bevœlkerte die Gegend von Wirlisburg, welche fchon damals unter den meiften helvetifchen Diftrikten fich durch Fruchtbarkeit auszeichnete. S. noch *Mr. de Bochat.* Tom. I. pag. 405. 449. — *Wild* Apologie pour la Ville d'Avenche.

(27) Zwey Curatores und zehn Decutiones regierten fie.

(28) Der Genius von Aventikum (S. *Bochat.* Tom. II. pag. 438.) und der des ligurinifchen Gaues (S. *Brukner.* S. 1662.).

(29) *Schmidt*

(29) *Schmidt* Antiq. d'Avenche pag. 49.

(30) *Spon.* Tom. IV. pag. 37. — *Bochat.* Tom. III. pag. 543.

(30*) Wie des Augustus Cæsar. *Bochat.* pag. 465.

(31) *Plinius* Hist. nat. Lib. XXXVII. cap. 2. 6. 7.

(32) *Columella.* Lib. VI. cap. 24. Der Ertrag der Alpenkühe wuchs zusehends; sie waren zwar mager, gaben aber eine vortrefliche Milch. Die Verbesserung der Milch machte auch den Alpenkæse im Auslande berühmt, und begünstigte dadurch einen neuen Zweig einer ansehnlichen Ausfuhr. S. *Varro* de re rustica. Lib. II. cap. 4.

(33) Mehrere Versuche hat *Plinius.* Lib. XVIII. cap. 7. Auch ward der Pflug betræchtlich verbessert.

(34) Die Verehrung des Bachus in Helvetien scheint ein Hauptzeichen dieser Kultur des Weines gewesen zu seyn. Auch haben mehrere alte Schriftsteller Belege dafür. So *Strabo* Lib. IV. pag. 315. und *Plinius* Lib. XIV. in einigen Kapiteln. Indeß war das Bier noch immer das Hauptgetrænk, und der Wein so selten, daß ein Krug davon einen Sklaven galt. (*Diodor.* Lib. V. — *Plinius* Lib. XII. cap. 2. *Plutarch.* im Leb. des Camillus l. V. 33.).

(35) Mu-

(35) Museum Helveticum VII. In der Abtey zu Wettingen liefst man folgende Infchrift:

Deae Ifidi Templum a Solo
T. Anufis Magianus
De fuo pofuit Vir aquenfis
Ad cuius templi ornamenta
Alpinia Alpinula Coniunx.
Et peregrina Fil. dede-
Runt. L. D. D. Vicanorum.

(36) Zu Solothurn hat man eine folche Infchrift der *Epona* entdeckt, welche nach *Simmler* und *Hottinger* iumentis praeeft, nach *Wagner* aber Schutzgœttin der burgundifchen Stadt Epona ift, fo wie Dea Aventia etc.

(37) *Martin* Religion des Gaules. Tom. II. pag. 174.

(38) Sulfis fuis, qui curam noftram gerunt. *Martin.* a. a. O.

(39) Vixi ut vivis, moriens ut fum mortuus; fic vita traditur; abi, viator, in rem tuam. *Spon.* Tom. IV. pag. 178.

(40) *Hottingers* helvetifche Kirchenhiftorie. Th. I. — *Peuchat.* Mf. Lib. VI. pag. 63.

(41) Helvetien ward zu Gallien gerechnet; Raurachen zu Hochdeutfchland, und Rhætien zu Italien. *Strabo* Lib. IV. pag. 267.

(42) *Tacitus* Hiftoria Lib. I. cap. 11.

(43) Tacit-

(43) *Tacitus* Germania cap. 33.

(44) Zu derselben Zeit war oftwærts Markomar, und weftwærts die Provinz der Sequaner in Unruhe.

(45) *Dio. Caſſius* Lib. LXXVII.

(46) *Oroſius* Lib. VII. cap. 22. über dieſe ganze Periode. —

(47) Die Spuren ehemaliger Grœſse ſind in Helvetien ſehr häufig. Bilder, Altære und Græber finden ſich in den Mauren und Gebæuden mehrerer Stædte, z. B. in Bern, Mœnchenwiler und Wiflisburg.

Drittes Kapitel

(1) Nach *Plinius* (Hiſt. natural. Lib. IV. cap. 14.) waren ſie Wandalen, und dieſe wieder germaniſchen Urſprunges.

(2) Man ſchætzte ſie 6—7 Schuh hoch; eine Grœſse, welche damals die Germanen gewœhnlich erreichten.

(3) Sie bedienten ſich vergifteter Pfeile (*Penchat*. Hiſtoire generale de la Suiſſe) eine Sitte, die noch aus ihrem aſiatiſchen Vaterlande abzuſtammen ſcheint.

(4) Die

(4) Der Priester vermahnt sie sieben Tage lang, und hierauf nahmen sie die Taufe. (*Orosius* L. VII.).

(5) Sie hatten sich vorher am Rheine niedergelassen, aber fielen hier den schon festen Einwohnern des Reiches beschwerlich. Hist. Polit. de Hist. veter. Regni Burgundiorum. — *Dunod.* Hist. des Sequancis. — *Guillimann* de rebus Helveticis.

(6) S. *Müllers* Gesch. I. Th. S. 89. führt an, daß Gunthoha mit seinen 2000 Mann vielleicht auch wo anders gefallen sey.

(7) Auch in Helvetien war am Iura nur hin und wieder ein Bauerhof, und sonst der übrige Fuß desselben bis an Romainmotier verwüstet. Gregor. Turon. vit. Patr. c. 1.

(8) Sie theilten daher das eroberte Gallien sehr friedlich unter ihre sieben Stæmme. *Müller* a. a. O. 91.

(9) Thesaurus rerum Suevic. Tom. I. pag. 38. 206.

(10) Sie zerstœrten die Stædte (Kœln, Mainz, Worms, u. m. a.) raubten (*Gregorius*) und traten um Sold in die Dienste benachbarter Vœlker.

(10*) *Leibnitz* de l'origine des Francois.

(11) Im neunten Iahre, meistens aus Hülfslosigkeit. *Fredegar.*

(12) Die

(12) Die Gothen beherrſchten den Süd des europæiſchen Rußlands. Die am kaſpiſchen Meere wohnenden Hunnen hatten ſie theils zum Gehorſam, theils zur Auswanderung genœthigt. Als Attilas Sohn, Ellak, erſchlagen war, trennten ſie ſich, nebſt anderen Vœlkern, wieder vom Hunniſchen Stamme.

(13) Seine Gemalin war aus Franken, an den Kœnig der Wandalen zu Lanthago verheyrathete er ſeine Schweſter, ſeine Nichte an den Kœnig der Thüringer eine ſeiner Tœchter nach Spanien, und die andere nach Burgundien.

(14) *Caſſiodorus* Lib. VII. cap. 4.

Viertes Kapitel.

(1) Leges allemannicae bey Goldaſt; und Conringius de Ducibus et Comitibus Imp.

(2) *Dunod*. Hiſt. Crit. de l'etabliſſement de la Monarchie Françoiſe dans les Gaules.

(3) S. *Gautier* Noten zu *Spon*. Hiſt. de Geneve Tom. I. 1731.

(4) Decius, Sohn des Kaiſers Mæcilius Avitus nährte 4000 Arme; ſo auch Sidonius Apollinaris, Biſchof von Klermont (S. ſ. Briefe und *Gregor. Turon.*)

Turon.) Paulinus bot sich selbst feil, um einer Witwe den einzigen Sohn aus der Wandalischen Gefangenschaft wiederzugeben. Hist. misc.

(5) Gregor. Turon. L. II.

(6) Sie stiftete bey Genf die Kirche St. Viktors. *Fredegar.*

(7) In manchen Chroniken und Geschichtsbüchern wird sie die Wunderschœne genannt.

(8) S. *Bünau* Historie des deutschen Reiches. Th. I.

(9) Der Kœnig der Franken war gerade damals in der Periode einer sehr hohen Gewalt. Er beherrschte Allemannen, Avernien, und Armorika. (Auvergne und Bretagne).

(10) Zülpich, unweit Bonn, zwischen der Maas und der Mosel. *La Guille* glaubt in der Hist. d'Alsace, dass dieser Ort in der Gegend von Strasburg liege. Hier gelobte der Kœnig auch in der æusersten Verlegenheit der Schlacht, die christliche Religion anzunehmen, wenn er den Sieg erhielte. Dies erfüllte er nachher auch getreulich.

(11) *Gregorius* Turenensis. Vita Patrum. cap. I.

(12) *Cassiodorus* Var. L. I, cap. 40. Dieterich gab ihm dazu für den Tag eine Sonnen-, für die Nacht eine Wasseruhr.

(13) *Lin-*

(13) *Lindenbrog* in Codice legum antiquarum.

(14) Bey der Ankunft der Burgundionen hatte jeder Rœmer einem Zwey Drittheile seines Feldes, Ein Drittheil seiner Sklaven und die Hælfte Garten und Wald abtreten müssen. Lex burgund. tit. 54.

(15) Iedes Gut in Burgund war ein Allodium, das nicht verkauft werden konnte, und allein auf die Kinder forterbte.

(16) Lex Burgund. Tit. 38.

(17) Lex Burgund. Tit. 14.

(18) Zu dem Adel gehœrten die Freunde des Kœnigs, die Ræthe, die Hausvœgte, Kanzler, Grafen, Richter; zum Mittelstande die anderen Freyen; zum unteren die Freygelassenen und Knechte, (die kœniglichen allein ausgenommen), welche mit den Freyen gleicher Rechte genossen.

(19) Das mehrmals zerstœrte Genf ward von Gondebald wiederhergestellt. Fragment. Gothofr. bey *Spon.* Tom. I. pag. 24.

(20) *Pontius* bauete in einem hohen Thale mitten auf dem Iura eine Einsiedeley am Lac de Ioux. (*Ruchat.* H. de la Suisse T. III.) Romanus siedelte sich in Romainmotier an.

(21) *Celer.* Tom. V.

(22) Der vierte Kœnig der Franken, Diethbert von Austrasien, Gemal der Swaregotha, hatte

eine andere Mutter, und ward von feiner Gemahlin zurückgehalten.

(23) *Gregor.* Turon.

(24) Procopius hat es befchrieben. Indeffen, dafs Tottila die Ueberbleibfel der Macht in Toskana zufammenzog, eroberte jener Diethbert Rhætien. *Procopius* de Bello gothico.

Fünftes Kapitel.

(1) Man hat aus einem Schreiben des Kœnigs Dieterich von Italien an Chlodowig, wo er ihn bittet Helvetien zu fchonen, fchliefsen wollen, es fey von diefem gænzlich unterdrückt, aber dies liegt nur in einer Verdrehung der Worte.

(2) Doch follte man ihre Schaaren im Felde nicht von einander trennen.

(3) *Procopius* de bello gothico L. l. 13. — *Schurzfleifch* Hiftoria veter. regn. Burgund. cap. 5. §. 2.

(4) Diefe Herzœge hiefsen ebenfalls unter den frænkifchen Monarchen Patrizier, und ob die Dauer ihres Amts gleich nur von der Gnade des Fürften abhing, fo überliefsen ihnen diefe doch œfters eine für die Zukunft æufserft nachtheilige Gewalt. S. *Hainaut* — Abr. de l'Hiftoire de France.

(5) Otto

(5) *Otto Frising.* L. VII. cap. 1. 8.

(6) Die *Berner* oder *Varnen* waren unter allen Vœlkern diejenigen, welche ihr Joch am beschwerlichsten fanden, (Nouveaux Memoires de l'academie roy. des Scienc. et des belles lettres l'ann. 1779. N. VI. VII. VIII.). Sie scheinen eigene Gesetze, und vielleicht auch (wiewohl noch ungewiſs einen eigenen Beherrscher gehabt zu haben, welche sie (nach Fredegar) erst nach einem Aufstande gegen *Childebert* verlohren haben. In diese Zeit fællt die Zerstœrung von Windisch.

(7) Hiervon Nachrichten bey *Mille.*

(8) Agathias, Marius.

(9) *Marius* pag. 570.

(10) Hochburgund erhielt Leudegisel; die burgundischen Alpen Aegila; die ganze Strecke bis an das Ufer Aare, ein Theil von Salins, Jais-de-Saunier, Orgelet, S. Claude, ein Theil von Poligny. (*Dunos* Histoire des Sequanois. Tom. 1.) welche in Hochburgund liegen, bekam Dietfried.

(11) Vorher ward nur ein dreiſsigjæhriger Besitz als rechtmæſsig verordnet, welches nachher im Privatrechte blieb. Deor. Childebert. 595.

(12) Die lezteren frænkischen Kœnige überhaupt muſsten sich mit dem Namen begnügen; die Herzœge drængten sich vœllig in ihre Stelle ein, stritten œffentlich um die Verwaltung der kœniglichen

lichen Macht, und gewannen das Volk durch die
dem Unvermœgen der Kœnige auffallend entgegen-
gefezten Dienfte, diefe Willkühr in der Beherrfchung theilte fich auch dem niederen Adel unvermerkt mit.

(13) Die Zeugen mufsten von einem gleichen
Stande feyn. In einem Kriminalprozeffe hing die
Entfcheidung fehr oft von einem Zweykampf ab.
Auch war z. B. ein geringeres Lœfegeld auf die Er-
mordung eines Allemannen als auf eines Franken
gefezt.

(14) Ieder Gau hatte hundert Grafen. *Taciti*
Germ, cap. 12.

(15) Sie gab Scodingen, die Waat und Uecht-
land ihrer Enkelin Theudelane, der Schwefter des
Kœnigs.

(16) Er war feit achtzig Iahren der achte Kœnig. Nach dem Untergange des alten Haufes regierte in I. 543. Diethbert von Auftrafien. 548.
Diethbald, des vorigen Enkel. Die Mitregenten
Diethberts waren Childebert von Paris und Chlotar von Soiffons. Diefer ftarb im I. 555., und jener
im I. 556. Ihm folgte fein Sohn Guntram, und
diefem, welcher im J. 593 kinderlofs ftarb, Childebert. Nach deffen und Brunhildens Tode im
I. 613, Chlotar.

(16*) Die Bifchœfe follten von der Geiftlichkeit
und dem Volke gewæhlt, vom Kœnige beftætigt und

vom

vom Erzbischofe geweihet werden. Alle Geistlichen stehen unter den Bischœfen, und bey gerichtlichen Untersuchungen, mit Zuziehung der übrigen, unter dem bürgerlichen Gerichtsstuhl. Nonnengelübde sind dem Kœnige selbst unauflœsbar, und ihre Verletzung wird mit dem Tode bestraft. Alle neuen Abgaben sind unstatthaft, und nur die alten, wie unter den ersten Kœnigen, sind zu entrichten. Die Amtsleute dürfen keine Auslænder seyn, und alles steht unter den Gesetzen. S. *Müllers* Gesch. der Schweizer-Eidgenossenschaft. Th. I. S. 143—144.

(16**) Girmannus aus Trier stiftete im Salsgau ein Kloster (*Bochat*. Tom. II. pag. 507.). Im Thal Susingen (Arguel hinter Biel und Welschneuenburg) bauete sich Imer an, machte nachher von da aus eine Reise ins Ausland, und benuzte die gewonnenen Erfahrungen zum Vortheil der Heimath. So errichtete auch ein andrer burgundischer Edelmann einen Hof und eine Kirche auf seinem Gute, und legte dadurch zur Stadt Peterlingen den Grund. (Chron. Chartul. 595.). Nachher ward Marius Bischof von Aventikum.

(17) Sie hatten Freygelaſſene, Miethlinge und Sklaven, welche ihrem Herrn drey Tage arbeiteten, und die anderen ihm mit Naturalien abkauften.

(18) Wer des Sonntags die Kirche nicht besuche, solle die Freyheit verliehren (Tit. 38.) und

die

die Kirche war fchon damals eine unverlezliche Freyſtadt.

(19) Der Vater Galls wird Ketternach, Kœnig der Scoten genannt. *Hottinger* helvet. Gefch. Th. I. S. 241.

(20) Sie warfen die Opfer der Tuggener in den See.

(21) Sie fanden hier zwar fchon ein kriſtliches Bethaus, aber in demſelben drey vergüldete Bilder von Erz, welche die Einwohner als alte Schuzgeiſter verehrten.

(21 *.) Der erſte Abt; Othmar.

(22) S. *Hottingers* Kirchenhiſtorie.

(23) Die Unſittlichkeit der Biſchœfe zeigt fchon die Beantwortung der Fragen, welche ein jeder vor ſeiner Einweihung ablegen muſste (*Alcuini*) de divinis officiis cap. 37.). 1) Ob er ein Knabenſchænder geweſen fey, 2) ob er mit einer Nonne oder 3) mit einem vierfüſſigen Thiere Unzucht getrieben habe etc. Von den Ausſchweifungen der Zürcher Aebtiſſinnen hat *Hottinger* mehreres. Spec. tigur. relig. pag. 256. 263.

(24) Wovon jener Herzog, dieſer Prieſter war.

(25) Als der Emir, Abderachmann, von den pyrenæiſchen Gebirgen aus, Frankreich verwüſtete, ſo hielt allein Karl Martell ſeine Fortſchritte auf.

(26) Ann. Fuld. — Ann. Bertin.

(27) Die-

(27) Dieser ganze Zeitpunkt in der helvetischen Geschichte ist dunkel und verworren; und der Faden der schweizerischen Kultur verliert sich hier unter dem Einflusse der habsüchtigen Allgewalt eines Einzigen.

Sechstes Kapitel.

(1) In marcha (Mark) iuxta comitis ordinationem *vachtas* faciunt. Capitul. Ludov. Pii. 817.

(2) Z. B. der Brückenzoll (Capitul. 805.), welcher aber der Entbehrlichkeit der Brücken wegen nicht zu bezahlen nothwendig war.

(3) Chilperichen hatte dies das Leben gekostet. Henault. 673.

(3*) Lex consensu populi fit, et constitutione regis.

(4) *Huinaut* Abr. de l'hist. de France.

(5) Wahrscheinlich Toskana, woher Viktor seyn sollte.

(6) Grafen zu Chur. Urkunde bey Herrg. 819. zu Laax. Brief Kais. Ludwigs 825.

(7) Herrg. ad 873. 957.

(8) So kaufte das Kloster von St. Gallen die eigne, unbeschränkte Ernennung seiner Aebte vom Bischo-

Bifchofe von Konftanz für die jæhrliche Steuer ei‐
nes Pferdes und einer Unze Goldes. Ludwig, Kœ‐
nig der Oftfranken, befeftigte diefen Vertrag, über
welchen nachher Streitigkeiten entftanden waren,
durch feine Vermittelung, nach welcher das Klofter
dafür noch einige Güter hingab, und er felbft ge‐
gen zwey Pferde jæhrlichen Tributes ihr unmittel‐
barer Schirmherr wurde.

(9) Auf einer Iagd, welche Karl der Grofse
dem türkifchen Gefandten bey Achen gab, kam der
Kaifer durch einen wilden Stier in die æufserfte Le‐
bensgefahr, und ward nur durch den Graf Ifembert
vom Thurgau, der den Stier auf der Stelle tœdtete,
gerettet. (*Notner* Balbul. v. C. M. L. II.) die Thur‐
gauer zeichneten fich befonders durch eine un‐
gewœhnliche Grœfse und Stærke aus. Im Kriege
wider die Tfchechen und Wittgen war Lishar vom
Thurgau hierin befonders hervorragend (*Notker*).

(10) Dies war auf den Hügeln der Waat, und
felbft in Zürich. Aber die Wildheit der umliegen‐
den Gegend verhinderte am lezteren Orte in den er‐
ften Iahrhunderten das gute Fortkommen.

(11) *Müllers* Gefch. Th. I. S. 199. „Auf den
grofsen Hœfen ftand meiftens ein fteinernes Herren‐
haus oder ein Thurm; in dem Haufe war zu der
Bewirthung der Waffenbrüder ein grofser Saal, mit
einer oder zwo Stuben, welche geheizt werden
konn‐

konnten, eine Küche, ein Holzbehælter, ein Keller, worin mehr Speisen verwahrt wurden, als Wein, ein Stall, ein Hundezwinger. Die Hütten und Hurden der Baursame umgaben den Hof."

(12) Unter diesen war *Uri* (Pagellum Uraniae).

(13) *Felivien* Hist. de st. Denyr.

(14) Constitutio generalis. 560.

(15) Worin Aubonne lag. Hiermit war auch Scodingen verbunden.

(16) Hughbert wollte die Ehre seiner Schwester gegen des Kœnigs Kebsweib behaupten, und wurde deshalb vom Lothar des mit ihr begangenen Verbrechens der Blutschande beschuldigt. Ann. Bertin. 860.

(17) *Otto Frising.* Lib. VI. cap. 2. 3. — Müller sezt die Endigung dieses Krieges in das Iahr 869. Mehrere Urkunden und Schriftsteller bürgen eben für die von mir angegebene Iahreszahl.

(18) Elisgau, Elisiacae Partes. *Ann. Bertin.* 869.

Siebentes Kapitel

(1) Dies Recht, Bosen mit dem Reich von Arelate, zu belehnen, hatte der Kaiser entweder als Vormund über den Kœnig Karln den Einfæltigen von

Frankreich, oder weil die burgundische Herrschaft ursprünglich ein kaiserliches Patrizial gewesen war. S. *Müllers* Gesch. Th. I. S. 223. Note 10.

(2) Der Bischof von Lausanne war sonst von dem Volke, in Verbindung mit der Geistlichkeit gewæhlt; der Papst verbot aber durch seinen Rath Deusdedit dem Kaiser und Volke diese Ernennung ohne seine Erlaubniss.

(3) Optandus war von den Genfern und von seiner apostolischen Heiligkeit fœrmlich gewæhlt. Boso wollte aber, von Guntram, Erzbischof von Vienne verleitet, diese Weihung verhindern und einen anderen Bischof dahin bringen. Optandus ward vom Erzbischof daher gefangen gesezt, aber auf die Drohungen des Papstes mit dem Bannstrahle wieder losgelassen.

(4) Der schwæcher werdende Kaiser Karl der Dicke, ward in diesem Zeitpunkte von vielen seiner Grossen verlassen, welche den unæchten Sohn seines Bruders Karlomanns, Arnulph, zur Besitznehmung seiner Kronen einluden, und starb, da die Verwirrung seines Verstandes, die zu seines Vaters Zeiten schon oft eingetreten war, immer merklicher zunahm, bald nachher von allem verlassen und arm. Wæhrend dem fanden sich mehrere Mitwerber zu seinen hinterlassenen Besitzungen. Ganz Frankreich fiel dem Grafen Odo von der Loire zu, und

Her-

Herzog Wido aus dem belgischen Gallien erhielt das Reich Italien.

(5) S. *Bünaus* Reichshistorie; und Memoires de *Bochat*. Tom. II. pag. 548.

(6) Rudolph versammelte, um sich zu seinem Regierungsantritte bevollmæchtigen zu lassen, in St. Moritz einige Grosse des Reichs, und warf sich hier zuerst zum Kœnige auf. Durch ganz Lotharingien warben seine Gesandte ihm Anhænger, und bald erkannte man ihn in der obern Gebirgsgegend, und in den Strecken des Iura bis an den Rhein, und die Ufer der Saone an.

(7) S. Müllers Geschichte Th. I. S. 320. Dieser führt hierüber Handschriften auf der kœniglichen Bibliothek zu Paris an.

(8) In Lausanne wollte sich ohne seine Erlaubniss ein neuer Bischof erheben, aber er besezte die Stadt, zwang alle Einwohner seine Oberherrschaft in kirchlichen Sachen anzuerkennen, und liefs den Bischof *Boso* erwæhlen.

(9) Iener Bischof Boso wollte den Genuss der um Lausanne liegenden Waldung und Weide, welches Recht ihm die Aufseher darüber abstritten. Man wusste sich daher durch nichts weiter zu helfen, als dafs man einen von der Kirche abhængigen Mann ein glühendes Eisen anfassen liefs, die Hand hierauf versiegelte, und drey Tage lang uneræfnet

bewahrte. Der Erfolg war auf der Seite des Bifchofs. Allein man hat mehrere Spuren, dafs man fchon damals das glühende Eifen unfchædlich zu machen verftand.

(10) Er befafs zugleich St. Gallen, Pfeffers und 10 andere Kloefter als Abt.

(11) Er befafs einen goldnen mit Edelgefteinen befezten Becher, für die damaligen Zeiten ein Ding von einem unermefslichen Werthe, dann Tafeln von Elfenbein, und ein ehernes Wafchbecken mit erhobenen Figuren.

(12) S. *Crufii* Annales Svevicae. Pars II. Lib. III. cap. 8. — *Stumpfs* Chronik B. IV. cap. 33 — 35.

(13) Dies Haus hatte fonft Baiern feine Herzœge gegeben.

(14) Vielleicht feiner Verwandtfchaft mit den Agitolfingern wegen.

(15) Berengar hatte die Hungarn in einen fœrmlichen Sold genommen, da fie fich, wie izt die Helvetier, in fremde Dienfte vermietheten. Sie waren ein kriegerifches und rauhes Volk, und fürchteten keine Gattung des Feindes.

(16) Die ganze Gefchichte Berengars ift nichts als ein Gewebe folcher Treulofigkeiten feiner Unterthanen. Gilbert wurde vorher in der Schlacht gefangen, und von den Soldaten in Berengars Lager

ge-

gestæupt. Dieſer edele Menſch aber nahm ihn freundlich auf, trœſtete ihn, und verließ ihn ohne Eid.

(17) Man hinterbrachte Berengarn Flamberts Vorhaben, der Mitgenoſſen zu einer glücklichen Ausführung anwarb. Aber der Kœnig war zu edelmüthig, dieſer Nachricht zu trauen. Er verſicherte ſeinem Feinde: „niemals kœnne eine ſolche Verleumdung in ſeinem Herzen Eindrücke zurücklaſſen, denn er kenne Flambert zu gut, um ihn einer ſolchen Vergeltung einer vieljæhrigen Freundſchaft für fæhig zu halten." Aber Flambert überraſchte ihn in der Nacht mit einem verſtellten Ueberfall, und Berengar ward ermordet, indem er ſich in den Armen ſeines Günſtlinges am ſicherſten glaubte.

(18) Herzog Burkard blieb ſelbſt vor Mayland, als ein Opfer der Erbitterung der Belagerten, gegen die er ſich laut vermeſſen hatte, ſie bald nur mit Einem Sporne auf Schindmæhren reiten zu laſſen.

(19) Man nannte ſie Fremde (*Wagern*). Sie waren aus Nordaſien von den Byzantinern vertrieben (S. *Fiſcher* de gente Ungrorum).

(20) Der Kœnig der Deutſchen ſchien ſich dadurch einen Bundsgenoſſen gegen Schwaben ſicheren zu wollen, und Rudolph gab ihm dagegen zum Zeichen ſeiner Freundſchaft auch eine Lanze, womit

mit Christus am Kreuze follte durchftochen feyn. S. *Siegeberti* Gemblacenfis. — *Guillimann* Lib. II. cap. 13. — *de Bochat.* Memoires Tom. II.

(21) *Luitprand.*

(22) *Luitprand.*

(23) Wæhrend die Hungarn durch Rhætien zogen, zogen die Sarazenen den Iura hinauf. Von diefer allgemeinen Noth des Landes fchreiben fich mehrere befeftigte Burgen derfelben her. Zu Wiflisburg ift noch die Sarazenen-Mauer. Alle nur etwas haltbaren Plætze wurden ftærker befeftigt. (S. *Ruchat.*).

(24) Dies war wegen der Annæherung des taufendften Iahres nach Chrifti Geburt.

(25) Dies gefchah ihres Seelenheiles wegen, und auch um das ihres erften Gemahles und ihrer anderen Verwandten, den Kœnig Hugo ihren zweyten Gemal ausgenommen, der noch zu fehr an fleifchlichen Lüfte hing, als dafs man feiner mit Ehren und Andacht hætte gedenken kœnnen.

(26) Den Stiftungsbrief hat *Boaquet.* Tom. IX, pag. 667.

(27) *Waldkirch* B. u. St. f. S. 104.

(28) *Müller* führt noch ein Sprichwort an: Ce n'eft plus le tems ou Berthe filoit, das hierauf Bezug hat.

(29) *Ruchat.* Hiftoire de la Sviffe. Tom. IV.

(30) Vi-

(30) Vicus Lerba. *Iabern* war der alte Name.

(31) Pagus Everdunensis.

(32) Wüfflens und Champrent sollen von der Kœnigin Beatha erbaut seyn.

(33) Seine beyden Sœhne theilten sich so in das væterliche Erbe, dafs Bubo jene Burg behielt, Ulrich aber im jetzigen Thale des Bieler- und Welschneuenburger Sees einen Sitz zu *Fenils* (Vingelz) und die Hafenburg im Bisthum Basel bekam. Dies gab den Grafen von Neuchatel ihren Ursprung. Ulrichs Sohn, Burkard, bauete nachher Erlach, und Kuno sein Bruder die Abtey St. Iohann. Dies alles bestætigte ihre Rechte auf die Schirmung von Basel und Lausanne.

(34) Guntram büfste alle seine Besitzungen im Elsafs wegen einer Streitigkeit mit seinem Oberherren Otto, Kœnige der Deutschen, ein. Rudolph der Zweyte hatte ihm Münster in Granfelden, und fast ganz Arguelen gegeben. (S. Müller Th. 1. S. 251.). Dies alles verlohr er bis auf sein Stammgut im Aargau.

(35) Da er noch Grœfse genug gerettet hatte, um sich unter den dürftigen Bauern eines Hofes Ansehen zu geben, so wurden viele zuerst freywillig seine Schutzlinge, und er ewang ihnen nachher die Dienstleistungen ab, gegen deren Erstattung sie ihm ihre Güter anvertraueten.

(36) Lanzelin nahm den Freyen von Muri, welche sich ihm unterworfen hatten, bald Güter und nœthigte sie zu einer wirklichen Knechtschaft.

(37) Sie war eine Prinzeßinn von Lothringen, Tochter Herzogs Friedrich.

(38) Diese bestand in Geld, in einem Drittheile der Strafgefælle, in einem Malter Korn, einem Maaße Wein, und einem Ferkel. (S. *Müller* a. a. O. S. 256.

(39) Das Kloster zu Muri ward von St. Gallen mit Büchern ausgestattet.

(40) Man gab denen, die sich bey ihnen anbauen wollten, ein Haus, einen Vorrath von Holz, einen Wagen mit vier Ochsen, eine Sau, zwey Ferkel, einen Hahn, zwo Hennen, einen Pflug, Sichel, Axt, Beil, und einigen Vorschuß von Saamen, Getraide und Gemüsen. S. *Müller* a. a. O.

(41) Die jæhrlichen Abgaben an Leinewand, Früchten und Vieh waren unveraenderlich bestimmt, ihre Dienstleistungen festgestellt, und ihre Verhaeltnisse zum Herrn.

(42) Eine Anzahl von Einwohnern vertrauete einem Hirten ihre Heerden, der sie dann auf die Bergweiden trieb. Mitten im Sommer versammelten sich dann die Eigenthümer hier, um den Ertrag der Milch für jeden Theilhaber zu bewahren.

(43) Gold-

(43) *Goldaſt* T. II. Es wird aus dem Stammhauſe der Welfen abgeleitet, und ſoll von jenſeits dem Bodenſee nach Helvetien gekommen ſeyn.

(44) *Müller* Th. I. S. 265. ,,Ieder bekam ,,Recht vor dem Stuhl des Grafen von Zürich nach ,,dem geſchriebenen Buche der Alemannen, und ,,nach den Zuſætzen der Weiſen, gemæſs dem be- ,,ſchworenen Urtheile des Volks, nach abgehœrter ,,Kundſchaft oder vernommenen Eid und Urtheil ,,Gottes, unter freyem Himmel, auf dem Hof oder ,,an dem Hofſtette der Münſter.''

(45) Eine Zeitlang machten zwey Fæſſer den ganzen Weinvorrath im Kloſter St. Gallen aus, und da man ihn von Augsburg aus mit einem anderen noch vermehren wollte, ſo hatte man das Unglück, daſſelbe in einem Loche unweit davon fallen zu laſſen. Dies ſezte den Witz des ganzen Konvents in Bewegung, man ſtellte eine feyerliche Prozeſſion mit Abſingung eines Kyrie Eleiſon um daſſelbe an, und ſchloſs, nachdem es glücklich herausgebracht war, mit einem Te Deum. S. *Hottingers* helvetiſche Kirchengeſchichte. Th. I.

(46) Dies war beſonders vor der Erfindung der Buchdruckerey wichtig, und man machte zu den Zeiten ſoviel aus dieſer Kunſt, daſs man es an jenem berühmten Biſchof Salomo beſonders rühmte: er habe ſchœne Initialbuchſtaben gezeichnet.

(47) Die

(47) Die Herzogin von Schwaben erkaufte ihn gleichsam vom Kloster für ein Gut. Sie herrschte damals im umliegenden Lande fast unumschrænkt.

(48) Er brach unter Hinz von Stein aus, lief aber, durch den Verlust der Schlacht bey Schwarzach für die Verbündeten unglücklich ab. Das Schlachtfeld ward nachher mit einer Kapelle eingeweihet, an deren Stelle nachher das Kloster zum Paradies bey Schafhausen gestiftet wurde. S. *Hottingers* K. f. Th. I. S. 528.

(49) Man hielt ihn für einen Bruder oder einen Sohn Othelstans. Wenigstens war er gewiß von hoher Geburt, vielleicht einer von denen obenerwæhnten Gesandten, und sog zu St. Gallen den Hang zur klœsterlichen Abgeschiedenheit ein.

(50) Das Hochstift Chur hatte grosse Güter um den Flecken Chur von den Kaisern erhalten, nebst mehrern Besitzungen in der ganzen Gegend herum.

(51) Gisela, die ælteste Tochter Konrads, war an den Herzog, Heinrich von Bayern, vermæhlt, und heyrathete nach dessen Tode Stephan, den ersten christlichen Kœnig der Hungarn. Die zweyte Prinzessin Beatha, hatte zuerst Odo, Grafen von Champagne, und dann Robert, Kœnig von Frankreich, zum Gemahl. Die dritte, Gerberga, heyrathete zuerst den Herzog Herrmann von Schwaben,
dann

dann Patto, Graf zu Vienne, und endlich den Herzog Heinrich von Burgund, jenseits der Saone.

(52) Er war nemlich nur der zweyte Gemahl einer Tochter der dritten Schwester, da Odo Graf von Champagne, der Sohn der zweyten Schwester war, und Odo der deutschen Kœnigin Sohn von ihrem ersten Gemahle.

(53) Werner war nemlich der Bruder des Grafen von Habsburg.

(54) Ernst hatte vorher gefangen gesessen, war aber 1030 wieder losgelassen.

(55) *Barré* Histoire d'Allemagne. Tom. II. — Stumpf. B. IV. S. 40.

Achtes Kapitel.

(1) Vorzüglich ward dieser Versuch auf das Schlofs durch seinen gænzlichen Mangel an Geschofs und Belagerungsgeræthschaften fruchtlos gemacht. Auch lag es auf einer betræchtlichen Hœhe, und der Zugang ward durch die umliegenden Moræste æufserst beschwerlich gemacht. Dasselbe Schicksal hatte er ebenfalls vor Murten.

(2) Unter diesen war gleich anfænglich die verwitwete Irmengard.

(3) In

(3) In diesem ward festgesezt:" dafs Mittewochs von Sonnenuntergang an bis zum Sonnenaufgange am Montage, und auſserdem noch, von Adreas bis zum achten Tage nach Epiphanias, und von Septuagesima bis zum achten Tage nach Oſtern, kein Chriſt gegen den anderen die Waffen erheben folle." *Müller.*

(4) Rudolph war eines Grafen von Rheinfelden Sohn, und mit den Grafen von Habsburg verwandt. Seine Macht war ſo ausgebreitet, daſs er der Gegenſtand von dem Neide aller ſeiner Nachbaren wurde. Vorzüglich war dies aber Berchtold von Zæhringen im Schwarzwalde, welcher an den Grenzen von Baden ſchon anſehnliche Güter beſaſs. Der Kaiſer Heinrich der Dritte hatte Berchtolden das Herzogthum Schwaben verſprochen; die Kaiſerin Agnes dies aber dem Rudolph gegeben. Berchtold erhielt nachher dafür Kærnthen, und beyde Feinde verſœhnten ſich.

(5) Vermuthlich trat er aus Furcht vor den Groſsen auf des Kaiſers Seite.

(6) Adelheid beſaſs Piemont und das ganze Thal von Aoſta.

(7) Dies war um ſo groſsmüthiger, da der Kaiſer ihre Tochter, welche ſeine Gemahlin geweſen war, verſtoſsen hatte.

(8) Berchtold und Welf entzogen ihm alles Einkommen ſo ſehr, daſs er den Kirchenſchmuck

zu

zu verpfænden genœthigt wurde, um nur Brod zu erhalten. Er verbrannte nachher viel feindliche Schlœsser, befestigte und besetzte die seinigen, aber die grosse Anzahl von Pæssen liessen, trotz seiner Sorgfalt, immer an einigen Orten den Zugang offen genug, der Feind drang herein, seine eigenen Truppen erhielten keinen Sold mehr, und gaben ihn daher noch um so hülfloser auf.

(9) S. *Stumpfs* Chr. B. IV. cap. 41. — *Ruchat.* Lib. XI. pag. 52.

(10) Auf dem Reichstag zu Mainz.

(11) Sie liegt von Aarwangen bis nach Thur am œstlichen Ufer der Aare. Sie erbten immer allodienmæssig auf die Weiber.

(12) Auch die Landrage, unter Eichen auf der Landstrasse.

(13) So die Münze, den Hochwald und das Hochgewild.

(14) Im hohen Rhætien waren noch viele Striche menschenleer, und wurden blofs von eigenen Leuten der Grafen bebauet.

(15) Dies ward von Lutold, Baron von Regensburg gestiftet im I. 1130.

(16) S. *Waldkirchs* Geschichte der Stadt Schafhausen.

(17) Dies stiftete Konrad, Freyherr von Seldenbüren, in einem engen und wüsten Thalgrunde,

und

und wieſs ihnen die Einkünfte von seinen Gütern im Thurgau an, wozu noch mehrere Barone freywillig etwas hinzulegten.

(18) So ging Konrad von Seldenbüren unter die Mœnche von Engelberg.

(19) Bey Schafhauſen ward von dem Grafen Eberhard zu Nellenburg das Kloſter St. Salvator und Aller Heiligen angelegt, wozu er aus dem Kloſter Hirſchau zwœlf Mœnche nebſt einem Abte berief. Dieſe Anzahl ſtieg durch die ſchœne Lage des Stiftes, und durch ſeinen zunehmenden Reichthum bald bis auf dreyhundert Perſonen. Der neue Abt Siegfried gab den Mœnchen ausnehmend ſtrenge Regeln, und ſonderte durch Einfalt der Lebensweiſe, Genauigkeit der Geſetze, und ein unübertretbares Halten darauf, ſein Konvent von allen Nachbaren ab. Von Eberhards Sohn, Burkard, erhielt es nachmals noch eine gænzlichere Unabhængigkeit. Dadurch ward es noch reicher, blieb ſelbſt bey den nachherigen Zwiſten ſeines vormaligen Schirmherrn vor allem Schaden verſchont, und wuchs an Bevœlkerung, je mehr der Druck auf die Nachbarſchaft zunahm.

(20) In der burgundiſchen Grafſchaft Rore im Aargau. Es ward nachher von Schafhauſen und Hirſchau reformirt, und von der Schirmung des Hauſes Habsburg befreyet.

(21) Vom

(21) Vom Bischof zu Basel Burkard gestiftet, und von ihm auch sehr reichlich ausgestattet.

(22) Am Fusse des Moron.

(23) Dies ward vom Grafen Udelhard in der Mark Seedorf erbauet, und war ein Cisterzienserkloster.

(24) Selingar von Osterhofen gründete hier für Augustiner Chorherren das Unserlieben-Frauenstift.

(25) Rougemont entstand in der Gegend von Vanel, einer Burg der damals schon sehr mæchtigen Grafen von Greyerz.

(26) Auch Hautcrest ward von den Grafen von Greyerz gestiftet, in der Nähe von den Quellen der Broye, und von den Grafen von Savoyen nachher mit Gütern des Schlosses Chillon ausgestattet.

(27) Wilhelm von Glan, einer der mæchtigsten hochburgundischen Fürsten, stiftete, und beschenkte dies Kloster.

(28) Hierzu gehœrt noch Berenmünster (von Ulrich, Grafen zu Lenzburg, gestiftet), St. Johann (von Kuno, dem Bruder des Bischofs von Lausanne), Buchsen, Rugisberg, (von Lutold von Rümligen); Seedorf, ein Benediktiner Nonnenkloster (von Arnold, Grafen zu Brienz); Bonmot (von Aymo Grafen zu Genf) und noch andere.

(29) Vorher hatte von den Chorherrn jeder für sich gelebt; und niemand bekümmerte sich um die Pflichten seines Standes, sondern alle liebten Jagd und Wohlleben.

(30) Er wurde sein Lehnsmann und Blutrichter, durfte aber niemanden richten, der ihm nicht überliefert wurde.

Neuntes Kapitel.

(1) Dieser Herzog von Zæhringen, Konrad, war der Oheim des ermordeten Grafen. Reinold hingegen war Neffe seines Großvaters.

(2) Dieser war ein Eidam Kaiser Lothars.

(3) *Otto Frising.* L. II. cap. 29. — *Guillimann.* Habsburg Lib. V. cap. 5.

(4) Der Graf zu Savoyen, Humbert, hatte ihm bey seinem Zuge in die Morgenlænder, die Vormundschaft seines erstgebohrenen Sohnes vertrauet, und Amadeus schlug, um die Besitzungen seines Mündels zu retten, den Dauphin Guigo VII. seinen eigenen Vetter bey Montmelian.

(5) Er mußte versprechen, die Bischofswahl niemals zu stœren, sich an den kirchlichen Lehen nie zu vergreifen, und keinem Theile und Unter-

tha-

thanen des Stiftes durch irgend etwas beschwerlich zu fallen. Die Bürgerschaft holte ihn hierauf in Prozeſſion herein, und bewirthete ihn zweymal.

(6) In der Bulle hiefs es: „Genf müſſe keinen andern Schirmvogt als St. Peter haben, und ſtehe unmittelbar unter dem Reiche, dafür ſolle der Biſchof aber, ſo oft der Kaiſer nach Genf käme, mit ſeiner ganzen Kleriſey hindurch für das Wohl des heiligen rœmiſchen Reiches eine feyerliche Litaney anſtimmen."

(7) Die Schirmvogtey über dieſes reiche Hochſtift hatte ſonſt Graf Rudolph von Pfüllendorf im Linzgau gehabt; da er aber zum heiligen Grabe wallfahrtete, übergab er jenem kaiſerlichen Prinzen Friedrich, ſeine ſæmtlichen Mannslehne.

(8) Sie hoben einen Zins von den Hœfen, und einen Zoll von den Waaren.

(9) Die Bürger wurden nach eigenen Geſetzen von 12—24 Ræthen ihres Gleichen unter einem eigenen, von ihnen gewæhlten Schultheiſs gerichtet. Weder ein Fremder noch einer in des Herzogs Dienſten konnte gegen einen Bürgen zeugen.

(10) Die Leibeigenen wurden frey, wenn ihr Herr ſie nicht in Iahresfriſt aufſuchte, und an ihnen ſeine Rechte mit ſieben Verwandten bewieſs.

(11) Man fing an mehrere neue Gattungen zu bauen: Weizen, Hafer, Erbſen, Birnen, Wein und Caſtanien.

(12) Tuch-

(12) Tuchwebereyen, z. B.

(13) So entstanden Walkmüller, Zimmerleute, Maurer, Schmiede und Glaser.

(14) Diese Beklemmung durch die Thæler verhinderte aber alle ordentlichen Bewegungen ihrer Truppen.

(15) Bey der Ausrottung des Gehœlzes zur Ræumung des Platzes fand man einen Bæren, der zur Benennung der Stadt Gelegenheit gab.

(16) *Tschudi* B. II. und III. — *Nettler* B. I.

(17) Im Anfange blieb der Rauhheit der Luft und der Wildheit des umliegenden Landes wegen das Glück der Stadt noch lange unentschieden.

(18) Das Muster der Gesetze waren die zu Kœlln und Freyburg.

(19) Man sieht auch in Kleinigkeiten schon jene Zeiten den unsrigen æhnlich. Leichtsinnige Gebehrden und kurze Kleider raubten dem Bischof Peter von Soisons die ganze Achtung des Volkes. Auserdem stand er oft zur Frühmetten nicht auf, versæumte Kanzel und Beichtstuhl, und gegen die Ahndung solcher Verbrechen waren die wirklichen Wohlthaten, die er seinem Volke zufließen ließ, nicht hinreichend.

(20) In dem Paß nach Hochburgund an der Oebe lag eine Ræuberburg, les Klefs genannt.

(21) Und

(21) Und doch erhielt dieser Fürst nachher den Beynamen des Heiligen.

(22) Graf Rudolph von Rapperschwyl kehrte von einer seiner Reisen in seine Heimath zurück. Auf halben Wege begegnete ihm sein Schlofsvogt, mit einer bedeutenden Miene, welche ein schwergedrücktes Herz verrieth. Er wollte die Gemahlin seines Herren bey diesem der Untreue wegen verklagen. Der Graf rief ihm aber entgegen: „Sage „mir, was du willst, nur nichts wieder die Geliebte „meines Herzens." Sein Vogt rieth ihm daher, eine Stadt am Züricherfee zur Befestigung seines Landes zu bauen. Und dies war Rapperschwyl. —

(23) Die Burg Forsteck.

(24) Vier Ritter und zweymal soviel Bürger machten den Rath aus.

(25) *Stumpfs* Chronik. — *Lauffers* Beytræge.

(26) „Wer hie Vogt ist," sagt ein altes Zürcher Ratserkenntnifs, „der soll an den Rat nit „kommen, noch by im sitzen als die andern des „Rats, wenn so si sin bedürfen, und nach in sen„den vor alle Gewerke. und Alle die Bürger Hand „geschworen, swene ein Kœnig von Krieg erkoren „wird, das wir mit allen Trüwen mit gemeinen „Rate vnd one alle Gewerke an den Werbende sin, „das er vns da keinen Vogt gebe vürbas, danne „zwey Iahre, vnd so zwey Iahre hinkommen, das „der-

„derselbe innwendig der nechſten 5 Iahren darnach
„nit Vogt werde."

(27) Arnold von Breſæa war ein Schüler Peter
Abelards, und hatte von dieſem ſchon die hohe
myſtiſche Schwærmerey frühe eingeſogen, welche
nachher unter Kaſteyen und Faſten noch hœher gebildet, endlich im Drucke der pæpſtlichen Allmacht
jene bewunderungswürdig hohe Stufe erreichte.
Dieſe Myſtik, welche ſich im Anfange nur un-
ſchuldsvoll in Worten ergoſs, ſteckte bald durch die
Idee einer mœglichen Vervollkommnung der Natur
den ganzen Lebenswandel an, und da ein jeder
Schüler ſie mit eigenthümlichen Ideen von menſchlicher Erhabenheit auffaſste, ſo konnte es nicht fehlen, daſs ſie bald an einer Mannichfaltigkeit von
willkührlichen Verderbniſſen in ihrem Inneren litt.
Man wandte endlich dieſe Lehren ſelbſt auf bürgerliche Einrichtungen an, was der Partheygeiſt noch
nicht getrennt hatte, nahmen nun die Geſetze in
Anſpruch, und der Haſs der Meinungen ſchlich ſich
bald in die hæusliche Eintracht unbekümmerter Familien ein. Arnold fand überdem noch manche Gegend ſchon vorbereitet, in Burgund ſchon ältere
Schüler ſeiner Lehrer, und in Zürich eine warme,
einladende Aufnahme. Da er indeſs ſich in manchen Punkten unmœglich mit dem herrſchenden Religionsbegriffe vollkommen vertragen konnte, ſo
griff er ihn durch Freyheit im Abweichen an den

ſchwæch-

schwæchſten Stützen derſelben, dem træumenden, blinden Volkswahne an. Er zog ſelbſt einen Haufen von Alpenbewohnern mit ſich nach Rom, und ſein Vertrauter Wetzel, der an ihrer Spitze ſtand, ſchrieb dem Kayſer Friedrich: „er ſolle nur erſt „die Geiſtlichen von ſeinem Hofe entfernen, die „Weltlichen würden die Gerechtſame des Reiches „beſſer behaupten.„ Arnold ward nachher zu Rom im J. 1145, aller dieſer angeſtifteten Uebel wegen, aus Rache verbrannt.

(28) Von dem Freyherrn von Regensburg geſtiftet.

(29) So das Nonnenkloſter zu Buchs.

(30) S. *Tſchudis* Chronik. Th. I. Band III. S. 123.

(31) S. *Konrad Fueſlins* Geſchichte der Waldenſer. Th. I. S. 214.

(32) *du Cange*, Gloſſ. med. Lat. im Artikel: Arſenoquita.

(33) S. *Hottingers* Specul. Tigurinum.

(34) Dieſe Meinung wird vorzüglich von einem ſchweizeriſchen Liede im Oberhaſslithale angegeben: „Der zehnte Mann muſte in einer Hungersnoth nach einem allgemeinen Volksſchluſſe, das in Scandinavien gelegene Vaterland verlaſſen. Sie zogen in drey Haufen herab, und ſchworen ſich ſchon damals einen ewigen Bund. Auf ihrem Zuge reich gewor-

geworden, liefsen fie endlich fich in ihrem itzigen Wohnorte wieder, baueten Schwyz, und dehnten fich von hier aus in die benachbarten Thæler." — Die Zeit ihrer Ankunft ift indefs unbekannt.

(35) Dies wurde auch von den Gefandten Guftav Adolphs nicht vergeffen, als er die Schwyzer auf feine Seite zu ziehen fuchte.

(36) Doch die Schweizer allein und ausfchliefslich. Nur wohnten bey ihnen viele Leute, welche anderen leibeigen gehœrten.

(37) Der Landammann mufste reich feyn, und feine Heerden durch Knechte verwalten laffen kœnnen, weil der Gerichtshof einen feften Stand haben mufste bey der herumziehenden Lebensart der Bürger.

(38) Man fieht aber auch hier fchon bey der Wahl der Richter auf Reichthum Rückficht genommen.

(39) So fchloffen im J. 1251 Zürich, Schweiz und Unterwalden einen Bund mit einander.

(40) Diefe Aelpler waren nemlich von dem Kaifer Heinrich dem Zweyten vœllig verhehlt, als er dem Klofter Einfiedlen die ganze benachbarte Wüfte verlieh. S. *Tfchudi* B. II. S. 51. 52. 56. 68. — *Hottingers* Kirchenhift. B. IV. S. 613. 641.

(42) Graf Rudolph von Lenzburg und Ulrich von Rapperfchwyl fprachen für die Schweizer, aber

vergebens, weil sie nichts als das Recht ihrer Ahnen gegen den Schenkungsbrief des Abts von St. Gallen aufzuzeigen hatten.

Zehntes Kapitel.

(1) S. meinen Versuch über die Staatsverfassung von Bern, in der *deutschen Monatsschrift*. Oktober 1790. S. 101.

(2) Die Aebtissin des Frauenmünsters und die Herren liessen ihre Meyerhœfe von eigenen Vœgten verwalten. Die Einwohner derselben konnten selbst durch den Zweykampf ihre Gesetze verfechten.

(3) Sie musste zum Baue der Stadtmauren steuern, trotz ihrer anfänglichen Weigerung.

(4) Mit Strasburg, Mainz, Kœln, Speyer etc.

(5) S. *Hafners* Solothurner Schauplatz.

(6) Die Gemeinde ward im St. Ursus Münster zusammenberufen.

(7) Diese Stadt war schon befestigt.

(8) Ihr Umfang war sehr klein, und ihre Besitzungen bedeuteten wenig.

(9) Im vierzehnten Iahre ihres Alters wurden sie Bürger.

(10) Im Falle, z. B. jemand in feinem Haufe angegriffen wurde.

(11) Zu diefem Rath wurden blofs Adliche und angefehene Bürger gelaffen.

(12) Wir fehen in der Zeit alle hohen obrigkeitlichen Stellen mit den vornehmften Gefchlechtern befetzt. Die Freyherrn von Iægiftorf, die Grafen von Bucheck, die Herren von Efchenbach, Wattewyl, Erlach, Seftigen etc. und die Urahnen mehrerer itzt in Bern blühender Familien find fchon da im Befitz einer auszeichnenden Gewalt.

(13) Sie thaten einen Zug in das romanifche Land.

(14) Man wollte dadurch Kyburg mit Savoyen verbinden; man fetzte zu Mouden fehr vorfichtig feft, dafs der Graf die Prinzeffin vor ihrer Vollbürtigkeit nicht berühren; und fie in dem Falle er ftürbe, unbefleckt nach Savoyen zurückgefchickt werde.

(15) Befonders über Lehnsfachen und Eigenthum.

(16) Nur für Kaufmannswaaren ward Zoll erlegt.

(17) In die Verlaffenfchaft eines Unbeerbten, theilten fich der Graf, die Kirche und die Armen.

(18) So ward ein Fremder, wenn er einen Bürger gefchlagen hatte, an einen Pfahl gebunden und fœrmlich fkalpirt.

(19) Nach-

(19) Nachdem er das Gedæchtnifs des verstorbenen Herzogs feyerlich verdammt hatte, übergab er der heiligen Iungfrau die Schirmvogtey.

(20) Bonifacius hatte zu Paris und Kœln seine Theologie gründlich studirt, war edeldenkend und gutmüthig, und hatte nur zum einzigen Zweck den Frieden seines Volkes.

(21) *Watteville* Histoire de la Confédération helvétique. St. I. pag. 30. — *Tschudi*. B. IV. S. 222.

(22) *Watteville* L. I. pag. 31.

(23) Wie den grosen Zoll von Neustadt am See.

(24) So in Vevay vom Bischof zu Lausanne, Aymo von Blonnay, und Wilhelm von Oeon. Nachher hatten auch die Grafen von Greyerz und Welschneuenburg in der Gegend Besitzungen.

(25) Mehrere Geschichten und Erzæhlungen bürgen für seinen aufserordentlichen Muth und eine ungewœhnliche Seelengrœfse.

(26) Graf Peter verordnete hierauf, dieser Ring solle in allen Zeiten immer vom ælteſten Erben des Haufes Savoyen aufbewahrt werden.

(27) Er war Graf von Richmond und Effex, auch Herr von Dover, und fafs im kœniglichen Rathe.

(28) Der Komthur von der Chaux, der Abt von Hautcreft, dem See des Iura und Marfens, der

Vicarius von Romont, die Præbſte von Romainmotier, Peterlingen, St. Bernhard, Oyan, u. a.

(29) Die Grafen von Greyerz und Romont etc.

(30) Die vier Stædte Moudon, Iverdun, Morges und Nion.

(31) Er beſchenkte einſt jeden, der ihn anſprach, von St. Gallen bis an die Konſtanzerbrücke.

(32) Dieſer führte denſelben Namen.

(33) Dieſen befehdete Rudolph zuerſt, unter dem Vorwande einiger Uebervortheilung.

(34) Welche Przemyſl Ottokar, Kœnig von Bœhmen, gegen die Unglæubigen anſtellte, welche gegen den deutſchen Orden ihr Vaterland vertheidigten.

(35) Der Graf hatte alle ſeine Güter dem Stifte von Straſsburg verſchrieben.

(36) So übernahm er die Anführung der Bürger von Straſsburg in ihrer Fehde mit ihrem eigenen Biſchof, und nahm Kolmar und Mühlhauſen ein.

(37) Er hat ſelbſt im Felde ſeinen Hunger mit bloſsen Rüben geſtillt, und ſoll ſelbſt zuweilen ſeinen Rock geflickt haben.

(38) So erzæhlt man von ihm, daſs als er zwiſchen Fahr und Baden einen Prieſter angetroffen habe, der mit dem heiligen Sakramente, welches er einem Sterbenden bringen ſollte, nicht durch einen

an-

angeschwollenen Bach hætte kommen kœnnen, er ihm sein Pferd zum Ueberſetzen und nachher auch zum Geſchenk aufgedrungen hætte, mit dem Zuſatze: „es gezieme ſich für einen Layen nicht das Pferd zu „beſteigen, welches ſeinen Herrn und Schœpfer ge-„tragen hætte." Der Prieſter fand nachher Gelegenheit, dieſe Großmuth am Hofe des Churfürſten von Mainz zu rühmen, und der Churfürſt ſchlug ihn nachmals den unentſchloſſenen Wahlfürſten zum Kaiſer vor. *Guillimann* Habsburg. Lib. VI. — *Tſchudi*. B. III.

(40) Er beſaß eine Menge von Vogteyen.

(41) Rapperſchwyl ſtand itzt unter vormundſchaftlicher Herrſchaft, der letzte Zweig des Stammes, Rudolph, war noch ein Kind.

(42) Konrad von Bußnang hatte die Toggenburg und die Stadt Wyl als Abt an St. Gallen gebracht. Dies græfliche Haus ward bald durch Familienzwiſte zerrüttet. Diethelm Sohn des Diethelm, regierenden Grafen zu Toggenburg, hatte eine Tochter Ulrichs von Welſchneuenburg zur Gemahlin, welche ſeinem Bruder Friedrich anlag, ihre Schweſter zu heyrathen, und als dieſer ſich mit einem Fræulein von Montfort vermæhlte, ihren Gemahl zum Brudermord verführte. Diethelm ward hierauf von ſeinem Vater aus ſeinen Beſitzungen gewieſen; alle ſeine Unterthanen verließen ihn, St. Iohann nahm ihm ſeine Schirmung und nachdem er den

Frie-

Frieden noch einmal gebrochen hatte, ward er in die Acht erklært, und aller feiner Schlœſſer beraubt, die er nur mit Mühe nachmals wieder erhielt. Auch ſein Sohn, der Graf Kraft, ward von einem Edelknechte erſchlagen. Sonſt waren die Herrn von Togzenburg ſehr begütert, und gewannen viel an den italieniſchen, durch ihr Land gehenden, Waaren.

(43) Auch Regensberg ward durch den Weg, welchen die italieniſchen Waaren nahmen, wohlhabend.

(44) Die Belagerung, um die Burg auszuhungern hatte ſchon ſo lange gedauert, daſs ſie Rudolphen ermüdete, und er eben abziehen wollte. Aber ein Knecht warf aus Hohn lebendige Fiſche aus der Burg, und dies machte Rudolphen einen verborgenen Weg aus der Burg nach dem dabey fließenden Waſſer bekannt, wodurch er in die Burg eindrang.

(45) So eroberte er Glenzenberg durch einen verſtellten Schiffbruch auf der vorbeyfließenden Limmat, welcher die raubgierigen Truppen herauslockte, und die Thore erœfnete.

(46) Bey einer Faſtnachtsluſtbarkeit, welche Rudolph mit ſeinem Adel zu Baſel hielt, ward der Haſs zwiſchen dieſem und der Bürgerſchaft laut. Der Adel griff die Weiber und Tœchter an, es entſtand ein Auflauf des Volkes, und jener mußte entfliehen.

(47) Der

(47) Der Abt von St. Gallen faſs eben mit einer fehr groſsen Menge von Rittern an der Tafel, als Rudolph, nur mit zweyen Gefaehrten begleitet, zum Erſtaunen der ganzen Geſellſchaft hereintrat. Er bat den Abt um Vergebung, ſezte ſich mit an die Tafel, und wuſste ſich bey der Froehligkeit des Gaſtmahles der Herzen aller Anweſenden ſo zu bemeiſtern; daſs ſie ihm treue Verbindung gegen die Bürger von Baſel ſchwuren. Der Abt hatte noch überdem gegen den Biſchof von Baſel einen Privatgroll, weil er ihm Wein weggenommen hatte.

(48) Er war wirklich ganz Vater ſeines Landes, und freuete ſich über das Glück des niedrigſten Bürgers. So beſuchte er einmal als Freund einen wohlhabenden Gerber in einem Dorfe bey Baſel. — Er ſtrafte ein gemeines Weib zu Mainz, welche ihn ausgeſcholten hatte, da ſie ihn für einen gemeinen Soldaten hielt, dadurch, daſs ſie nachher, als er auf einem Throne ſaſs, vor ſeinem ganzen verſammelten Hofe, die Scheltworte noch einmal wiederholen muſste.

(49) Als ihn Iakob Müller aus Zürich, der ihm in einer Schlacht mit eigener Gefahr das Leben gerettet hatte, beſuchte, ſo ſtand er vom Thron auf, bewillkommnete ihn freundlich, und ſchlug ihn nachher zum Ritter.

(50) Die Bürgerſchaft erfüllte nachher alle ſeine Geſuche um Geld.

(51) Sei-

(51) Seine Worte find: „er wolle fie als wer-„the Sœhne zu, des Reichs befonderften Dienften in „unveræufserlicher Unmittelbarkeit bewahren." — S. *Stumpfs* Chronik. B. VI. S. 27.

(52) Der Abt von Einfiedlen und der Bifchof von Laufanne.

(53) Rudolph wandte z. B. hierbey neunhundert Mark Silber auf feine Kleidung.

(54) Er fuchte deshalb mehrere Herrfchaften, auch kaufsweife zufammenzubringen.

(55) *Tfchudi* B. IV. S. 179—180.

(56) Daf. S. 182.

(57) Auch Peter von Greyerz verbürgte fich zu feiner Unterftützung.

(58) Denn der Vertrag ging nur bis dahin: „bis ein Kaifer oder Kœnig mæchtig werde, diffeits „des Reins."

(59) Der Kœnig Eduard, welcher dem jungen Hartmann feine Tochter zu vermæhlen gedachte, vermittelte es dann dahin, dafs die Freyburger Entfchædigung erhielten, und Rudolph Philipps Lehnseid wieder annahm.

(60) Da Mürten von der Wafferfeite am leichteften zu erobern war, fprengte Rudolph felbft in den See.

(61) Die

(61) Die Burg auf der Insel des Rhodan, und die Gewalt, welche er ehedem als Vizedom jene gehabt hatte. Die Kriegskosten schlug er auf vierzigtausend Mark Silber an.

(62) Das Lehen der Visthumey. Die Vizdome sassen mit vier Bürgern zu Gericht, um alle Handel (die Blutsachen ausgenommen) in der Kürze zu schlichten. Sie verhafteten Verbrecher, und sorgten für die Vollziehung des Todesurtheiles.

(63) So dehnte er besonders seine Macht in Rücksicht der Mærkte und des Handels aus.

(64) Durch die Folter hatte man die armen Juden, auf die man immer den ersten Verdacht aller Abscheulichkeiten warf, zu dem Eingeständnisse gezwungen, so unschuldig sie vielleicht auch seyn mochten.

(65) Nach *Tschudi* B. IV. S. 196. da *Nessler* (B. 1. S. 21.) das Heer auf 30000 Mann schætzt.

(66) Er ließ große Haufen von Holz voll brennenden Peches und Schwefels die Aaare herabflœssen, um die Brücke und Stadt anzustecken; aber das in der Aare aufgeschlagene Pfalwerk hielt die brennenden Balken zurück.

(67) Er und seine ganze Nachkommenschaft erhielten von Bern deshalb den Beynamen der Bie-

deren, und das Wapen des Bæren. Der Bær, ward zum Denkmale, daſs er mit Blute wieder erobert ſey, in ein rothes Feld mit einem weiſſen Streifen geſezt.

(68) Die Iudenſchaft erhielt den Frieden, und gab der Bürgerſchaft und dem Schultheiſsen zum Schadenerſatz fünfzehnhundert Mark Silbers.

(69) Tſchudi B. IV. S. 204.

(70) Nur einige wenige blieben ihm treu. Der Herr von Grieſſenberg vertheidigte die ihm anvertrauete Burg Iberg mit Leib und Leben.

(71) So verbarg er ſich eine Zeitlang in der Aue bey Grieſſenberg, muſste aber auch dieſe verlaſſen, und nach Sigmaringen fliehen, von da wieder nach Tettnang, dann auf die Burg Aspermont in Rhætien, dann kam er endlich nach Bregenz, wo er die frœhliche Nachricht von des Kœnigs Tode erhielt.

(72) Deshalb entſtanden mehrere Burgen. So bauete der Biſchof von Chur, Volkard, Fridau bey Zizers und Gardovall im Engadin etc.

(73) So gab der Abt von St. Claude dem Herrn von Villars zu Aubonne die Hælfte ſeiner Herrſchaft, um die andere Hælfte ungeſtœrt zu genieſſen.

74) Den

(74). Den Amtmann ernannte der Abt aus dem Volke, mit Einſtimmung derſelben.

Eilftes Kapitel.

(1) Weder Wolluſt noch Leidenſchaften vermochten über ihn etwas.

(2) Er ließ aus Hungarn leichte Reuter mit langen Zœpfen und Bærten kommen, welche Pfeile gebrauchten; dann hatte er zur Hælfte gepanzerte Küraſſier mit ganz bedeckten Pferden, neue Gattungen von Belagerungswerkzeugen etc.

(3) So dem Abt Heinrich von Admont die Steuermark.

(4) In dem Kriege mit Wien, dem Adel aus Bœhmen, Ungarn, Salzburg, und Bayern bedrængte er die erſte Stadt ſo ſehr, daß ihm die Rathsherren barfuß und mit entblœſtem Haupte die Schlüſſel der Stadtthore auf den Kalenberg bringen mußten, hier vertilgte er vor ihren Augen viele ihrer Freyheiten. Mehrere Aufrührer ließ er von Pferden zerreißen.

(5) So

Anmerkungen

(5) So suchte er vergebens die Kronen von Hungarn und Bœhmen, die Landgraffchaft Thüringen, etc.

(6) Die Worte diefes Bundes befagen: „daß fie fich wohlvertraulich verbunden und gefchworen hætten, mit aller Macht und Anftrengung einander wider alle die beyzuftehen, welche einem von ihnen Gewalt anthun wollten, in ihre Thæler keinen Richter aufzunehmen, der nicht Landmann oder Einwohner wære, oder fein Amt gekauft hætte; unter den Eidgenoffen alle Streite durch die Klügften ausmachen zu laffen, jeden Todtfchlæger umzubringen, jeden Schaden und Raub aus den Gütern des Schuldigen zu erfetzen, den Richtern in den Thælern Gehorfam zu geloben, und ihnen im Fall eines Ungehorfames beyzuftehen."

(7) Ein Bote der Züricher an den Bifchof fiel in die Hænde des Grafen. Diefen beantwortete er im Namen von jenen, und drückte das Siegel von einem ehedem vom Bifchofe erhaltenen Briefe darunter. In der Nacht ließ er hierauf ein bifchœfliches Pannier verfertigen; die Zürcher nahmen ihn frœhlich auf, und er fiel fie an, und erfchlug viele der Bürger, denen die Flucht unmœglich war. Dies gefchah am 13ten Aprill.

(8) *Tfchudi* B. IV. S. 207. 208.

(9) Der

(9) Der Senat erhielt, mit des Kœnigs Erlaubniſs, noch aus der Gemeinde, eine Vermehrung von mehr als zweyhundert ausgewæhlten Bürgern, und ſechszehn angeſehenen Mænnern, um in ſchweren Rechtsfællen ihm beyzuſtehen.

(10) *Nettler.* B. I. S. 25.

(11) Der Herr von Montenach und Graf Rudolph von Welſchneuenburg ſchloſſen Burgrechte mit ihm.

(12) Bey dieſer Gelegenheit bewafneten ſich die Züricher Frauen und Mædchen, als eine anſteckende Seuche die Bürgermenge geſchwæcht hatte. Die Züricher ſchloſſen nicht einmal ihre Thore, ſondern ſchreckten Albrecht, da ſie ihre Weiber und Kinder in Harniſchen muſtern ließen, durch den Schein ihrer Uebermacht. *Stumpfs* Chronik. B. VI. S. 17.

(13) Sein Bruder Burkard von Schwanden, der unter Adolph wider Albrecht, geweſen war, ſchon Schwanden, Soole und Schwendi, ſeine Burgen, verlohren, und zum Ritterorden St. Iohann ſeine Zuflucht nehmen müſſen, in deſſen Dienſten er als oberſter Meiſter ſtarb.

(14) S. *Simmler* de republica Helvet. Tom. I. und *Guilimann.* B. II. S. 16.

(15) Er ließ ihnen sagen: er hoffe, ihnen in kurzer Zeit eine vortheilhafte Verænderung anzutragen.

(16) Vom habsburgischen Stammgute im Eigen.

(17) Niemals war ehedem in Schweiz ein Herrenhof gewesen.

(18) Diese wohnten auf ihrem alten Stammsitze nicht weit vom Rütli über den Waldstettersee.

(19) So wurden z. B. theuere und lange Verhafte zur Sitte.

(20) Der Kœnig war damals gerade mit dem Kriege gegen seinen Schwager Wenzeslaus um das Kuttenberger Silber beschæftigt.

(21) Die alten Geschlechter wurden von den Vœgten Bauernadel genannt, und als Landenberg einen Mann zu Melchthal in Unterwalden um ein paar schœne Ochsen strafte, sagte der Diener: die Bauern kœnnen den Pflug wohl selber ziehen. *Guillimannus* de reb. Helveticis. Lib. II. pag. 16.

(22) S. *Meisters* Hauptszenen der helvetischen Geschichte. Th. I. S. 38.

(23) Landenberg hatte ihn um eines geringen Verbrechens willen um ein Spann schœner Ochsen bestraft, er habe hierauf den Spott seines Knechtes darüber

darüber damit bestraft, daß er diesem einen Finger mit dem Stocke zerschlagen hatte; Indeß ließ der Vogt seinem Vater die Augen ausstechen. S. vorige Anmerkungen.

(24) Hieher kam Fürst und Melchthal bey Nacht, der Stauffacher in seinem Kahn und der Sohn seiner Schwester, Rudenz aus Unterwalden.

(25) Sie machten hier den Bund: keiner von ihnen solle etwas nach Gutdünken wagen, noch den andern verlassen: jeder solle das gedrückte Volk in seinem Thal nach seinen Freyheiten erhalten; weder der Kaiser sollten angetastet werden, aber die ihnen angebohrene Freyheit wollten sie in ihrem Umfange auf ihre Kinder vererben."

(26) Schon *Grassier* bemerkt im schweizerischen Heldenbuche die Aehnlichkeit dieser Geschichte mit Toccos, von Saxo beschrieben. Daß aber *Tell* zu der Zeit gelebt habe, ist aus dem Zeugnisse der 114 Männer erweislich, welche sich seiner in der Landesgemeinde zu Uri 1388 noch erinnerten, und aus mehreren anderen Zeugnissen. Es ist wenigstens das gewiß, daß im I. 1307 Tell gelebt, und an den mit seinen Namen bezeichneten Orten irgend eine grosse That zum Frommen seines Vaterlandes gethan habe. Die Schweizer nehmen übrigens an dem Versuche, die Geschichte ihres ersten Helden für eine Fabel zu erklären, so viel Antheil, daß der Herr von
Haller,

Haller, der erste Urheber dieses Zweifels foermlich in Bern darüber belangt, und das Buch oeffentlich in Uri verbrannt wurde. Die Einwohner von Schweiz sind vorzüglich dagegen aufgebracht. Man sehe über die ganze Streitfrage nach: *Guillaume Tell, fable danoise* (par *G. E. de Haller*) à Bern. 1760. 8. — Defense de Guill. Tell (par *M. I. A. F. de Balthasar*. 8. 1760. — *Guillaume Tell*; par Mr. *le Baron de Iurlauben.* à Paris 1767. 2. — Rede über Wilhelm Tell, von *Gottl. Eman. von Haller.* Bern. 1772. 8.

Inhalt

Inhalt
des ersten Bandes.

Einleitung.

Einfluſs der Lage der Schweiz auf den Gang ihrer Geſchichte, im Allgemeinen	S. 3
beſonderer Einfluſs der Gebirge	4
Wirkung der Gegenſtände auf den Geiſt	5
Beſtimmung der Art der Bevœlkerung	5
Bevœlkerung der Schweiz	6
Abſonderung von allen verwandten Nationen	8
Langſamkeit der Revolutionen in der Schweiz.	9

Erſtes Buch.

Geſchichte der Schweiz bis zur Entſtehung des Schweizerbundes.

Erſtes Kapitel.

Urſprung und Geſchichte der alten Helvetier bis zum Verluſt ihrer Freyheit.

Aelteſte Geſchichte	10
Prieſterſtand	10
Einfluſs deſſelben auf die Geſchichte	12
Buchſtabenſchrift	12

Schick-

Schickfale des Stammvolkes	S. 13
Geschichte deſſelben	14
Beſetzung Helvetiens	15
Bojer, Lingonen, Senńonen	16
Streitigkeiten mit den Rœmern	16
Siege der letzten	17
Ende der galliſchen Herrſchaft in Italien	19
Einfallende Dunkelheit in der helvetiſchen Geſchichte	19
Gæſaten	20
Ihr hæuslicher Zuſtand	21
Kriegsliebe	22
Art den Krieg zu führen	23
Anfangende Lehnsverfaſſung	24
Nationalgeiſt	25
Einfælle der Gallier in Italien	27
Ankunft der Griechen in Gallien	28
Einfluſs derſelben auf Helvetien	29
Ruhe der Geſchichte	30
Cimbern. Die Tiguriner ſchlieſſen ſich ihnen an	31
Politik der Rœmer. Diviko	32
Siege der Cimbrer	34
Eindruck auf Rom. Marius	36
Niederlage der Cimbrer	37
Die Weiber derſelben nach der Schlacht	39
Rückzug der Tiguriner unter Diviko. Anfangende Kultur	39
Befehlshaberſchaft	40
Gebræuche	41
Rechtspflege. Prieſterthum	42
Religionsbegriffe	43
Begriff von Tugend	44
Deſpotie. Orgetorix. Entſchluſs zum Auswandern	45
Bund mit den Nachbaren	47

Hin-

Hinzukommende Nationen	S. 47
Orgetorix Verrætherey. Auszug der Gauen	48
Allgemeine Bemerkung über die Auswanderungen der Kultur	50
Nutzen derselben	51
Bildung der Staaten	52
Diviko	52
Cæsar schlægt ihm den Durchzug durch Genf ab	53
Er verfolgt sie	55
Divikos Gesandtschaft und Vorschlæge	57
Lager der Helvetier	58
Angriff derselben	59
Gefecht, und Flucht	60
Rückkehr in ihre Heymath	62
Ermattung der Nation	63
Erheiterung und Aufmunterung ihrer Kræfte	64
Vœlker der Gebirge	65
Vibern. Arduer, Tylangier. Seduner, Veragern, Nautuaten. Niederlage des letzteren	65
Rhætier	67
Karakter dieser Gebirgsvœlker	69
Ræubereyen und Plünderungen	70
Siege der Rœmer über sie	70
Ende der helvetischen Freyheit.	71

Zweytes

Zweytes Kapitel.

Geschichte der Helvetier unter den Kaisern.	72
Allgemeiner Geist der Gesellschaft	72
Art der Festsetzung	73
Wahl der Oberhæupter	74
Entstehung des Adels und der Uebergang zum Feudalsysteme	75
Die Trennung grosser Vœlkerschaften	76
Leichtigkeit der Vermischung einzelner Stæmme	77
Anstalten der Rœmer, ihre Besitzungen von aussen durch Kolonien zu decken	79
Eine genauere Eintheilung der gallischen Provinzen	80
Vertheilung Helvetiens	80
Schwæche der Nation	81
Ihre Verhæltnisse zu der rœmischen Oberherrschaft	83
Vorkehrungen der Kaiser zu ihrem Besten	84
Galbas Ermordung und die daraus entstehenden Unruhen in Helvetien	86. 87
Aulus Cæcinna greift sie an	87
Ihre Gegenwehr	89
Sie werden geschlagen	90
Aventikum will sich dem Aulus Cæcinna unterwerfen; er besteht aber auf den Tod, des Oberhaupt Alpinus	91
Die Tochter von diesem bittet vergebens um ihres Vaters Leben	92
Gesandtschaft der Helvetier und Vergebung des Vitellius	93
Darauf folgende Ruhe der Helvetier	93

Zu-

zur Geschichte d. Schweiz. Kap. 3.

	S.
Zunahme der Kultur	94
Ausbreitung des christlichen Glaubens	94
Vereinzelung der helvetischen Stæmme	97
Verfall des rœmischen Reiches	98
Erscheinung und Besiegung der Gallier	99
Einfælle teutscher Stæmme	99
Anhaltende Kæmpfe der Rœmer mit den Barbaren	100
Erlœschung des helvetischen Namens.	101

Drittes Kapitel.

Bevœlkerung Helvetiens durch fremde Nationen. 102

Bedrængung der Rœmer durch feindselige Angriffe	102
Politik derselben	103
Bevœlkerung Helvetiens durch nordische Nationen	103
Dunkelheit des Ursprunges derselben	104
Die Burgundionen	104
Treue derselben gegen die Rœmer	105
Ihre Verbindung mit den Westgothen	106
Die Alemannen	107
Die Lentier, ein Zweig derselben	107
Die Franken	108
Die Ostgothen	108
Bildung derselben in Italien	109
Vermischung der Wohnœrter in den Gebirgen	109

Viertes

Inhalt des erften Bandes.

Viertes Kapitel.

Die Herrschaft der Burgundionen über Helvetien	110
Urfprung der kœniglichen Würde	111
Kœnige zuerst Anführer und Hauptrathgeber	111
Herzœge	112
Theilung des burgundifchen Reiches	113
Zerrüttung in den rœmifchen Provinzen	113
Eurichs, Kœnigs der Weftgothen, Einfall. Hungersnoth der Burgundionen	115
Hilperichs und Godemars Krieg gegen Gondebald	116
Vermæhlung Chlotildens an den fränkifchen Kœnig	117
Gondebalds Betragen gegen Godegifel	118
Verrætherey des letzteren und Chlodowigs Krieg gegen Gondebald	119
Gondebald befiegt und tœdtet den Godegifel	120
Chlodowig hat fich des allemannifchen Helvetiens bemæchtigt	121
Urtheile über Gondebald	121
Sein Karakter	121
Einrichtung eines Gefetzbuches	123
Bürgerliche Verordnungen	123
Zunahme des æufferen Wohlftandes von Helvetien	124
Ernennung Siegismunds zum Nachfolger Gondebalds	124
Einfluſs des Papftes und der Geiftlichkeit unter Siegismund	125
Verfammlung der Bifchœfe zu Epaone	125

Kirch-

Kirchliche Verordnungen	S. 126
Siegerichs Mord durch feine Stiefmutter	127
Krieg der Franken mit den Burgundionen	128
Untergang der burgundionischen Herrschaft	129

Fünftes Kapitel.

Regierung der frænkischen Kœnige aus dem merowingischen Stamm. 129

Einfluſs der ſtehenden Heere auf die Staatsverfaſſung	130
Geiſt des Krieges und der Freyheit	130
Volksfeste	131
Erhaltungen der burgundionſchen Geſetze unter den Franken	132
Ausfælle der Burgundionen	133
Sieg über die Longobarden	134
Verheerungen durch die Pocken	135
Zunehmende Gewalt der Heerführer	136
Macht des Adels und der Geiſtlichen	137
Bürgerliche Verfaſſung	138
Entkræftung des Reichs und der Einfluſs des Hausvogteyamtes	139
Vergeblicher Verſuch des Alethæus, sich der Krone zu bemæchtigen	141
Neue Geſetze	142
Beſtimmung der Verhæltniſſe der Stænde	142
Urſprung der Freyheit	143
Verbeſſerte Betriebſamkeit	143
Entſtehung einſiedleriſcher Frœmmigkeit	144
Wachsthum der Freyheit	145

Aus-

Ausbreitung des Christenthums S.	146
Kolumbanus und Siegbert	147
Gallis Leben	148
Einrichtung von St. Gallen	148
Bereicherung der Klœster	149
Romainmotier und Moritz	149
Stiftung mehrerer Klœster	149
Zürich und Luzern	150
Untergang des Stammes durch die Hausvoigte	151

Sechstes Kapitel.
Von der Regierung Karls des Grossen bis zur Entstehung des neuburgundischen Reiches. 152

Karl der Grosse	153
Neue Einrichtungen desselben	154
Seine Begebenheiten	155
Bevœlkerung der Schweiz	155
Zustand von Rhætien	156
Ansprüche der Grafen	156
Zunehmende Gewalt derselben	157
Landwirthschaftlicher Zustand der Güter	158
Güter der Klœster	159
Glückseeligkeit der Helvetier	160
Wachsende Bevœlkerung	160
Neue Klœster	161
Stiftungen	162
Beherrschung des Landes	163
Kultur	163
Heereszug der Helvetier nach Italien	164
Vertheilung des Reiches durch Ludwig	164

Lothar,

Lothar, Ludwig, Karl der Kahle S. 165
Throhnbesteigung Bosos. 166

Siebentes Kapitel.

Das arelatensische oder neuburgundische Reich. 167
Bosos Herkommen und Karakter 167
Vermæhlung mit Irmengarde 168
Gelangung zum Throne 169
Abnahme des frænkischen Reiches 171
Befestigung Bosos in seiner erworbenen Herrschaft 171
Ausdehnung des Papstes 172
Rudolph bemæchtigt sich eines Theils vom burgundischen Reiche 173
Dadurch veranlaßte Trennung der Sitten 173
Fruchtlose Bemühung Arnulphs zur Wiedervereinigung des Reiches 174
Rudolphs Verträge 174
Arnulphs Krieg mit ihm 175
Verfassung des Staates 176
Milderung der Sitten 177
Salomo, Bischof von Konstanz 178
Seine Lebensart 179
Sein Einfluß auf den Staat 180
Erchanger und Berthold. Krieg Rudolphs mit Burkard von Schwaben 180
Krieg Rudolphs mit Berengar von Italien 182
Hugo, Graf von der Provence entreißt ihm Italien wieder 183
Verwüstung Burgunds durch die Madscharen 184

Inhalt des erſten Bandes

Nachmalige Regierung Rudolphs	S. 186
Konrad, ſein Sohn	187
Der Gang der Kultur	188
Geiſt der Andacht	189
Aufnahme des Landes	190
Die Waat	191
Das Land um den Iura	191
Bedrückungen Guntrams im Argau	192
Seine Gemalin Ida	193
Erbauung von Habsburg	194
Zuſtand des Aargau	195
Hirtenſtand	196
Der Thurgau. Zürich	197
St. Gallen	199
Ruf dieſes Stiftes	199
Eckard	200
Zunehmende Macht der Kloeſter	201
Einſiedlen	201
Glarus	202
Das hohe Rhætien	203
Allgemeine Ueberſicht	204
Thronbeſteigung Rudolphs	204
Der teutſche Kœnig Heinrich bemæchtigt ſich Burgunds	205
Konrad erhælt es.	206

Achtes Kapitel.

Der frænkiſche Stamm. 208

Konrad überwindet ſeinen Nebenbuhler Odo	208
Befeſtigung denſelben in ſeinem neuen Reiche	209

Demü-

zur Geschichte d. Schweiz. Kap. 8.

Demüthigung des Adels	S. 210
Vereinigung Helvetiens und Rhætiens	210
Einfluss von jenem auf dieses	211
Zustand der Kirche	211
Streitigkeiten des Papstes mit dem burgundischen Kœnig	212
Gegner des Kaysers	213
Seine Parthey. Ulrich von Eppenstein	214
Anfangende Grœsse des Zæhringischen Hauses	215
Absonderung der helvetischen Kultur	216
Klœster und	217
Stiftungen	218
Wallis	218
Genf	219

Neuntes Kapitel.

Die Herzœge von Zæhringen.	220
Lothar. Bereicherung des Hauses Zæhringen	220
Innerliche Zerrüttung des Reiches	221
Konrad von Hohenstaufen	222
Friedrich Barbarossa	222
Lausanne	223
Streitigkeiten ihrer Bischœfe	223
Zwist in Genf	224
Otto, Pfalzgraf von Burgund	225
Zunehmende Gewalt der Zæhringer	225
Freyburg im Urchtlande. Zustand des letzteren	227
Erbauung von Bern	228

Antrag

Inhalt des ersten Bandes

Antrag der Kayserkrone an den Herzog von Zæhringen	S. 229
Neue Streitigkeiten in Genf	229
Die Grafen von Wellchneuenburg	231
Erbauung von Neurapperfchwyl	232
Der Abt von St. Gallen	232
Basel	233
Zürich	233
Verminderte Religiosität	234
Zustand der Geistlichkeit	235
Aufnahme der Unterthanen	236
Bildung des Geschmacks und der Lebensart	237
Geist des Ritterwesens	237
Vermehrter Handel und Gewerksfleiss	238
Erste Erscheinung der Schweizer	239
Ursprung und frühere Geschichte derselben	239
Lebensart und Verfassung	240
Streitigkeiten mit Einsiedlen	241
Rudolph von Habsburg wird ihr Schirmvogt	242
Tod des Herzogs von Zæhringen	243

Zehntes Kapitel.

Habsburg und Savoyen.	244
Erbvertheilung Berchtolds	244
Zustand des Reichs Zürich	244
Basel. Solothurn. Schafhausen.	245
Bern	245
Wachsthum dieser Stadt	246
Einfluss derselben auf das ganze Reich	247
Freyburg	247

Das

Das Hochstift Lausanne	S. 248
Macht der Geistlichkeit	249
Macht des Adels	250
Uneinigkeiten zwischen beyden	251
Lage der Reichsstædte und Reichsländer	252
Das Waatland	253
Peter von Savoyen	254
Besitznehmung desselben von der Waat	255
Der Abt von St. Gallen	255
Zürich verweist seine Priester	256
Rudolph wird Erbe von Habsburg	256
Kriege mit seinen Verwandten	257
Streit mit Strasburg	258
Bund von Zürich, Uri und Schweiz	258
Karakter Rudolphs von Habsburg	259
Er nimmt den Bürger in seinen Schutz	260
Wird Schirmvogt der Schweizer	260
Krieg desselben mit Regensburg	261
Mit St. Gallen und Basel	262
Neuer Zwist mit der letzteren Stadt	262
Seine Wahl zum Kaiser	263
Seine Ansprüche darauf	263
Seine Verdienste um Helvetien	264
Seine Liebe zum Adel	265
Absichten zur Wiedervereinigung des Reichs, und Kriege mit	265
Savoyen	267
Neue Demüthigung des letzteren	267
Neue Vortheile Rudolphs	268
Genf wieder im Zwiste	268
Berns Kriege mit Rudolph	270
Verænderung im Karakter des letztern	271
Sein Tod	272
Der Geist seiner Länder	273
Aufwachendes Gefühl des Landvolkes	274

Die

Die Geſtalt der Republiken   S. 274
Zuſtand ſeiner eigenen Güter   275

Eilftes Kapitel.

Albrecht von Oeſtreich.   276
Sein Karakter und Geiſt   277
Urſachen des allgemeinen Haſſes gegen
   ihn   277
Bündniſſe gegen ihn   278
Fehde mit Zürich   278
Kœnig Adolphs Regierung   278
Neue Verbindungen. Bern, und ſein
   Streit mit Albrecht   280
Des Kœnigs Tod und Albrechts Regie-
   rung   281
Seine Erpreſſungen. Schweiz   281
Zuſtand von Schweiz   282
Druck der Reichsvœgte   283
Werner von Stauffachen, der Urheber
   des Schweizerbundes   283
Entſtehende Verſchwœrung   284
Wilhelm Tell   285
Allgemeine Ueberſicht   286

www.ingramcontent.com/pod-product-compliance
Lightning Source LLC
Chambersburg PA
CBHW032017220426
43664CB00006B/278